臘扇記《ろうせんき》［注釈］

清沢満之［著］｜大谷大学真宗総合研究所［編集・校注］

法藏館

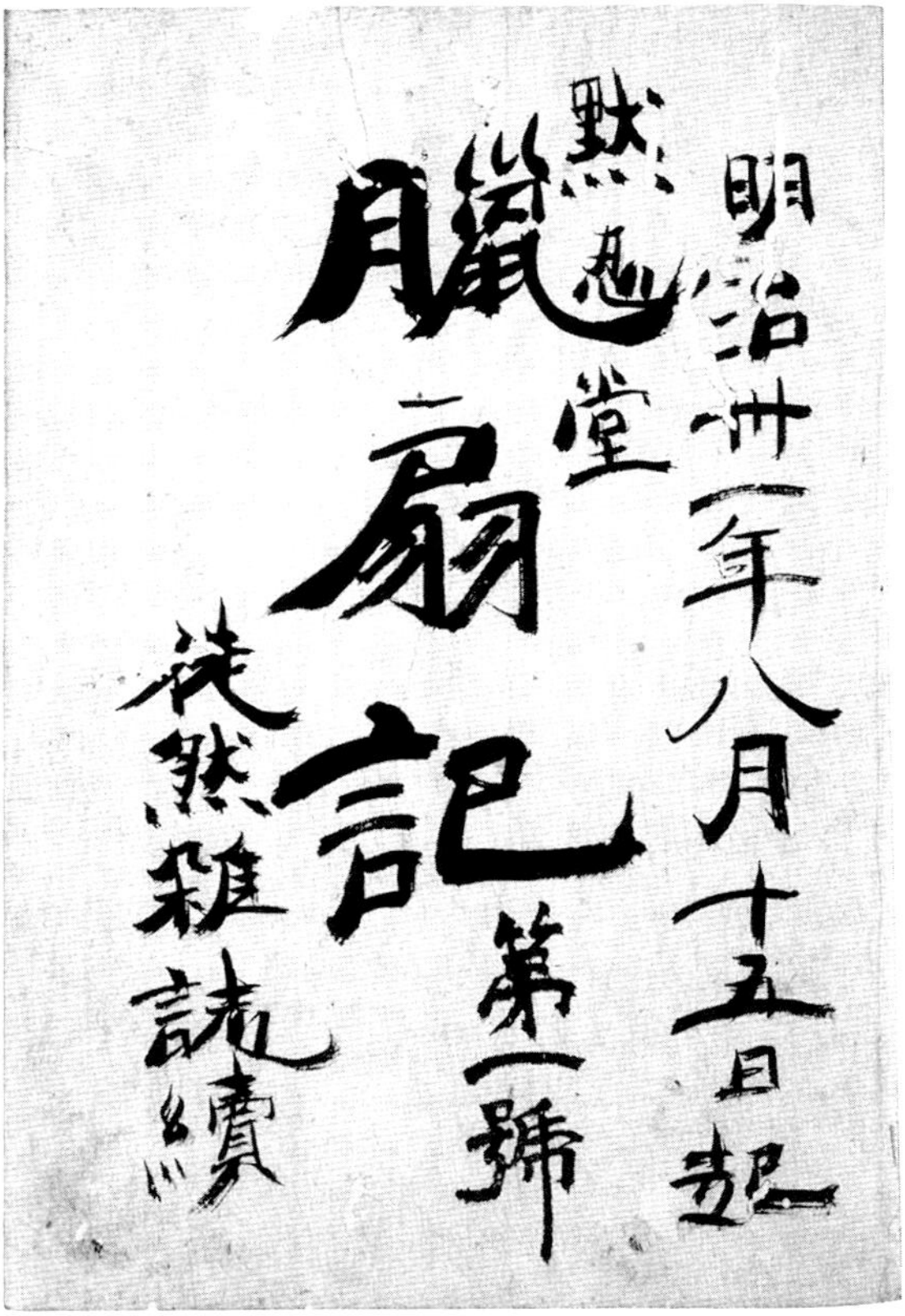

臘扇記 第一号　表紙　（愛知県西方寺蔵）

白川会会員　（明治31年４月撮影）（愛知県西方寺蔵）
（後列）　稲葉昌丸　清沢満之　今川覚神
（前列）　井上豊忠　月見覚了　清川円誠

はじめに

清沢満之(一八六三―一九〇三)は、明治期日本の近代化のただ中にあって、仏教の危機的状況に敢然と立ち上がった一人の思想家であるが、同時に、全存在をかけて親鸞の信仰に生きようとした仏者であった。

清沢は、真宗大学(現・大谷大学)が近代の大学として出発するときの初代学長(学監)として尽力した。その「真宗大学移転開校式」において「本学は他の学校とは異りまして宗教学校なること殊に仏教の中に於て浄土真宗の学場であります　即ち我々が信奉する本願他力の宗義に基きまして我々に於て最大事件なる自己の信念の確立の上に其信仰を他に伝へる即ち自信教人信の誠を尽すべき人物を養成するのが本学の特質であります」(岩波書店『清沢満之全集』第七巻・三六四頁)と述べている。

清沢にとって、その「信念の確立」は文字通り血みどろの格闘を通して獲得された。その様子が『臘扇記』(明治三一年八月一五日~明治三二年四月五日)にあらわれていることは、多くの研究者の指摘するところである。

『臘扇記』は、真宗大谷派に大きな影響を与えた事務革新運動を中止し、家族とともに養子先の西方寺に入るという情況のなかで書かれた日記である。「臘扇」とは、一二月の扇子という意味で、「役に立たないもの、無用のもの」といった自戒の言葉である。当時の清沢の心境を端的に表明していると言えよう。それは日常の記録であるから、様々な人名・地名、真宗の儀式、漢籍や哲学書の引用などが出る。それらの内容を知らずに、清沢の生き生きとした歩みを思い浮かべ、その実像に迫ることは非常に困難である。また、現代人にとって明治の言葉や風俗はすでに古典の世界に入ったというべきである。さらに、宗教哲学者でもあった清沢の信念の語りは時代や宗派の制約を超えているが、その思索から紡ぎ出された用語や清沢が生きた社会的な情況は、もはや現代人にとってそのままでは親しむことができなくなったものと言わざるを得ない。

大谷大学は、清沢満之没後百年に岩波書店より『清沢満之全集』全九巻を刊行した。『臘扇記』はその第八巻に収められているが、全集編纂の当時から、これを読むためには注釈つきのテキストが必要であると考えてきた。

今般、原本を所蔵する西方寺・清沢満之記念館から『臘扇記』を共同で研究したいとの提案があり、真宗総合研究所の大学史研究がそれを担当した。本書はその成果である。本書を通して見えてくる清沢の修養の生活が、清沢の信念・思想の形成に新しい光を当てることになり、また親鸞の信仰に生きようとする人々に資することができれば、これにまさる慶びはない。

二〇〇八年三月

真宗総合研究所長　兵藤一夫

目次

付録

凡　例

一　依拠本

岩波書店『清沢満之全集』第八巻所収の「臘扇記 第一号」・「臘扇記 第二号」を依拠本とする。

二　依拠本解題

依拠本「臘扇記　第一号」は、西方寺蔵自筆原本の翻刻である。原本に記名はないが表紙に「黙忍堂」と記す。

原本は、和紙（半丁、二四・二糎×一八・六糎）全五六丁からなる大和綴の冊子である。外題（題箋）は「臘扇記　第一号」、内題（表紙・自筆）は「明治卅一年八月十五日起／黙忍堂／臘扇記　第一号／徒然雑誌続」とあり、裏表紙見返しに「昭和三十二年十一月／清沢満之全集刊行会／裏打　製本」とある。名称は内題によった。

原本は、毛筆墨書きで記される。但し、ペン書きが一箇所あるが自筆かどうか不詳である。

「臘扇記　第一号」は、表紙の左下に記されるように「徒然雑誌　第一号」に引き続いて記された明治三一（一八九八）年八月一五日より同年一一月一八日までの記録である。

依拠本「臘扇記　第二号」は、西方寺蔵自筆原本の翻刻である。原本に記名はない。

原本は、和紙（半丁、二四・一糎×一八・三糎）、全五七丁からなる大和綴の冊子である。外題（題箋・別筆）は「臘扇記　第二号」、内題（表紙・自筆）は「明治三十一年十一月十九日起／臘扇記　第二号」とあり、裏表紙見返しに「昭和三十二年十一月　清沢満之全集刊行会　裏打　製本」とある。また明治三二年の記事が始まる前に二丁の白紙がある。名称は内題によった。毛筆墨書きで記され、おおむね半丁一三行である。

「臘扇記　第一号」に引き続いて記された明治三二年一一月一九日より、明治三三(一八九九)年四月五日までの記録である。ただし日誌の記事は明治三三年一月二五日までであり、その後に二月二五日付けの「偶坐案定」と題された文章と「四月五日記」と記された文章が置かれる。これら二つの文章は随筆的なものであり、ここには区切りを示すと思われるかぎ括弧が頻出する。

三　編集方針

本書では、漢字は原則として通行の字体に改める。また編集者が補う文字などは〔　〕を付して示す。また「／」は改行を示す。

本文については読みやすさを考慮し、以下の編集を行う。

【文字】

1　依拠本は、原本に忠実に漢字片仮名で翻刻されているが、本書では、地の文における片仮名を平仮名に改める。

2　依拠本の文字のフォントや大小は適宜変更する。

【圏点について】

圏点は依拠本に準ずる。

【振り仮名】

1　難読な語句・固有名詞などに振り仮名を付す。ただし読みが確定できない場合は付さない。また振り仮名を付すべき文字が、依拠本の圏点と重複した場合には、圏点を優先する。

2　清沢満之による振り仮名は片仮名で残す。

3　振り仮名は、現代仮名遣いに準拠する。また音読・訓読、もしくは呉音・漢音は適宜決定する。

【補正】

1　適宜、空白行を補う。

2　適宜、句読点を付す。

3　編集者が補う文字については〔　〕で括って示す。

4　依拠本の図版、併記、割書き、文字の大きさなどの取り扱い方については変更する箇所がある。

四　脚注・補注

【脚注】

1　本文の難解語句や文章に注を付す。ただし確定できない場合は「〜か」と表記し、本文に振り仮名は付さない。

2　本文中の漢文については、訓点の付されたものにはそれに基づく書き下しを、白文のものには編集者による書き下しを示す。

3　本文中の特殊な記号・略号などに注を付す。ただし一部の記号は注を付さない。それぞれの記号の意味は次の通り。

㋩＝葉書、㋫＝封書、(デ)＝電報、㋓＝郵便　(刷)＝印刷物

5　注釈文のなかでもとくに難読と思われる語句には読み方を〔　〕で括って示す。

6　日付の下に置かれた旧暦を示す漢数字については注を付さない。

〔例〕「明治三十一年八月十五日(月)　六、二十八」(本書三頁)の「六、二十八」は旧暦の六月二八日であることを示す。

7　脚注における略記について。

・県庁所在地については都道府県名を省く。
・現在の地名については次のように略記する。
愛知県碧南市→碧南市、愛知県→愛・、岐阜県→岐・、静岡県→静・、東京都→東・、新潟県→新・、兵庫県→兵・。
・事項について次のように略記する。
真宗大谷派宗門改革運動→改革運動
8　脚注におさまらない情報については補注（用語解説、人物解説、英文和訳、清沢満之訳出『エピクテタス語録』原文）に譲り、その注項目に補注があることを注の末尾に「＊」を付して示す。ただし儀式の補注については「＊儀」を付して示す。

【補注】
本文中の脚注では十分ではないと思われるものについて補注を付す。
1　用語解説
・本文中に出る人物以外の用語についての解説。
・配列は、本文頁順。
・儀式等については最後にまとめて解説する。
2　人物解説
・本文に出る主要な人物についての解説。
・配列は五〇音順。
3　英文和訳

・『臘扇記』本文に出る英文についての和訳を示す。
・和訳の依拠本と略記は以下の通り。
今村仁司『清沢満之と哲学』　岩波書店　二〇〇四→今村仁司『清沢満之と哲学』
エピクテートス『人生談義(上・下)』鹿野治助訳、岩波文庫　一九五八→鹿野治助訳『人生談義』
トマス・モア『ユートピア』　平井正穂訳　岩波文庫　一九五七→平井正穂訳『ユートピア』
プラトン『パイドン—魂の不死について』岩田靖夫訳　岩波文庫　一九九八→岩田靖夫訳『パイドン』
・編集者による注記は文頭に＊を付して示す。
・満之の引用した英文にはない箇所を［　］で括って示す。
・省略した箇所を「…」で示す。

4　清沢満之訳出『エピクテタス語録』原文
『臘扇記』において満之が訳出した“The Discouses of Epictetus”の原文と出典頁を示す。

五　『臘扇記』を読むために以下の資料を付した。(それぞれの凡例については当該箇所の冒頭におく。)
清沢満之略年譜(明治三〇年～明治三二年)
碧南地方地図(明治三〇年頃)
臘扇記清沢満之近親系図
「大谷派事務革新全国委員及び有志者撮影」写真・名簿
臘扇記関係主要文献

六　臘扇記本文頁の柱の日付

読者の便宜を考え、臘扇記本文頁の柱に、当該頁に掲載する記事の日付を示す。
「・」は、日付が並列することを示す。
「-」は、前頁から、もしくは次頁へ記事が続くことを示す。
「〜」は、日付が中略されていることを示す。

七　本書においては出典を以下のように略記する。

『清沢満之全集』岩波書店→『全集(岩波)』
〔例〕『清沢満之全集』第八巻　岩波書店　二〇〇三　一二頁→『全集(岩波)』八・一二
『清沢満之全集』法蔵館→『全集(法蔵館)』
〔例〕『清沢満之全集』第六巻　法蔵館　一九五六　一二頁→『全集(法蔵館)』Ⅵ・一二
『大正新修大蔵経』→『大正蔵』
『真宗聖教全書』大八木興文堂→『真聖全』
『真宗聖典』東本願寺出版部→『聖典』
George Long (1801-1879) "The Discourses of Epictetus : with the Encheiridion and Fragments, Translated with notes, a life of Epictetus and a view of his philosophy by George Long (Bohn's Classical Library) London : George Bell and Sons, 1877. →"Epict." もしくは "The Discouses of Epictetus"

八　人権の視点から見て問題と感ぜられる表現があるが、資料的意味に鑑み、原文のまま示した。

参考資料

辞書

『日本国語大辞典』第二版　小学館　二〇〇〇
『広辞苑』第五版　岩波書店　一九九八
『標準国語辞典』第六版　旺文社　二〇〇一
『大漢和辞典』修訂第二版　大修館書店　一九八九～一九九〇
『全訳　漢辞海』第二版　三省堂　二〇〇六
『漢字源』改訂第四版　学習研究社　二〇〇七
『新字源 改訂版』角川書店　一九九四
『古語大辞典』コンパクト版　小学館　一九九四
『仏書解説大辞典』縮刷版　大東出版社　一九九九
『禅学大辞典』上巻・下巻・別巻　大修館書店　一九七八
『真宗新辞典』法蔵館　一九八三
『真宗大辞典』全三巻　鹿野苑　一九六三改訂再版
『仏教学辞典』法蔵館　一九九五
『仏教辞典』第二版　岩波書店　二〇〇二
『広説仏教語大辞典』上巻・中巻・下巻・別巻　東京書籍　二〇〇一
『望月　仏教大辞典』世界聖典刊行協会　一九五四
『真宗人名辞典』法蔵館　一九九九
『日本仏教人名辞典』法蔵館　一九九二
『哲学字彙』（東京大学三学部　一八八一）名著普及会　一九八〇
『改訂増補　哲学字彙』（東洋館書店　一八八四）名著普及会　一九八〇
『英独仏和　哲学字彙』（丸善　一九一二）名著普及会　一九八〇
『近代日本哲学思想家辞典』東京書籍　一九八二
『哲学事典』平凡社　一九七一
『碧南事典』碧南市　一九九三
『岐阜県の地名』日本歴史地名大系第二一巻　平凡社　一九八九
『愛知県の地名』日本歴史地名大系第二三巻　平凡社　一九八一
『京都府の地名』日本歴史地名大系第二六巻　平凡社　一九八一
『京都市の地名』日本歴史地名大系第二七巻　平凡社　一九七九
『山口県の地名』日本歴史地名大系第三六巻　平凡社　一九八〇
『熊本県の地名』日本歴史地名大系第四四巻　平凡社　一九八五

書籍

『清沢全集』全三巻　無我山房　一九一三～一九一五
『清沢満之全集』全六巻　有光社　一九三四～一九三五
『清沢満之全集』全八巻　法蔵館　一九五三～一九五七
『清沢満之全集』全九巻　岩波書店　二〇〇二～二〇〇三
『清沢満之』観照社　一九二八

西村見暁『清沢満之先生』改訂版　法蔵館　一九六〇

寺川俊昭『清沢満之論』文栄堂　一九七三

安冨信哉『清沢満之と個の思想』法蔵館　一九九九

『清沢満之　生涯と思想』真宗大谷派宗務所出版部　二〇〇四

『清沢満之の精神主義』東本願寺出版部　一九六三

『我が信念　清沢満之のことば』第二刷　大谷大学　二〇〇二

今村仁司編訳『現代語訳　清沢満之語録』岩波書店　二〇〇一

今村仁司『清沢満之と哲学』岩波書店　二〇〇四

武田統一『真宗教学史』平楽寺書店　一九四四

柏原祐泉『近代大谷派の教団―明治以降宗政史―』真宗大谷派宗務所出版部　一九八六

柏原祐泉『日本仏教史　近代』吉川弘文館　一九九〇

『一九一一年三月改正　大谷派寺院録』本山文書科　一九一一

『真宗大谷派寺院教会名簿』真宗大谷派宗務所　二〇〇〇

『近代大谷派年表』第二版　真宗大谷派宗務所出版部　二〇〇四

『大谷派儀式概要』法蔵館　一九五三

『真宗の儀式―声明作法―』真宗大谷派宗務所出版部　一九九八

『帝国大学一覧　従明治十九年至明治廿年』帝国大学　一八八六

『帝国大学一覧　従明治廿年至明治廿一年』帝国大学　一八八七

『帝国大学一覧　従明治廿五年至明治廿六年』帝国大学　一八九二

『東京帝国大学一覧　従明治廿七年至明治廿八年』東京帝国大学　一八九四

貝原益軒『和漢名数大全』全三冊　一八四七

『真宗宝典』漢文之部・和文之部　真宗宝典出版所　一八八九～一八九〇

藤堂　融編訳『文明各国宗教法論』宮川保全　一八九八

葦原林元『各国公認教要略』秀英舎　一八九八

鶴見吐香『偉人史叢　第二輯第二巻　蜀山人』裳華房　一八九八

平田勝馬編『五十名家語録』鉄華書院　一八九八

原口針水『タノム。タスケタマヘ考』全二巻　顕道書院　一八九二

椿原了義『タノムタスケタマヘ略弁』顕道書院　一八九七

石川　馨『宗義問題一大断案　後生タスケタマヘ私考』山内正次郎（書林　文華堂）一八九八

東陽円月『タノムタスケタマヘ義』興教書院　一八九八

『東本願寺上海開教六十年史』東本願寺上海別院　一九三七

『言志四録』全四巻　講談社　一九七八～一九八一

宇野哲人訳注『中庸』講談社　一九八三

中村文峰『現代語訳　臨済録』大蔵出版　一九九〇

東　隆真『現代語訳　伝光録』大蔵出版　一九九一

原田弘道『現代語訳　従容録』大蔵出版　一九九三

鷲阪宗演『現代語訳　無門関』大蔵出版　一九九五

西村徳蔵編『慈心院逸話』浅井秀玄師遺徳表彰会　一九一六

沼　夜濤『句仏上人』法蔵館　一九一七
有馬成甫『一貫斎国友藤兵衛伝』武蔵野書院　一九三二
近弥二郎『加能真宗僧英伝』近八書房　一九四二
常光浩然『明治の仏教者』上・下　春秋社　一九六八～一九六九
野本永久『暁烏敏伝』大和書房　一九七四
山崎有信『豊前人物志』国書刊行会　一九八一
近角常観『歎異抄愚註』三喜房仏書林　一九八一
沢柳礼次郎『吾父　沢柳政太郎』復刻版　大空社　一九八七
新田義之『沢柳政太郎』ミネルヴァ書房　二〇〇六
『松任本誓寺　白華文庫目録』松任市中央図書館　一九八八
村上専精『六十一年（一名赤裸裸）』復刻版　大空社　一九九三
南条文雄『南条文雄自叙伝』復刻版　大空社　一九九三
中野万亀子『明治四十三年京都―ある商家の若妻の日記』新曜社　一九八一
中野　卓『中学生のみた昭和十年代』新曜社　一九八九
中野　卓『中野卓著作集生活史シリーズ七巻　先行者たちの生活史』東信堂　二〇〇三
『関根仁応日誌』第一巻　真宗大谷派教学研究所　二〇〇六
『関根仁応日誌』第二巻　真宗大谷派教学研究所　二〇〇七
『学制百年史　資料編』文部省　帝国地方行政学会　一九七二
西村　明『仏教書出版三六〇年』法蔵館　一九七八
『明治雑誌目次総覧』第四巻　ゆまに書房　一九八五
『京都出版史　明治元年―昭和二十年』京都出版史編纂委員会　一九九一
渡辺勝利『小説「星岡茶寮」』東京経済　一九九四
織田得能『王法為本論』光融館　一八九八
『巣鴨監獄教誨師紛擾顛末』社会評論社　一八九八
『日本監獄教誨史』本願寺　一九二七
『教誨百年』上・下　浄土真宗本願寺派本願寺・真宗大谷派本願寺　一九七三～一九七四
『参陽商工便覧』（竜泉堂　一八八八）岡崎地方史研究会　一九七七復影版
高木晃敬『革新運動日誌』光輪寺蔵　一八九六～一八九七
月見覚了『革新紀念』一八九八
『大浜町誌』碧海郡大浜町役場　一九二九
『碧南市医師会史』碧南市医師会　一九六八
『碧南市史料』第一冊～第四冊　国書刊行会　一九八一
『安城市史』愛知県安城市役所　一九八二
『三河の真宗』真宗大谷派三河別院　一九八八
加藤良平『郷土史読本　碧海郡新川町下』私家版　一九九三
加藤良平『岡本八郎右エ門の時代―明治期の新川町―』私家版　一九九五
石川八郎右衛門『九重味淋二三〇年史』九重味淋株式会社　一九九七
George Long "The Discourses of Epictetus: with the encheiri-

dion and fragments. Translated, with note, a life of Epictetus and a view of his philosophy." London: George Bell and sons, York Street, Covent Garden. 1877.

Plato's "Crito and Phaedo. Dialogues of Socrates before his Death." Cassell & Company, Limited: London, Paris & Melbourne. 1888.

Thomas More "Utopia" Cassell & Company, Limited: London, Paris & Melbourne. 1893.

鹿野治助『エピクテートス』岩波書店　一九七七

鹿野治助訳『人生談義』上・下　岩波書店　一九五八

岩田靖夫訳『パイドン』岩波書店　一九九八

平井正穂訳『ユートピア』岩波書店　一九五七

久保　勉訳『ソクラテスの弁明・クリトン　プラトン著』岩波書店　一九六四

論　文

永井濤江「対影独語の記(東谷智源君を憶ふ)」『精神界』第三巻第一号　浩々洞　一九〇三

祥雲碓悟「故島地雷夢君に就て」『禅学雑誌』第二〇巻第五号　和融社　一九一六

日下無倫「稲葉昌丸先生略年譜及び論文著述年表」『大谷学報』第二七巻第一号　大谷学会　一九四八

秋田馨子「近代文学史料研究・外国文学篇―八七―岡田哲蔵」『学苑』一五〇号　昭和女子大学近代文化研究所　一九五三

鈴木春男「中野卓先生と社会学研究室」『千葉大学人文研究』第一五号　千葉大学文学部　一九八六

竜渓章雄「明治期の仏教青年会運動(上)―大日本仏教青年会を中心として―」『真宗学』第七五・七六号　竜谷大学真宗学会　一九八七

畑辺初代「占部観順異安心調理事件」『大谷大学大学院研究紀要』第五号　大谷大学　一九八八

畑辺初代「近代大谷派教団史に於ける占部観順異安心事件の位置について」『大谷大学真宗総合研究所研究所報』第二二号　大谷大学真宗総合研究所　一九八九

渡辺顕信「やるせないお慈悲に救われて―近角常観先生の生涯―」『親鸞に出遇った人びと』二　同朋舎　一九八九

佐賀枝夏文「近代大谷派教団社会事業の研究――大草慧実の慈善事業――」『大谷大学真宗総合研究所研究紀要』第六号　大谷大学真宗総合研究所　一九八九

吉田昌志「泉鏡花「瓔珞品」の素材(一)―吉田賢竜のことなど―」『学苑』六八三号　昭和女子大学近代文化研究所　一九九七

吉田昌志「泉鏡花ゆかりの人々―吉田賢竜のことなど・補遺―」『いずみ通信』二五号　和泉書院　一九九九

Wayne Yokoyama "Editing Epictetus —— Kiyozawa Manshi's Rōsenki and Long's Discourses of Epictetus"『花園大学文学

部研究紀要』第三〇号　花園大学　一九九八
増田　直「乗杉教存」『更生保護史の人びと』更正保護法人日本更正保護協会　一九九九
池田憲彦「台湾協会『会報』に見る海洋台湾：明治三一（一八九八）年一〇月・創刊号～明治四〇（一九〇七）年一月・一〇〇号まで」『拓殖大学百年史研究』第一〇号　拓殖大学百年史編纂室　二〇〇二
松田章一「今川覚神と藤岡作太郎―明治二十八・九年の動静」『金沢学院短期大学紀要「学葉」』第二号（通巻第四五巻）　金沢学院短期大学　二〇〇四
青木忠夫「清沢満之の少年時代に関する一考察―名古屋の居住地とその時代―」『同朋大学仏教文化研究所紀要』二五号　同朋大学仏教文化研究所　二〇〇六
青木　馨・安藤　弥「三河大谷派記録―近世・近代東本願寺教団史料―」『同朋大学仏教文化研究所紀要』第二六号　同朋大学仏教文化研究所　二〇〇七

機関誌・新聞記事等

『徳風』第二三号　一八九四
『無尽灯』第一編第一号～第四巻第一二号　無尽灯社　一八九五～一八九九
『二諦教報』第一五号　二諦教報社　一八九八
『台湾協会会報』創刊号　台湾協会　一八九八
『日本』三二九一号～三三二五号　日本新聞社　一八九八
『仏教』第一四一号～第一四六号　仏教学会　一八九八～一八九九
『学士会月報』第一二六号～第一三一号　学士会　一八九八～一八九九
『哲学雑誌』第一三巻第一三八号～第一四二号　哲学雑誌社　一八九八～一八九九
『政教時報』第一号　仏教徒国民同盟会出版部　一八九九
山田〔佐々木〕月樵「白河録」『願慧』香草舎　一九三一～一九三四
「碧南市史料第五一集　棚尾村史」碧南市史編纂委員会　一九八〇
「碧南市史料第五八号　旭村誌」碧南市史編纂委員会　無刊記
「志貴野製瓦場紀念碑銘文」翻刻複製　西方寺提供
「大谷派事務革新全国委員及び有志者撮影名簿」複製　西方寺提供
『「宗報」等機関誌復刻版』一～二五・別巻　真宗大谷派出版部　一九八八～二〇〇三
「奥八郎兵衛履歴書類」『岩倉具視関係文書』マイクロフィルム版　北泉社　一九九〇
木場明志「再建の軌跡　三河門徒の尽力（三）―製瓦場の閉場」『同朋新聞』二〇〇一年六月号
「門前町物語四四」『京都新聞』二〇〇二年四月八日

臘扇記　注釈

臘扇記

明治卅《さんじゅう》一年八月十五日起

默忍堂《もくにんどう》

臘《ろう》扇《せん》記《き》　第一号

徒然雑誌《とぜんざっし》続

〔表紙〕

明治三十一年八月十五日(月)　六、二十八日

晴《はれ》。㋫稲葉《いなば》氏。㋫乗杉《のりすぎ》氏。(小)包、清川《きよかわ》氏、中に白川会《しらかわかい》諸氏より寄贈品絹地一疋《いっぴき》を封《ふう》す。野寺《のでら》小山《おやま》氏来寺《らいじ》。

暑極

十六日(火)　六、二十九日

晴《はれ》、蒸暑《じょうしょ》。㋩井上《いのうえ》氏。㋩乗杉《のりすぎ》氏宛《あて》。

十七日(水)　七、一日

晴《はれ》、蒸暑《じょうしょ》。㋩井上《いのうえ》氏宛《あて》。㋫稲葉《いなば》氏宛《あて》。㋫清川《きよかわ》氏宛《あて》。

町内衛生演説、主として赤痢予防に関するもの。夜、小雨《しょうう》。

默忍堂　清沢満之の雅号の一つ。＊

臘扇記　明治三一年八月一五日から明治三二年一月二五日にわたる日記。

＊

徒然雑誌　明治三一年三月一六日から同年八月一四日にわたる日記。＊

稲葉　稲葉昌丸（一八六五～一九四四）のこと。満之の友人。改革運動を主唱。＊

乗杉　乗杉教存（一八七六～一九一七）のこと。満之の知人。改革運動に賛同。＊

(小)　小包郵便物のこと。

清川　清川円誠（一八六三～？）のこと。満之の友人。改革運動を主唱。

＊

白川会　改革運動を主唱した白川党の解散後、その主要メンバーによって結成された会。＊

野寺　現、愛・安城市野寺町野寺の真宗大谷派本証寺のこと。

小山　小山厳秀（？～一九一二）のこと。満之の養父、清沢厳照の実弟。

井上　井上豊忠のこと。満之の友人。改革運動を主唱。＊

十八日(木)　七、二日

晴《はれ》、少しく涼味《りょうみ》を帯《たい》す。昨雨の結果ならん。㋫占部公順《うらべこうじゅん》氏、寺務所会議絶版、及《および》高倉相伝の義に同意云々《うんぬん》報来《ほうじきたる》、且つ二諦教報《にたいきょうほう》へ投稿を促す。㋫占部《うらべ》氏宛《あて》、右略答。㋫楠《くすのき》竜造《りゅうぞう》氏、無尽灯《むじんとう》原稿依頼。言志四録《げんししろく》、清川《きよかわ》氏寄贈。㋩清川《きよかわ》氏宛《あて》、同上謝辞。文明各国宗教法論《ぶんめいかっこくしゅうきょうほうろん》、著者寄贈、葦原林元子《あしはらりんげんし》媒《なかだち》。㋫葦原《あしはら》氏宛《あて》、前書《ぜんしょ》受領謝辞。

十九日(金)　七、三日

晴《はれ》。昨今九十七八度。㋫沢柳《さわやなぎ》氏宛《あて》。

二十日(土)　七、四日

晴《はれ》。㋫田中善立《たなかぜんりゅう》氏、前日来遊《らいゆう》謝辞。㋫東谷智源子《し》、同上。

二十一日(日)　七、五日

晴《はれ》。大島櫟《おおしまれき》、石原孝吉《いしはらこうきち》二子《にし》来訪、石原子《いしはらし》、医科大学入学に付《つき》保証人を依頼せんことを請ふ。仍《よっ》て岡田良平《おかだりょうへい》氏への照介状を附与す。南一行氏来寺《らいじ》説教、陰七月六、七両日、宝物虫干《ほうもつむしぼし》あり。因《ちなみ》に展覧《てんらん》を許し、説教を開席《かいせき》す。勤行は夏経《げきょう》のみ、別行《べつぎょう》なし。

占部公順　?～一九〇三。真宗大谷派唯法寺の僧。占部観順の子。＊
寺務所会議　不詳。
高倉相伝の義　不詳。
二諦教報　占部の関係した機関誌。＊
楠竜造　満之の知人。改革運動に賛同。＊
無尽灯　真宗大学の機関誌。＊
言志四録　佐藤一斎の語録。＊
文明～法論　藤堂融編訳。明治三一年発行。
葦原林元　満之の知人。改革運動に賛同。＊
媒　仲介者の意。
九十七八度　摂氏約三六度。
沢柳　沢柳政太郎(一八六五～一九二七)のこと。満之の友人。＊
田中善立　一八七四～一九五五。満之の知人。改革運動に賛同。＊
東谷智源　満之の知人。改革運動に賛同。＊
大島櫟　満之の知人。医師。＊
石原孝吉　満之の知人。医師。＊
岡田良平　一八六四～一九三四。満之の友人。＊
照介　照会の意か。
南一行　現、名古屋市在住の説教者。
陰　陰暦のこと。
夏経　夏安居の読経のこと。

養生三寡　養生書　寡レ欲以養レ精、
寡レ思以養レ神、　寡レ言以養レ気。

二十二日(月)　七、六日

晴《はれ》。㋫月見《つきみ》氏、　来遊《らいゆう》謝辞。㋩野々山照界子《ののやましょうかいし》、　明日出席案内。汽車時間及《および》休憩所并《ならび》に人力車準備の事を報し来《きた》る。青年にして注意の周到なる感すべし。

前十時、吉田賢竜《よしだけんりょう》氏来訪。小山《おやま》氏来寺《らいじ》。

二十三日(火)　七、七日(本日は旧所謂《いわゆる》七夕也《なり》)

早起《そうき》、(前五時発)吉田《よしだ》氏、原と共に、三人亀崎《かめざき》、大府《おおぶ》を経、(大府《おおぶ》にて吉田《よしだ》氏と分袂《ぶんべい》)小山村敬専寺《おやまむらきょうせんじ》、三為会《さんいかい》夏期大会に出席す。(三為説口演《さんいせつこうえん》。)

二十四日(水)　七、八日

晴《はれ》。午前、三為会《さんいかい》茶話会に出席。午後、演説短《たん》一席(一念)。

午後三時半、敬専寺《きょうせんじ》発、帰途に就き、刈谷《かりや》、大府《おおぶ》、亀崎《かめざき》を経て、後

殺身四忌　八月二十一日記

別行　仏事を特別に行うこと。

養生～気。「養生の三寡　養生の書　欲を寡［すくな］ふし以て精を養う　思を寡ふし以て神を養う　言を寡ふし以て気を養う。」と訓む。＊

月見　月見覚了(一八六四～一九二三)のこと。満之の友人。改革運動を主唱。＊

野々山照界　満之の知人。改革運動に賛同。＊

前　午前のこと。

吉田賢竜　一八七〇～一九四三。改革運動に賛同。＊

旧　旧暦のこと。

原　原子広宣。満之の侍者。＊

亀崎　現、愛・半田市亀崎。

大府　現、愛・大府市。

小山村　現、愛・刈谷市小山町。

敬専寺　真宗大谷派の寺院。

三為会　三河出身の僧侶を中心とした会。会の名称は満之の命名。＊

三為説口演　満之の講演「三為の説」のこと。＊

刈谷　現、愛・刈谷市のこと。

後　午後のこと。六行後の「八時」に続く。

殺身～財気　「身を殺す四忌　酒色財気」と訓む。＊

八月～日記　前注の文を記した日付。

酒色財気

月令広義○気者言三多言忿恚争闘之類妄用二気力一也

八時過き、帰着す。三為会《さんいかい》出席会員は拾名、寺主長男は黒田慶信。子《し》は村内《そんない》有志者、岡本氏、藤井氏等と護法赤心会を組織せる人なり。（余にも曽《かつ》て名誉会員を委嘱したる人なり。）　棚尾石川宗七《たなおいしかわそうしち》来談。夜、降雨。

二十五日(木)　七、九日

朝、雨、陰、雲西上《さいじょう》、風萠《ふうもう》を徴す。棚尾新橋碑銘《たなおしんばしひめい》を慧海に托《たく》し、石川宗七《いしかわそうしち》に送る。

午後、風勢漸強《ふうせいぜんきょう》、時々《じじ》急突。晩、烈風盛雨《れっぷうせいう》。

二十六日(金)　七、十日

曇《くもり》、風雨残余あり。

二十七日(土)　七、十一日　本日より南寮に夜眠《やみん》す。

半晴《はんせい》。㋫月見《つきみ》氏、村上《むらかみ》氏来書《らいしょ》回送。㋫占部公順《うらべこうじゅん》氏。㋩大井清一《おおいせいいち》氏。逮夜《たいや》説教、無讃題《むさんだい》、雑行雑修自力《ぞうぎょうざっしゅじりき》をふりすつる点を主とす。

月令〜力也　「月令広義○気は多言忿恚　争闘の類に妄に気力を用ふを言ふなり」と訓む。＊

寺　敬専寺のこと。

黒田慶信　敬専寺の僧。

岡本　不詳。

藤井　不詳。

護法赤心会　不詳。

棚尾　現、碧南市棚尾。

石川宗七　？〜一九三二。棚尾橋発起人。後の棚尾町長。

棚尾〜碑銘　満之が棚尾橋架橋の由来について草した架橋碑銘のこと。

＊

慧海　西方寺関係の僧侶か。

急突　突風の意か。

盛雨　雨が盛んなこと。

南寮　西方寺境内にあった茶所。

夜眠　夜眠ること。

村上　村上専精（一八五一〜一九二九）のこと。満之の知人。改革運動に賛同。＊

大井清一　満之の従甥。＊

逮夜　親鸞の命日前夜のこと。

無讃題　説教の讃題は無いこと。讃題とは説教の初めに読みあげる聖典の一節のこと。

雑行〜つる　伝蓮如述『改悔文』の文。

演説序銘　八月二十二日記

勿希求感賞 ｛敬慎而不畏縮／平調而不緩漫／簡潔而不匆忙｝ 宜披瀝誠信

右演説等に対する自誡《じかい》

当事必誦一再すへきもの。

午前中、郡内本郷村《ほんごうむら》正法寺《しょうほうじ》門徒(青年)神谷阿三郎、杉浦太一郎、近藤忠次郎三子《さんし》来訪。往説《おうせつ》を請ふ。来年五月、身心に障碍《しょうがい》なくば其聘《そのへい》に応ずべしと談合す。

(2)｛絶対の信は、毫《ごう》も吾人《ごじん》の製作を許さす、完全なる信任ならさる可《べ》からず。(吾人《ごじん》の製作は皆《みな》有限なるか為《ため》なり。)(虚偽虚仮《こぎこけ》は有限中の特象なり。)

(1)｛不変不動の楽地《らくち》は、絶対の因によらさる可《べ》からす。絶対の因は、絶対の力《りき》たらさる可《べ》からず。絶対の力《りき》に対する心は、絶対の信たらさる可《べ》からす。

(3)｛絶対の信任(たのむ)は無一物《むいちもつ》たらさる可《べ》からす(禅)、無私たらさる可《べ》からす(儒)、忘己ざる可《べ》からず(至心信楽忘己也)。

演説〜誠信　「演説の序銘　感賞を希求すること勿れ　敬い慎みて畏縮せざれ　平調にして緩漫〔慢カ〕ならざれ　簡潔にして匆〔怱カ〕忙ならざれ　宜しく誠信を披瀝すべし」と訓むか。

八月〜日記　前注の銘を記した日付。

当事〜もの　「事に当りて必ず誦すこと一、再すべきもの」と訓むか。

郡内本郷村　現、愛・岡崎市東本郷町。

正法寺　現、愛・岡崎市東本郷町西屋敷にある真宗大谷派の寺院。

神谷阿三郎　正法寺門徒。

杉浦太一郎　正法寺門徒。

近藤忠次郎　正法寺門徒。

吾人　自分のこと。

特象　特別な現象の意か。

儒　儒教のこと。

忘己　「己を忘れ」と訓む。

至心〜己也　「至心信楽己を忘るるなり」と訓む。覚如『報恩講私記』の文。＊

平生心事　八月二十二日記
勿顧慮他嘲笑
宜恪持自素質
　恪持素質は現金懸値《かけね》なき所を露呈して避憚《ひたん》せさるの意なり。

二十八日(日)　七、十二、
晴《はれ》。㋩楠《くすのき》竜造子《りゅうぞうし》、無尽灯《むじんとう》原稿来月六日迄《まで》に寄投《きとう》委嘱。㋫清川《きよかわ》氏、出原氏報書回示《かいじ》。新法主《しんほっす》連枝《れんし》上京等を記す。

二十九日(月)　七、十三、本晩より旧盆
晴《はれ》。昨来《さくらい》、二諦教報《にたいきょうほう》に致すへき原稿(宗義《しゅうぎ》の研究)を艸《そう》し発送し了《おわ》る。㋩楠《くすのき》氏宛《あて》、承諾を答ふ。

三十日(火)　七、十四、盆勤行見十六日記事
晴《はれ》、蒸気あり、断雲《だんうん》出没す。㋫月見《つきみ》氏宛《あて》。㋫清川《きよかわ》氏宛《あて》、書中左図を記入す。三ページ後にあり。

平生～素質　「平生の心の事　他の嘲笑を顧慮すること勿れ　宜しく自〔みずか〕ら素質を恪〔つつし〕み持つべし」と訓むか。
八月～日記　前注の文を記した日付。
寄投　原稿を送り届けること。
出原　出原義暁のことか。現、大阪府貝塚市にある真宗大谷派善正寺の人。
回示　回覧すること。
新法主　新法主は次期法主のこと。ここでは大谷光演（一八七五～一九四三）のこと。＊
連枝　法主一族の男子の敬称。ここでは大谷瑩亮（一八八〇～一九三六）のこと。＊
旧盆　盂蘭盆のこと。
宗義の研究　未発見の満之の論稿。
楠　楠竜造のこと。満之の知人。改革運動に賛同。＊
盆勤～記事　「盆勤行は十六日記事を見よ」と訓むか。九月一日（旧暦八月一六日）の記事を指す。
左図　本書一〇頁の八月三〇日の図を示す。

《八月二十二日記》

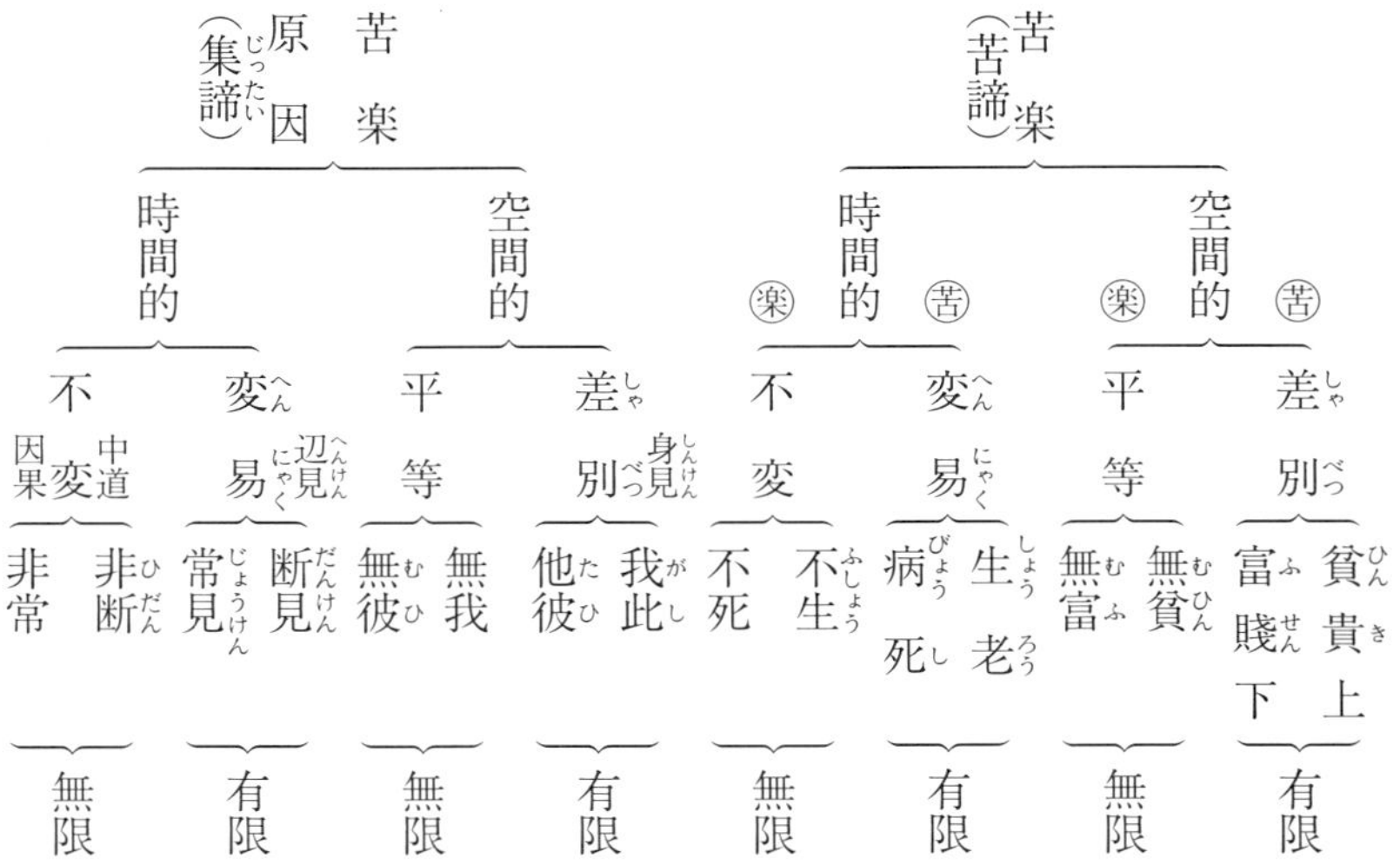

差別　個々の事象が別異であること。

苦諦　四諦の一。迷いのこの世はすべてが苦であるという真理。迷妄の世界の果を示す。

変易　変易生死のこと。

生老　生苦・老苦のこと。

病死　病苦・死苦のこと。

不生　生に対する執着を断ち、生を超越することを意味する。

不死　輪廻転生なき最高のあり方を示す。涅槃と同義。

身見　我［が］と我［が］に属するものがあるという誤った見解のこと。

辺見　かたよった極端なことに執着する誤った見解のこと。

断見　我［が］は死後断絶するという誤った見解のこと。

集諦　四諦の一。苦の因は求めて飽くことのない愛執であるという真理。迷妄の世界の因を示す。

常見　我［が］は死後常住であるとする誤った見解のこと。

中道　両極端を離れることで得られる中性な道のこと。

八月三十日

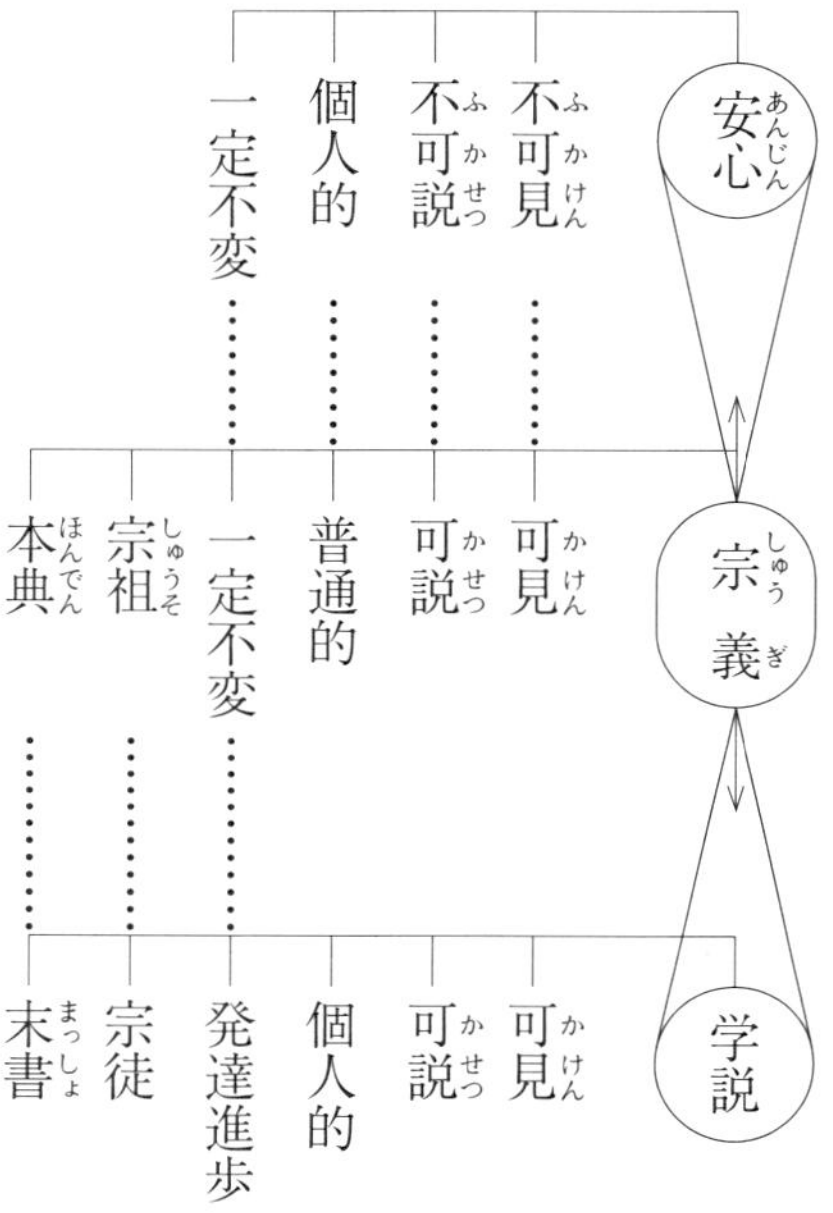

即往《そくおう》発熱不安、終日、三十九度二乃至《ないし》九分。㋫吉田賢竜《よしだけんりょう》氏。
赤堀《あかほり》医師診察、時候当《あた》りなり、然《しか》れとも脳膜《のうまく》に刺戟《しげき》あり、注意すべしと。

三十一日(水)　十五日

前四時、即往《そくおう》体温三十七度六分、呼吸静穏28。
晴《はれ》、小蒸《しょうじょう》。午来《ごらい》、陰雲漸現《いんうんぜんげん》。伏見《ふしみ》屋鈴木氏欠課。

八月三十日　五字ペン書き。別筆か。
宗義　親鸞（一一七三～一二六二）が『教行信証』の中に明らかにした教義のこと。＊
宗祖　親鸞のこと。＊
本典　『教行信証』のこと。＊
末書　『教行信証』を祖述、また注釈した書。
即往　清沢即往（一八九八～一九六八）のこと。満之の次男。
不安　身体が不調であること。病気であること。
赤堀医師　赤堀孝太郎（一八六七～一九二三）のこと。西方寺門前の医師。満之らと大浜同志会を結成。＊
時候当り　季節の変わり目などの気候の変化によっておこる病気のこと。
伏見屋　碧南市旭地区内の地名のこと。
鈴木　鈴木鍵次郎のことか。碧南市旭地区の伏見屋の人。
欠課　鈴木鍵次郎の英語講習を休むの意か。

九月一日(木)　十六日　(二百十日)

前二時来、風雨漸強《ぜんきょう》。午後、風雨漸静《ぜんせい》。㋫清川《きよかわ》氏宛《あて》、月見《つきみ》氏宛《あて》、共に村上《むらかみ》氏一《いち》条静定《じょうせいてい》の見込及《みこみおよび》、新法主《しんほっす》三連枝《さんれんし》一条《いちじょう》に付き。本日、大谷派一大事報告演説の広示《こうじ》を掲ぐ。

昨今、十四、十五、十六、盆中、晨朝《じんちょう》、漢読緩調《かんちょう》　正信偈《しょうしんげ》(善導独明《ぜんどうどくみょう》　調声《ちょうしょう》)六首無行三淘《みつゆり》。祠堂小経《しどうしょうきょう》　如例《れいのごとし》。逮夜《たいや》、正信偈《しょうしんげ》六首　同晨朝《じんちょう》(日中《にっちゅう》省略無行)装束黒衣五条《こくえごじょう》。

晴《はれ》、蒸暑《じょうしょ》。即往略平復、然疲痩見外、歩行無力、

二日(金)　十七日

軽雲。㋫沢柳《さわやなぎ》氏。㋫清川《きよかわ》氏。晩来陰増《ばんらいいんぞう》、夜、大雷雨。

三日(土)　十八日

朝、雨、漸晴《ぜんせい》。佐藤政造《さとうせいぞう》氏来訪。

四日(日)　十九日

晴《はれ》、蒸《むす》。㋫月見《つきみ》氏、一昨便《いっさくびん》清川《きよかわ》氏のと大同《だいどう》。新法主《しんほっす》及《および》三連枝《さんれんし》一条《いちじょう》の誠意に感激の旨に付《つき》云々《うんぬん》。

㋫野々山照界《ののやましょうかい》氏、小山三為会《おやまさんいかい》大会演説筆記を徳風雑誌《とくふうざっし》に投与云々《うんぬん》。

一条　一つの事件の一部始終のこと。
静定　激しい動きがおさまり、安定すること。
新法〜一条　新法主(大谷光演)などが東本願寺を脱出した事件のこと。
＊
三連枝　大谷瑩誠(一八七八〜一九四八)、大谷瑩亮(一八八〇〜一九三六)、大谷勝信(一八七八〜一九五一)のこと。＊
大谷〜演説　本書一二頁、九月五日の記事を参照。＊
正信偈　親鸞の「正信念仏偈」のこと。＊儀
六首無行　不詳。
三淘　声明における節譜構成の種類の一つ。
祠堂小経　永代経として『阿弥陀経』を読むこと。
日中　正午に行う勤行のこと。＊儀
即往〜無力　「即往、略ぼ平復、然れども疲れ痩せること外に見〔あらわ〕れ、歩行力無し」と訓むか。
晩来陰増　夕方から曇ってくること。
佐藤政造　現、碧南市新川地区の名士。改革運動に賛同。＊
徳風雑誌　伊勢祖住が刊行した雑誌。
＊

石川《いしかわ》氏を訪《とぶら》ふ、吉治《きちじ》子肺患《しはいかん》は略《ほぼ》復治。唯腸加答児《ただちょうかたる》の頗《すこぶ》る治療を要するあり云々《うんぬん》。又新法主《しんほっす》三連枝《さんれんし》一条《いちじょう》或《あるい》は無謀云々《うんぬん》。蓋《けだ》し氏は余り此挙《このきょ》に賛せさるなり。

五日(月)　廿日《はつか》

晴《はれ》。㋫楠竜造《くすのきりゅうぞう》氏宛《あて》、無尽灯《むじんとう》原稿発送。㋫中野忠八《なかのちゅうはち》氏宛《あて》、乳味糗九袋注文。

午後、大谷派一大事　報告演説、弁者、原、小島、舎弟、佐藤政蔵《さとうせいぞう》、高木《たかぎ》、自身、自演《じえん》要点、不孝、分裂、政略、無効等の非難に対弁《たいべん》す。

午前、占部公順《うらべこうじゅん》氏来訪。㋩清川《きよかわ》氏、月氏より来書《らいしょ》、村氏を介する方云々《ほううんぬん》。

六日(火)　廿一日《にじゅういち》

昨午後六時来、霖雨《りんう》間遏。夜来、沖鳴《おきなり》。本日午後三時来、降雨漸強《ぜんきょう》、風力漸《ぜん》加《か》。

午前、加寿子《かずこ》、上京の為《ため》出発。佐藤政蔵《さとうせいぞう》氏を訪《とぶら》ふ、縁談一条《いちじょう》に付《つき》。

㋩稲葉《いなば》氏、山口町野田町《やまぐちちょうのだちょう》より二日午後該地《がいち》着、一夏兀坐《いちげこつざ》無所得云々《うんぬん》。

㋩小塚美重氏、名古市東主税町《ひがしちからまち》甲二《一？》番戸。来《きた》る十一日前約《ぜんやく》の通り云々《うんぬん》。

六日講《むいかこう》説教担演。(勤行は三首引《さんしゅびき》なり。)

夜、暴風雨。

石川　西方寺隣家の石川八郎治(一八四四～一九一八)のこと。西方寺門徒。＊

吉治　石川吉治(?～一九四一)のこと。石川八郎治の子。＊

復治　病気が回復する意か。

腸加答児　腸カタルのこと。

中野忠八　現、京都市大和大路五条下るの薬種問屋大和屋の店主。＊

乳味糗　大和屋の自家製代用粉ミルク、乳味糖のことか。

弁者　弁士のことか。

小島　小島了契のことか。

舎弟　藤分法賢(一八六八～一九四二)のこと。満之の義弟。＊

佐藤政蔵　現、碧南市新川地区の名士。改革運動に賛同。＊

高木　高木晃敬(一八六九～一九二九)のこと。西方寺の隣寺光輪寺の僧。当時、光輪寺住職。＊

自演　満之自身の演説のこと。

月　月見覚了(一八六四～一九二三)のこと。改革運動を主唱。＊

村　村上専精(一八五一～一九二九)のこと。満之の知人。改革運動に賛同。＊

間遏　「しばしとどむ」と訓むか。もしくは、「間歇」の誤りか。

加寿子　清沢かづ(一八七三～一九

七日(水)　廿二《にじゅう》日

晴《はれ》、荒後西風《せいふう》残余、秋涼徹到《しゅうりょうてっとう》。㊇月見《つきみ》氏、十一日前後は清兄移寓の繁《はん》あらすやと云々《うんぬん》。

朝来、小腹痛あり。午後に至るも治《ち》せす。五時、赤堀《あかほり》氏に往《ゆ》き、診察を受く。通常の腸加答児《ちょうかたる》なり。昨今、彼此《ひし》にあり云々《うんぬん》。水散剤《すいさんざい》各一日分を領して還《かえ》る。

両重之要義《りょうじゅうのようぎ》　背反之《の》均等(無尽之《の》原理)

Essential Duality

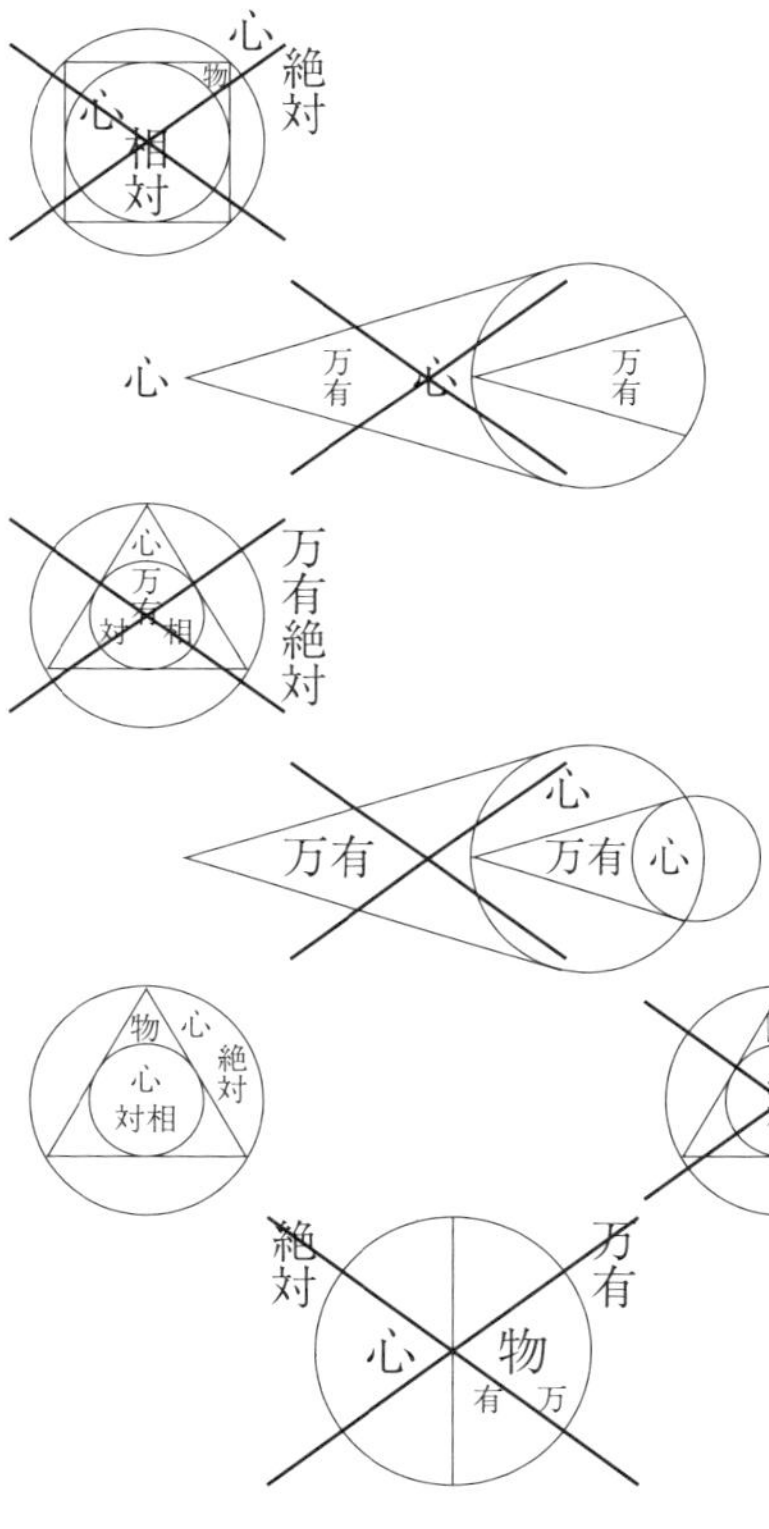

I doubt; and doubt is thought.

四六)のこと。満之の妻やすの妹。

＊

縁談一条　清沢かづの縁談のこと。

山口町　現、山口市のこと。

野田町　現、山口市野田のことか。

兀坐　動かないですわりつづけること。

小塚美重　不詳。

名古~税町　現、名古屋市東区徳川一丁目のこと。

六日講　毎月六日を定例として寺院でもたれる集会。

担演　「演を担う」と訓むか。

三首引　和讃三首を頌すること。

荒後　「あれののち」と訓むか。暴風雨の後という意。

徹到　奥底まで達すること。

清兄　清川円誠(一八六二~?)のこと。満之の友人。改革運動を主唱。

＊

移寓　住居を移す意か。

水散剤　水薬と粉薬のこと。

Essential Duality　【英】「根源的二元性」もしくは「本質的二重性」の意か。

I doubt ~ thought.　【英】「わたしは疑う、そして疑うことは思考することである。」の意か。

八日(木)　廿《にじゅう》三日

快晴。(小)昨日、中野忠八《なかのちゅうはち》氏、建仁寺町五条下《けんにんじちょうごじょうさが》る より乳味糗到達。

㊇同上氏、右発送の牒《ちょう》。

本日、赤堀《あかほり》氏より、更に水散剤《すいさんざい》各一日分を受く。

九日(金)　廿《にじゅう》四日

好晴《こうせい》。㋫清川《きよかわ》氏、六日発、昨日午前、寝にて、御親言云々《うんぬん》。

㊇同氏、八日午後発、移寓すへき佳所《かしょ》云々《うんぬん》。

古居氏代人、婦人会演説云々《うんぬん》。来《きた》る十六、七日の中《うち》一日を約す。

赤堀《あかほり》氏薬剤尚《なお》一日分を受く。

十日(土)　廿《にじゅう》五日

晴《はれ》。午後発、名古屋《なごや》に行く。途中鈴木《すずき》要造氏に遇《あ》ひ(亀崎《かめざき》より名古屋長者町《なごやちょうじゃまち》迄《まで》同道し、同氏常宿岐阜屋に小憩して、後辞《じ》し別《わかれ》)直ちに新出来町覚音寺《しんできちょうかくおんじ》に至り投宿。(空全上人《くうぜんしょうにん》、同夫人、静観子《し》在寺。夜に入り空恵《くうえ》氏帰寺《きじ》。)

建仁〜下る　現、京都市大和大路通り五条下る。

寝　東本願寺(真宗大谷派本願寺)大寝殿のこと。

御親言　東本願寺(真宗大谷派本願寺)法主の言葉。当時の法主は第二二世現如上人、大谷光瑩(一八五二〜一九二三)。

古居　現、碧南市鶴ヶ崎在住の古居七兵衛のことか。改革運動に賛同。

鈴木要造　平七村と伏見屋村の村長を務めた鈴木要蔵のことか。

名古〜者町　現、名古屋市中区長者町のこと。

岐阜屋　不詳。

覚音寺　現、名古屋市東区新出来にある真宗大谷派の寺院。満之が得度した寺院。

空全　小川空全(?〜一九一五)のこと。覚音寺第一一代住職。

同夫人　小川さわ(?〜一九三〇)のこと。六五歳で逝去。

静観　小川静観のこと。小川空全の子。空恵の弟。

空恵　小川空恵(?〜一九二三)のこと。小川空全の子。満之の友人。覚音寺第一三代住職。六三歳で逝去。

十一日(日)　廿《にじゅう》六日

晴《はれ》。養念寺《ようねんじ》に行き少年教会に臨み、午後、東主税町《ひがしちからまち》人見《ひとみ》氏を訪《とぶら》ひ(不在)、四時名古屋《なごや》発列車にて京都《きょうと》に出て、清川《きよかわ》氏に投宿。(時に月見《つきみ》氏も既に在り。)

十二日(月)　廿《にじゅう》七日

曇《くもり》。茫然《ぼうぜん》として経過す。

十三日(火)　廿《にじゅう》八日

晴《はれ》。中珠数屋町《なかじゅずやまち》寺作に至り、珠数《じゅず》改串を委嘱し、丁七にて「たのむたすけたまへ」を買ふ。(在店中、松本白華《まつもとはっか》氏に面晤《めんご》。)

十四日(水)　廿《にじゅう》九日

雨。在宿《ざいしゅく》。

十五日(木)　卅《さんじゅう》日

前、小雨。後、暁烏《あけがらす》、楠《くすのき》、佐々木《ささき》、三子《さんし》来訪。(春日円城《かすがえんじょう》氏来訪。)

養念寺　現、名古屋市東区泉にある真宗大谷派の寺院。

東主税町　現、名古屋市東区徳川一丁目のこと。

人見　人見忠次郎のこと。満之の知人。数学者。＊

中珠数屋町　現、京都市下京区正面通烏丸東入廿人講町のこと。

寺作　寺島念珠老舗のこと。

改串　念珠の仕立てがえのことか。

丁七　丁子屋(現、法蔵館)のこと。

「た～へ」　東陽円月『タノムタスケタマヘ義』一巻(明治二一年)のこと。

松本白華　一八三八～一九二六。真宗大谷派の僧。改革運動に賛同。＊

暁烏　暁烏敏(一八七七～一九五四)のこと。満之の知人。改革運動に賛同。＊

佐々木　佐々木月樵(一八七五～一九二六)のこと。満之の知人。改革運動に賛同。＊

春日円城　満之の知人。改革運動に賛同。当時、真宗京都中学教員であり、主幹の任にあった。＊

十六日(金)　八、一日

晴《はれ》。大井家《おおいけ》を訪《とぶら》ひ(叔父君不在)、前田慧雲《まえだえうん》氏を訪《とぶら》ひ(不在)、古沢氏の来訪に遇《あ》ふ。東京葦原子《とうきょうあしはらし》より来電《らいでん》(スグノボレ)。

十七日(土)　八、二日

晴《はれ》。前八時五四分発列車にて、七条停車場《しちじょうていしゃじょう》を立ち、米原《まいはら》にて月見《つきみ》氏に別れ、夕刻、帰寺《きじ》。

十八日(日)　八、三日

晴《はれ》。前、石川吉治子《いしかわきちじし》の病を問ひ、後四時発、半田《はんだ》に渡り、八時十三分発列車にて大府《おおぶ》に出て、月見《つきみ》氏の東行《とうこう》列車に在るに会し、東上の途に就く。

十九日(月)　八、四日

晴《はれ》。前十一時、新橋《しんばし》着。(途中鉄道新修《しんしゅう》の箇所除行の為《ため》、延着。)葦原子《あしはらし》に会ひ、小話《しょうわ》後同子《し》と別れ、小石川伝通院《こいしかわでんつういん》前、沢柳《さわやなぎ》氏に投す。葦原子《あしはらし》来訪、藤堂《とうどう》氏に会見を誘ふ。必要なきを以《もっ》て辞謝《じしゃ》す。晩、岡田《おかだ》、上田《うえだ》二氏来訪。近角子《ちかずみし》も沢《さわ》柳《やなぎ》氏に所用ありて来《きた》り、突然面会す。

大井家　満之の叔母るいの嫁ぎ先。
叔父　満之の叔父、大井忠右エ門。
前田慧雲　一八五七～一九三〇。浄土真宗本願寺派の学僧。＊
古沢　不詳。
七条停車場　現、京都駅のこと。
石川吉治　？～一九四一。石川八郎治の子。＊
半田　現、愛・半田市のこと。
東行　東の方へ行くこと。
除行　徐行のこと。
小石川　現、東・文京区小石川三丁目のこと。
伝通院　浄土宗の寺院。聖冏の開基。
藤堂　藤堂融。当時、検事正。＊
岡田　岡田良平(一八六四～一九三四)のこと。満之の友人。＊
上田　上田万年(一八六七～一九三七)のこと。満之の友人。当時、東京帝国大学教授。＊
近角　近角常観(一八七〇～一九四一)。満之の知人。改革運動に賛同。当時、真宗東京中学教員。＊
谷中　現、東・台東区谷中のこと。
真宗～中学　現、東・文京区向丘にあった真宗第二中学寮を明治二九年九月に現、東・台東区谷中に移転開校した中学校のこと。

二十日(火)　八、五

晴《はれ》。村上《むらかみ》氏を訪《とぶら》ひ(不在)、転して谷中真宗東京中学《やなかしんしゅうとうきょうちゅうがく》に至り、(村上《むらかみ》氏、吉田《よしだ》氏、藤岡《ふじおか》氏、近角《ちかずみ》氏、旭埜《あさの》氏、浅井《あさい》氏、稲葉《いなば》氏、皆在り。)更に返りて、村上《むらかみ》氏に行き、雑談して帰る。(帰途、記簿《きぼ》、水筆《すいひつ》等を購求《こうきゅう》す。)　真宗中学在話中《しんしゅうちゅうがくざいわちゅう》、葦原子《あしはらし》来訪。藤堂《とうどう》氏よりの使旨を伝へ、山政《さんせい》には無関係にて会見を求む。乃《すなわ》ち之《これ》を応諾す。㋫朝、清川《きよかわ》氏宛《あて》。夜に入り葦原子《あしはらし》より来電《らいでん》、「三ジチヤリヤウ」　明日午後三時、星ケ岡茶寮《ほしがおかさりょう》に会すべきを通報せるなり。

廿《にじゅう》一日(水)　八、六

晴《はれ》。午前、休息。㋫大浜宛《おおはまあて》。㋫藤分《ふじわけ》　秀法《しゅうほう》、見慶《けんけい》　氏宛《あて》。㋫葦原子《あしはらし》。

午後、南条《なんじょう》氏を訪《とぶら》ひ、面晤《めんご》、特に新法主御巡化《しんほっすごじゅんげ》御中止に関する意見を陳《の》ぶ。

三時、星ケ岡茶寮《ほしがおかさりょう》に藤堂融《とうどうとおる》氏に会見し、宗教上の時事等を談す。(茲《ここ》に亦新法《またしんほっ》主《す》御巡化《ごじゅんげ》等に関する意見を陳《の》ぶ。

昨夜、永井濤江子《ながいとうこうし》、今夜、蕪城《かぶらぎ》、南浮《なんぶ》二子《にし》来訪。

不在中。㋫村上《むらかみ》氏、　明日午前十時、課後新法主《かごしんほっす》御面会あるべきを報ず。

吉田　吉田賢竜(一八七〇～一九四三)のこと。以下、五名は当時、真宗東京中学の教員。＊

藤岡　藤岡勝二(一八七二～一九三五)のこと。改革運動に賛同。＊

旭埜　旭野慧憲のこと。＊

浅井　浅井秀玄(一八五九～一九一五)のこと。改革運動に賛同。＊

稲葉　稲葉栄寿(一八六四～?)のこと。＊

記簿　帳簿のこと。

使旨　使者としての趣旨の意か。

山政　真宗大谷派の政治のこと。

星ケ岡茶寮　赤坂山王台にあった料亭「星岡茶寮」のこと。＊

藤分秀法見慶　藤分法賢の兄秀法(一八六五～一九四八)と弟見慶(一八七一～一九五〇)のこと。＊

南条　南条文雄(一八四九～一九二七)のこと。当時、大谷光瑩の随行など、東本願寺の要務に携わる。＊

藤堂融　当時、検事正。

永井濤江　満之の知人。改革運動に賛同。

蕪城　蕪城賢順のこと。改革運動に賛同。＊

南浮　南浮智成のこと。満之の知人。改革運動に賛同。＊

課後　仕事をすませた後のこと。

廿《にじゅう》二日(木)　八、七

晴《はれ》。村上《むらかみ》氏を訪《とぶら》ひ、浅艸《あさくさ》の摸様《もよう》を詳《つまびらか》にし、直《ただち》に浅艸別院《あさくさべついん》に行き、大草《おおくさ》、粟津二氏を経て、新法主《しんほっす》及《および》浄暁院《じょうぎょういん》殿に拝謁し、更に大草《おおくさ》、粟津二氏と談し、又石川参務《いしかわさんむ》に談して帰る。感したる所は、新法主《しんほっす》殿の常に変《かわ》らぬ慇懃《いんぎん》たる誠旨《せいし》なりき。

小原　一朧　吉田《よしだ》、秦、渡辺《わたなべ》　薫之介《くんのすけ》、三氏来訪。

廿《にじゅう》三日(金)　八、八

雨。㋫清川《きよかわ》氏宛《あて》、二名より。㋩舎弟、着報《ちゃくほう》の返、神田錦町《かんだにしきちょう》三丁目廿二《にじゅう》番樅山《もみやま》七郎。

前、上野公園三宜亭《うえのこうえんさんぎてい》に、仏教青年会《ぶっきょうせいねんかい》大会に出席す。

後、小石川区原町岡田良平《こいしかわくはらまちおかだりょうへい》氏に訪遊《ほうゆう》す。《◬》

不在中葦原《あしはら》氏来訪の由。

廿《にじゅう》四日(土)　八、九

曇《くもり》。朝飯後、外山《とやま》先生を訪《とぶら》ひ、教育、道徳、宗教の意見を叩《たた》く。(先生曰《いわ》く、宗教はインスピレーションなり。又曰《いわ》く、宇宙の大疑問　畢竟《ひっきょう》難解　に対する、あー感動なり。)

浅艸別院　当時、真宗大谷派浅草別院。現在は東本願寺派東本願寺。
大草　大草慧実(一八五八～一九一二)。当時、真宗大谷派浅草別院輪番。＊
粟津　粟津元亨のことか。
浄暁院　大谷瑩亮(一八八〇～一九三六)のこと。＊
石川参務　石川舜台(一八四二～一九三一)のこと。当時、真宗大谷派主席参務。＊
誠旨　誠実な考えのこと。
小原一朧　満之の知人。改革運動に賛同。当時、真宗東京中学教員。＊
秦　秦敏之のことか。満之の知人。改革運動に賛同。＊
渡辺薫之介　満之の友人。＊
着報の返　着いた報せの返信。
神田錦町　現、東・千代田区神田錦町のこと。
樅山七郎　現、碧南市新川地区の名士。瓦製造業。西方寺門徒。
三宜亭　東京上野にあった三宜亭。
仏教青年会　現、東・文京区にあった大日本仏教青年会のことか。
小石～原町　現、東・文京区白山。
《◬》　不詳。
外山　外山正一(一八四八～一九〇〇)のこと。満之が東京帝国大学在

㋫大浜《おおはま》宛《あて》。

午後、本郷森川町《ほんごうもりかわちょう》一番地橋通り三百十一号仏教青年会《ぶっきょうせいねんかい》に、近角《ちかずみ》氏を訪《とぶら》ひ、(秦氏も偶然来訪)後六時頃、帰宿す。

旭埜《あさの》氏来訪。晩より夜に入り降雨。㋫葦原《あしはら》氏。

廿《にじゅう》五日(日)　八、十

雨。(デ)葦原《あしはら》氏宛《あて》、「アメフリユケヌ」(二名発)。㋩近角《ちかずみ》氏宛《あて》、宗教内的経験の談話会を、七日後六時より沢柳《さわやなぎ》氏方に開席を照会す。西村謙三《にしむらけんぞう》氏に面晤《めんご》す。

廿《にじゅう》六日(月)　八、十一

晴《はれ》、半。㋫舎弟。月見《つきみ》氏二名代理として葦原《あしはら》氏を訪《とぶら》ふ。

錦町《にしきちょう》三丁目、二十二番地樅山《もみやま》七郎氏を訪《とぶら》ひ、一泊す。

廿《にじゅう》七日(火)　八、十二

半晴《はんせい》。前九時、沢柳《さわやなぎ》氏に帰る。㋩近角《ちかずみ》氏、昨日到来。

後一時、南条《なんじょう》氏来訪。二時、月見《つきみ》氏帰来《きらい》、五時、復出。後六時来、宗教的経験談話会、元良《もとら》氏、近角《ちかずみ》氏、吉田《よしだ》氏静知《せいち》、岡田《おかだ》氏哲蔵《てつぞう》、島地雷夢《しまじらいむ》氏、太田秀穂《おおたしゅうほ》氏、山辺知春《やまべともはる》氏、

学中の哲学科の教員。＊
本郷～年会　現、東・文京区にあった大日本仏教青年会の事務所。
宗教～経験　宗教における内面的経験の意か。
七日後六時　明治三一年九月二七日午後六時のこと。
西村謙三　一八六一～一九三七。満之の知人。＊
復出　ふたたび外出するの意か。
元良　元良勇次郎(一八五八～一九一二)のこと。当時、東京帝国大学の講師。＊
吉田氏静知　吉田静致(一八七二～一九四五)のこと。倫理学者。＊
岡田氏哲蔵　岡田哲蔵(一八六九～一九四五)のこと。英文学者。＊
島地雷夢　一八七九～一九一五。島地黙雷の三男。＊
太田秀穂　一八七五～一九五〇。倫理学者。＊
山辺知春　満之の知人。＊

境野哲《さかいのてつ》氏、常盤大定《ときわだいじょう》氏、及《および》余出席。（沢柳《さわやなぎ》氏は寄宿舎委員会に臨席の為《ため》欠席。）

談話会開席《かいせき》中、村上専精《むらかみせんしょう》氏来訪。　《△》

Man, he says, you have a free will by nature from hindrance and compulsion. But, you object, "If you place before me the fear of death, you do compel me." No, it is not what is placed before you that compels, but your opinion that it is better to do so-and-so than to die. In this matter, then, it is your opinion that compelled you: that is, will compelled will.

Epict. Bk I, Ch. XVII, p. 54.

But the tyrant will chain — what? the leg. He will take away — what? the neck. What then will he not chain and not take away? the will. This is why the ancients taught the maxim, Know thyself.

ch. XVIII, Ib. p. 58.

廿八《にじゅう》日(水)　八、十三日

晴《はれ》、漸曇《ぜんどん》。前八時、月見《つきみ》氏と共に沢柳《さわやなぎ》氏を辞し、錦町《にしきちょう》　樅山《もみやま》氏に移り、亦《また》共に出《い》て、寄贈品を購求《こうきゅう》す。途中常盤大定子《ときわだいじょうし》に邂逅《かいこう》し行談す。子《し》、余等の宿所に着

境野哲　境野黄洋（一八七一～一九三三）のこと。仏教史学者。＊

常盤大定　一八七五～一九四五。改革運動に賛同。当時、真宗東京中学の教員。＊

村上専精　一八五一～一九二九。満之の知人。改革運動に賛同。＊

《△》　不詳。

Man,～will.　英文和訳1。Epict. p. 54 (17-18) (28-33).「compulsion.」と「But」との間に省略された文章あり。

But the～thyself.　英文和訳2。Epict. p. 58 (21-24).

行談　歩きながら話すの意か。

するを送り、家に入らすして還《かえ》り去る。
㋫清沢内《きよざわない》。㋫藤分見慶《ふじわけけんけい》氏。
沢柳《さわやなぎ》氏来訪。月見竜昇氏来訪。
後九時、樅山《もみやま》氏を辞し、新橋停車場《しんばしていしゃじょう》に向《むか》ふ。途上降雨数滴を感す。
古田復之氏停車場に余等を見送る。

廿《にじゅう》九日(木)　八、十四日

雨。大府《おおぶ》、亀崎《かめざき》、松江《まつえ》を経て、午後四時頃《ごろ》、帰寺《きじ》。
寺内《じない》皆健勝、欣喜々々《きんききんき》。㋫無尽灯編輯員《むじんとうへんしゅういん》、原稿依嘱《いしょく》。

三十日(金)　八、十五日

雨。睡気《ねむけ》と憊感に圧せられ、終日臥過《がか》。㋫石原孝吉子《いしはらこうきちし》。

清沢内　清沢やす(一八六八～一九〇二)のこと。満之の妻。＊**藤分見慶**　一八七一～一九五〇。満之の義弟である藤分法賢の弟。＊**月見竜昇**　不詳。
新橋停車場　現、東・港区にあった鉄道の駅。
古田復之　不詳。
松江　現、碧南市松江町のこと。
憊感　疲れ果てた感じの意か。

十月一日(土)　八、十六日

雨。前日に略同《りゃくどう》。「エピクテト」数十項を通読す。

二日(日)　八、十七日

半晴《はんせい》。本証寺《ほんしょうじ》門徒銀蔵《ぎんぞう》に対話す。
㋫石原孝吉子《いしはらこうきちし》宛《あて》、温泉表依頼。○樅山《もみやま》七郎氏宛《あて》。

三日(月)　八、十八日

晴《はれ》。石川八良治《いしかわはちろうじ》氏を訪《とぶら》ひ、東京事情《とうきょう》を語る。㋫月見《つきみ》氏。
㋫沢柳《さわやなぎ》氏宛《あて》。㋫近角《ちかずみ》、秦二氏宛《あて》。㋫清川《きよかわ》氏宛《あて》。
㋩月見《つきみ》氏宛《あて》。

A tribunal and a prison are each a place, one high and the other low; but the will can be maintained equal, if you choose to maintain it equal in each.

Epict. Bk. II, Ch. VI, p. 115.

For remember this general truth, that it is we who squeeze ourselves, who put

---

「エ〜ト」　George Long (1801-1879) 訳 "The Discourses of Epictetus" のこと。

本証寺　現、愛・安城市野寺町野寺にある真宗大谷派の寺院。＊

銀蔵　現、愛・安城市赤松町の鶴田銀蔵のこと。＊

温泉表　不詳。一〇月一〇日に関連記事。

○　不詳。

石川八良治　西方寺隣家の石川八郎治(一八四四〜一九一八)のこと。西方寺門徒。＊

A tribunal〜each.　英文和訳３。Epict. p. 115 (15-18).

For remember〜reviler?　英文和訳４。Epict. p. 76 (12-17).

ourselves in straits; that is, our opinions squeeze us and put us in straits. For what is it to be reviled? Stand by a stone and revile it; and what will you gain? If then a man listens like a stone, what profit is there to the reviler?

Ib. Bk. I, Ch. XXV, p. 76.

'God is in man', is an old doctrine.

Euripides; Ovid; Horace.

1 Cor. VI. 19, 2 Cor. VI. 16, 2 Tim.1. 14, 1 John III. 24, IV. 12, 13.

Epictetus knew nothing of the writers of the Epistles.

Ib. Bk. II, Ch. X, p. 119.

You are not able to purge away the wickedness of others. Clear away your own. From yourself cast away sadness, fear, desire, envy, malevolence, avarice, effeminacy, intemperance. But it is not possible to eject these things otherwise than by looking to God only, by fixing your affections on him only, by being consecrated to his commands.

Epict. Bk. II, Ch. XVI, p. 152-3.

'God is～Horace.　英文和訳5。Epict. p. 119 (26-30).「Euripides」と「Ovid」と「Horace」との間にそれぞれ省略された文章あり。

Epictetus knew～Epistles.　英文和訳6。Epict. p. 120 (7).

You are～commands.　英文和訳7。Epict. p. 152 (30), p. 153 (1-7).「others.」と「Clear」、「cast away」と「sadness」との間に省略された文章あり。

Be not hurried away by the rapidity of the Appearance; but say, Appearances, wait for me a little: let me see who you are, and what you are about: let me put you to the test.

Ib. ch. XVIII, p. 161.

Take away the fear of death, & suppose as many thunders & lightenings as you please, you will know what calm and serenity there is in the ruling faculty.

Epict., Bk.II, Ch.XVIII, p. 162.

四日(火)　八、十九日

曇《くもり》。夜、野寺《のでら》同行銀蔵《ぎんぞう》来談、要領を得すして去る。小山《おやま》氏来話《らいわ》。後十二時発《はつ》、還去。

五日(水)　八、二十日

半晴《はんせい》。㋫無尽灯編輯局《むじんとうへんしゅうきょく》宛《あて》、原稿。石八氏来訪。㋫石吉氏宛《あて》。㋫清川《きよかわ》氏、東京《とうきょう》より回達《かいたつ》。

Be not〜test.　英文和訳8。Epict. p. 161 (9-12).

Take away〜faculty.　英文和訳9。Epict. p. 161 (30)-162 (3).

還去　もどっていくの意か。

原稿　満之の論稿「仏教の効果は消極的なるか」(『無尽灯』連載)のこと。＊

石八　西方寺隣家の石川八郎治(一八四四〜一九一八)のこと。西方寺門徒。＊

石吉　石川吉治(?〜一九四一)のこと。石川八郎治の子。＊

六日(木)　八、二十一日

晴《はれ》。石川宗七《いしかわそうしち》氏来話《らいわ》、架橋碑文清書《かきょうひぶんせいしょ》展示。

Religion is that which gives the highest accomplishment to man, — to all men. It makes every man an equal of kings, and emperors, and what not!

If you have laid aside or have lessened bad disposition and a habit of reviling; if you have done so with rash temper, obscene words, hastiness, slugglishness; if you are not moved by what you formerly were, and not in the same way as you once were, you can celebrate a festival daily, to-day because you have behaved well in one act, and to-morrow because you have behaved well in another. How much greater is this a reason for making sacrifices than a consulship or the government of a province?

Epict. p. 332.

七日(金)　八、二十二

晴《はれ》。

昨日 { ㋫沢柳《さわやなぎ》氏宛《あて》。
　　　㋫岡田《おかだ》氏宛《あて》。

右二書中、清川《きよかわ》氏来嘱の事を記せり。

架橋〜清書　棚尾橋架橋碑銘のこと。架橋の由来について満之が草した文。

*

Religion is〜not!　英文和訳10。出典不明。

If you〜province?　英文和訳11。Epict. p. 332 (16-25).

清川〜の事　清川円誠からの依嘱の件の意か。

㋩清川《きよかわ》氏。
㋫清川《きよかわ》氏宛《あて》。
㋫月見《つきみ》氏宛《あて》。

八日(土)　八、二十三

碧南婦人会秋季大会に臨み演説及《および》説教す。夜、雨。

九日(日)　八、二十四

晴《はれ》。碧南婦人会。朝事《あさじ》説教。午後、演説及《および》説教。十時、帰寺《きじ》。
㋫清川《きよかわ》氏。㋫月見《つきみ》氏。㋫艸間《くさま》氏。

十日(月)　八、二十五

晴《はれ》。㋫沢柳《さわやなぎ》氏。㋩岡田《おかだ》氏宛《あて》、前便依頼の件苛急を要せさること等。㋩沢柳《さわやなぎ》氏宛《あて》、同上。㋫石原孝吉《いしはらこうきち》氏、温泉表探索の結果通報。

十一日(火)　八、二十六、

曇《くもり》。「万物《ばんぶつ》の存立《そんりつ》、万化《ばんか》の発展は皆南無阿弥陀仏《なむあみだぶつ》なり。」御一代聞書第四十三紙表

碧南婦人会　不詳。

艸間　草間仁応(一八六八～一九四三)のこと。満之の友人。改革運動に賛同。＊

苛急　苛ち急ぐの意か。

万物～り。「弥陀をたのめば、南無阿弥陀仏の主になるなり。南無阿弥陀仏の主に成るというは、信心をうることなりと云云　また当流の真実の宝と云うは、南無阿弥陀仏、これ一念の信心なりと云云」(『蓮如上人御一代記聞書』第二三九条)の取意か。

御一代聞書　『蓮如上人御一代記聞書』のこと。＊

第四～表面　前注の出典。『真宗宝典』八五二頁上覧に記される『真宗法要』該当丁数「四三」、あるいは『真宗法要』第二二巻四四丁のことか。

面参照。
「之《これ》を知らさるが愚なり、迷なり。之《これ》を覚せるか智なり、悟なり。」
「悟の上には物《もの》に美醜《びしゅう》なく、化《か》に善悪なきなり。」諸法実相《しょほうじっそう》なり。

十二日(水)　八、二十七

晴《はれ》。㋫艸間《くさま》氏宛《あて》、昨日。岡田文助来話《おかだぶんすけらいわ》、昨日。㋫田中善立《たなかぜんりゅう》氏、一昨。石八氏来《らい》話《わ》。㋫稲葉《いなば》氏宛《あて》、東京《とうきょう》土産。㋩石原孝吉《いしはらこうきち》氏宛《あて》、礼状。

○如意なるものと不如意なるものあり。如意《にょい》なるものは、意見、動作、及《および》欣厭なり。不如意《ふにょい》なるものは、身体、財産、名誉、及官爵《およびかんしゃく》なり。己の所作に属するものと、否《しか》らさるものとなり。如意《にょい》なるものに対しては吾人《ごじん》は自由なり、制限及《および》妨害を受くることなきなり。不如意《ふにょい》なるものに対しては吾人《ごじん》は微弱なり、奴隷なり、他の掌中にあるなり。此《この》区分を誤想《ごそう》するときは、吾《ご》人《じん》は妨害に遭ひ、悲歎《ひたん》号泣に陥り、神人《しんじん》を怨謗《えんぼう》するに至るなり。如意《にょい》の区分を守るものは、抑圧せらるゝことなく、妨害を受くることなく、人を謗《そし》らす、天を怨《うら》みす、人に傷《きず》けられす、人を傷《きず》けず、天下に怨敵《おんてき》なきなり。

○疾病死亡貧困は不如意《ふにょい》なるものなり。之《これ》を避《さけ》んと欲するときは、苦悶《くもん》を免る、能《あた》はじ。

岡田文助　現、碧南市新川地区内の松江の人。改革運動に賛同。

如意〜り。　原文一覧1。Epict. p. 379 (3-23).

欣厭　ねがうことといとうことの意か。

怨謗　うらみ、そしること。

疾病〜じ。　原文一覧2。Epict. p. 380 (22-23).

土器は破損することあるものなり。妻子は別離することあるものなり。

○我《わが》職務を怠慢《（糊口）》すれは我口《わがくち》を糊《こ》する能《あた》はさるべしと思ふは、修養を妨害するの大魔《だいま》なり。

○奴隷心にして美食せんよりは、餓死して脱苦するに如《し》かじ。

○無智と云《い》はれ無神経と云《い》はる、を甘《あまん》ずるにあらずは、修養を遂ぐる能《あた》はさるなり。

○自由ならんと欲せは、去る物を逐《お》ふべからす、来るものを拒むべからす。

（他に属するものを欣厭すべからず。）

○天与の分を守りて、我《わが》能を尽《つく》すべし。

分を守るものは徴兆《籤》を恐れす。（常に福利を得るの道を知れはなり。）

○必勝の分（如意《にょい》の範囲）を守るものは争ふことなし。

○誹謗《ひぼう》を為《な》し、打擲《ちょうちゃく》を加ふるものの我を侮辱《凌》するにあらさるなり。之《これ》等に対する我《わが》意見が我を侮辱《凌》するものなり。

哲学者たらんと欲するものは、人の嘲罵凌辱《ちょうばりょうじょく》を覚悟せざる可《べ》からず。

○人を楽《迎合》ましめんとして意を動《うごか》すものは、修養の精神を失却《しっきゃく》したるものなり。

（哲学者たらんとせば先《ま》つ自《みずか》ら其《その》資格を具《そな》へさる可《べ》からず。漸《ようや》く人に対

土器～り。 原文一覧3。Epict. p. 381 (6-10).
我職～り。 原文一覧4。Epict. p. 383 (22-24).
奴隷～じ。 原文一覧5。Epict. p. 383 (25-26).
脱苦　苦をのがれるの意か。
無智～り。 原文一覧6。Epict. p. 384 (5-7).
自由～す。 原文一覧7。Epict. p. 384 (25-27).「(他に～ず。)」は満之の補記か。
天与～し。 原文一覧8。Epict. p. 386 (7-8).
分を～り。） 原文一覧9。Epict. p. 386 (11-12) (16-18).
必勝～し。 原文一覧10。Epict. p. 386 (20-21).
誹謗～り。 原文一覧11。Epict. p. 386 (32-34).
哲学～ず。 原文一覧12。Epict. p. 387 (10-12).
人を～し。） 原文一覧13。Epict. p. 387 (22 27).

して斯《か》く見ゆるを得べし。）　可消？

已上《いじょう》エピクテータス氏

已下《いか》私想

絶対無限の相対有限に関するや、所謂《いわゆる》流転還滅《げんめつ》の二路によらさる可《べ》からす。否、吾人《ごじん》の思想が此《かく》の如く考へさる能《あた》はさるなり。故に、固《もと》より必すしも時間的に流転還滅《げんめつ》が客観的実事《じつじ》なりと云《い》ふにあらす。吾人《ごじん》か絶対より相対に思向《しこう》するか流転なり、相対より絶対に思向《しこう》するか還滅《げんめつ》なりと云《い》ふも敢《あえ》て不可とせず。

之《これ》を実際門に応用せは、真如海中より一切有情の出現せるは、流転門なり。（此時未《このときいま》だ仏あることとなし。）有情界より出《い》て、諸仏の各々《おのおの》に成道《じょうどう》するは、是《こ》れ還滅《げんめつ》門なり。此《かく》の如くに流転還滅茲《げんめつここ》に一番して、有情あり諸仏あり。而《しか》も皆是《みなこ》れ自利《じり》的の生仏《しょうぶつ》なり。然《しか》れとも既に仏あり、利他的の念慮《ねんりょ》なからんや。絶対利他的の大悲《だいひ》の為《ため》に、一段の流転還滅《げんめつ》を成就するもの、是《こ》れ弥陀の因果也《なり》。

真如の城を後にして無明《むみょう》の暗鬼《あんき》に迷はされ、昏々矇々《こんこんもうもう》として曠劫《こうごう》以来の流転の結果、茲《ここ》に人界《にんがい》の生活を得たると共に、霊妙《れいみょう》なる観想思索の智力《ちりょく》を獲得し、宇宙の壮観に其《その》疑歎を発し、沈思冥想、反りて万化の本源を索《もと》め、漸《ようや》く以《もっ》て其《その》旧里《きゅうり》に還《かえ》らんと欲するの念を起《おこ》すに至れり。嗚呼《ああ》、曠劫《こうごう》の流転も茲《ここ》に初めて還《げん》滅《めつ》の緒に就かんとするか。

可消　「消す可し」と訓むか。

エピクテータス　Epiktētos（55?-138?）のこと。ローマ帝政時代のストア派の哲学者。＊

已下　以下に同じ。

私想　自身の思想の意か。

一番して　二つが一組になること。

生仏　衆生と仏とのこと。

昏々蒙々　暗くてはっきりしないこと。

疑歎　疑いと歎きの意か。

果《はた》して然《しか》らは、万有の進化は人間に至りて一段の極を結ひ、形体的の進化は此より転して精神的の進化に入らんとするか。

曠劫《こうごう》の流転其《その》歳月決して短少《たんしょう》にあらさりき。還滅《げんめつ》の進路豈亦《あにまた》容易なるを得んや。而《しか》も路程の遠近、歳月の多少は吾人《ごじん》の贅議《ぜいぎ》するを必とせさる所、要する所は此還滅《このげんめつ》の大事を成就せしむべき素因は其《そ》れ何物なるや、其《その》進化は如何《いか》に成就すべきやにあり。

嗚呼《ああ》、吾人《ごじん》は果《はた》して霊智《れいち》を具《そな》へ、妙用《みょうゆう》を備うるものなりや如何《いかん》。果《はた》して還滅《げんめつ》の素因を懐有するものなりや如何《いかん》。

人世《じんせい》の目的は何物なりや、吾人《ごじん》の心性《しんしょう》は何物なりや。

吾人《ごじん》は流転を弁識《べんしき》し得たるや、吾人《ごじん》は還滅《げんめつ》を認識し得たるや。吾人《ごじん》は茲《ここ》に人《じん》世《せい》に在り、佇立《ちょりつ》して反観顧望《はんかんこぼう》すべきにあらずや。

吾人《ごじん》か圜囲に在る万象は、吾人《ごじん》を駆りて内省の事に従はしむるにあらすや。

艱難《かんなん》や、苦労や、悲哀や、涕哭や、皆以《もっ》て吾人《ごじん》の心裏《しんり》に求むる所あるものならすや。

吾人《ごじん》の欲望は吾人《ごじん》を駆りて、宇宙の源底《げんてい》を探らしめすや。吾人《ごじん》を駆りて□□

吾

吾人《ごじん》は絶対無限を追求せずして満足し得るものなるや。

多少はは　「多少は」の意か。

贅議　無用の議論のこと。

懐有　懐に有する。懐き有するの意か。

反観　たちかえって観察すること。

圜囲　めぐりかこむの意か。

涕哭　涙を流し、声をあげてなくの意か。

□□　二字不明。

十三日(木)　八、二十八
晴《はれ》。村松文七《むらまつぶんしち》氏来話《らいわ》。赤堀《あかほり》氏へ往訪《おうほう》。

十四日(金)　八、二十九
晴《はれ》。葬式。御逮夜《おたいや》説教。野寺本証寺檀方惣代《のでらほんしょうじだんぽうそうだい》応対。

十五日(土)
晴《はれ》。㋫東洋学院事務所。石八氏へ往訪《おうほう》、野寺《のでら》事件概略通話。

十六日(日)
晴《はれ》。夜、野寺《のでら》同行天王村《てんのうむら》石川一郎氏来話《らいわ》。㋫清川《きよかわ》氏。

十七日(月)
晴《はれ》。午前、㋫月見《つきみ》氏、占部《うらべ》、巣鴨《すがも》、東洋教学院《とうようきょうがくいん》、清川《きよかわ》兄等の事件。
㋫月見《つきみ》氏宛《あて》、右諸件に対する意見略陳《りゃくちん》。
午後、西尾町惟法寺《にしおちょうゆいほうじ》を訪《とぶら》ひ、野寺《のでら》事件等に就き談す。

村松文七　現、碧南市大浜地区内の音羽の人。西尾市の志貴野製瓦場碑に名前がある。棚尾橋発起人。

東洋学院　東洋教学院のことか。

野寺事件　本証寺の住職に関する事件。＊

通話　話を伝えるの意か。

天王村　現、碧南市新川地区内の地名のこと。

石川一郎　石川市郎(?〜一九一九)のことか。現、碧南市天王町に法城寺を建立。＊

占部　占部観順(一八二四〜一九一〇)の異安心事件のことか。＊

巣鴨　東京巣鴨監獄教誨師事件のこと。＊

東洋教学院　明治三一年一一月に、豊満春洞・広陵了賢らが京都に設置した東洋教学院のこと。

西尾〜法寺　現、愛・西尾市にある真宗大谷派唯法寺のこと。当時の住職は占部公順。

十八日(火)

晴《はれ》。後四時、石川一郎氏来話《らいわ》、野寺《のでら》事件に付《つき》喚致したるなり。
吾人《ごじん》は一箇《いっこ》の霊物《れいぶつ》なり。只夫《ただそ》れ霊《れい》なり、故に自在《じざい》なり。(意念《いねん》の自在あり。)
只夫《ただそ》れ物《ぶつ》なり。故に不自在《ふじざい》なり。(外物《がいぶつ》を自由にする能《あた》はさるなり。)而《しか》も彼《か》の
自在《じざい》と此《こ》の不自在《ふじざい》と、共に、皆《みな》絶対無限(他力)の所為なり。共に是《こ》れ天与《てんよ》なり。
吾人《ごじん》は彼《か》の他力に信順《しんじゅん》して、以《もっ》て賦与の分に安んずべきなり。

十九日(水)

晴《はれ》。社会評論《しゃかいひょうろん》号外。◯今村専超寺清水良秀《いまむらせんちょうじしみずりょうしゅう》氏来訪、巣鴨《すがも》事件に対する意見を問ふ。
我に在るものは、我得《われえ》て之《これ》を左右するを得。是《こ》れ意念《いねん》を云《い》ふなり。
彼《かれ》に在るものは、我得《われえ》て之《これ》を左右する能《あた》はず。是《こ》れ身、財、名、爵を云《い》ふなり。
名利、爵禄、死生、疾病

二十日(木)

雨。㋫月見《つきみ》氏。学士会月報《がくしかいげっぽう》。無尽灯《むじんとう》、三部。并来。

独生、独死、独去、独来。

無視、無聴、無言、無動。

喚致　よびだし、こちらまでこさせるの意か。

社会評論　安藤正純を編集代表者として発刊された機関誌。＊

今村専超寺　現、愛・安城市今本町にある真宗大谷派の寺院のこと。

清水良秀　?〜一九一〇。専超寺第二七代住職。＊

学士会月報　『学士会月報』第一二八号(学士会)のこと。＊

并来　あわせ来るの意か。

独生〜来。「独り生じ、独り死し、独り去り、独り来る。」と訓む。『無量寿経』の文。＊

無視〜動。「視ること無く、聴くこと無く、言うこと無く、動ずること無し。」と訓むか。

二十一日(金)

晴《はれ》。㋫月見《つきみ》氏、巣鴨《すがも》事件に関する清川《きよかわ》氏通信回送。

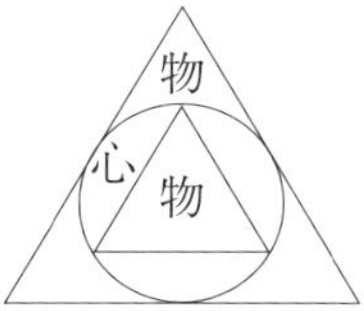

彼《かれ》に在るものに対しては、唯《ただ》他力を信すべきのみ。
我《われ》に在るものに対しては、専《もっぱら》自力を用《もち》うべきなり。
而《しか》も此《この》自力も亦《また》他力の賦与に出《い》つものなり。

二十二日(土)　九、八日　昨今、下之切《しものきり》祭礼。

曇《くもり》。㋫無尽灯社《むじんとうしゃ》、来月二、三日迄《まで》に続稿請求。
㋫井上豊忠《いのうえぶんちゅう》氏、一昨日。
㋫今川《いまがわ》氏、副住之《の》件勧告。
㋫中野忠八《なかのちゅうはち》氏宛《あて》、昨日、乳味糗注文。
㋫梶彰《かじあきら》氏、昨日、為替取次《とりつぎ》依嘱《いしょく》。

Epictetus gives the example of Socrates, who said that if God has put us in any place, we ought not to desert it.

The teaching of Epictetus, briefly expressed, is, that man ought to be thankful to God for all things, and always content with that which happens, for what

---

下之切祭礼　現、碧南市大浜熊野大神社の祭礼のこと。
無尽灯社　真宗大学寮等の有志者によって明治二八(一八九五)年に設立された団体。『無尽灯』を発刊。
井上豊忠　満之の知人。改革運動を主唱。＊
今川　今川覚神(一八六〇～一九三六)のこと。満之の友人。改革運動を主唱。＊
副住　副住職の意か。
梶彰　小山厳秀の妻そみの弟。
Epictetus gives~good.　英文和訳12。Epict. p. XXVI (8-22). 訳者G. Long の文章。「it」と「The」との間に省略された文章あり。

God chooses is better than what man can choose. This is what Bishop Butler says, "Our resignation to the will of God may be said to be perfect when our will is lost and resolved up into his; when we rest in his will as our end, as being itself most just and right and good.

XXVI

This is the difference between the fool and the wise man: the fool, as the things at the first impulse appeared to be dangerous, such he thinks them to be; but the wise man, when he has been moved for a short time, recovers the the former state and vigor of his mind, that they are not objects of fear, but only terrify by a false show.

XXXVI

二十三日(日)　九、九日

晴《はれ》。二、三日来、少《しょう》腹痛あり。今朝九時、離褥。舎弟岡崎行《おかざきゆき》、法用《ほうよう》。哲学雑誌《てつがくざっし》第百四十号、昨晩着。岡文氏来話《らいわ》。

Men have various capacities, what is the cause of that? Whatever be the cause may we have to regard the present as the product of the past (the past act of self

This is〜show. 英文和訳13。Epict. p. XXXVI (24-31). 訳者 G. Long の文章。「mind.」と「that」との間に省略された文章あり。

離褥 褥〔しとね〕を離れる。
哲学雑誌 『哲学雑誌』第一三巻第一四〇号(哲学会)のこと。＊
岡文 岡田文助のことか。碧南市新川地区内の松江の人。改革運動に賛同。
Men have〜slavish). 英文和訳14。満之が自分の考えを述べた文章。

or of the other). The point is the future: What shall we do? How shall we behave ourselves? Remember that the action comes out of two factors: (1) the Cause and (2) the Condition. The Cause resides in us; but the Condition belongs to the Other. Of what resides in us, we are free; but of what belongs to the Other, we are not free (weak and slavish).

二十四日(月)　九、十日

晴《はれ》。如《い》何《か》に推考を費《ついや》すと雖《いえ》とも、如何《いかに》科学哲学に尋求すと雖《いえ》とも、死後(展転生死の後)の究極は、到底不可思議の関門に閉さゝるものなり。

　啻《ただ》に死後の究極然《しか》るのみにあらす。生前の究極も亦《また》絶対的不可思議の雲霧《うんむ》を望見《ぼうけん》すべきのみ。是《こ》れ吾人か進退共に絶対不可思議の妙用に托せさるへからさる所以。

　只《ただ》生前死後然《しか》るのみならんや。現前の事物に就《つい》ても其《その》　ダス　ワス　Das Was、デス　ワルム　Des Warum に至りては、亦只《またただ》不可思議と云《い》ふへきのみ。

　此《かく》の如く四顧《しこ》茫々《ぼうぼう》の中間に於《おい》て、吾人《ごじん》に亦《また》一円の自由境あり。自己意念《いねん》の範囲乃《すなわ》ち是《これ》なり。γνωθι σαυτον Know Thyself is the Motto of Human Existence?
自己とは何そや。是《こ》れ人世《じんせい》の根本的問題なり。

尋求　尋ね求めるの意か。
展転生死　生と死を順次に連続するの意か。
閉さゝる　閉ざされるの意か。
Das Was　【独】「何かということ」の意。
Des Warum　【独】「何故ということ」の意。
デス　ダスか。
Des　Dasか。
γνωθι σουτον　「グノーシス・サウトウン」と読む。意味は「汝自身を知れ」。デルポイのアポロン神殿玄関の柱に刻まれていた言葉。
Know Thyself〜Existence?　【英】「自己自身を知ることは人間存在のモットーである。」の意か。

自己とは他《た》なし。絶対無限の妙用《みょうゆう》に乗托《じょうたく》して、任運《にんうん》に法爾《ほうに》に此《この》境遇に落在《らくざい》せるもの、即《すなわ》ち是《これ》なり。

只夫《ただそ》れ絶対無限に乗托《じょうたく》す。故に死生《しせい》の事、亦《また》憂ふるに足らす。死生尚且《なおか》つ憂ふるに足《た》らす。如何《いか》に況《いわ》んや、此《これ》より而下《じか》なる事件に於《お》ておや。追放可《か》なり、獄牢甘んずべし。誹謗擯斥、許多《きょた》の凌辱、豈《あ》に意に介すべきものあらんや。否之《これ》を憂ふると雖《いえ》とも、之《これ》を意に介すと雖《いえ》とも吾人《ごじん》は之《これ》を如何《いかん》ともする能《あた》はさるなり。我人は寧《むし》ろ只管《ひたすら》絶対無限の吾人に賦与せるものを楽《たのし》まんかな。

絶対吾人《ごじん》に賦与するに善悪の観念を以《もっ》てし、避悪就善の意志を以《もっ》てす。所謂《いわゆる》（自覚の内容なり。―(此自覚なきものは、吾人の与にあらさるなり。)）悪なるものも亦《また》絶対のせしむる所ならん。然《しか》れとも吾人《ごじん》の自覚は避悪就善の天意《てんい》を感す。是《こ》れ道徳の源泉なり。吾人《ごじん》は喜んで此事《このこと》に従《したが》はん。

何ものか善なるや、何ものか悪なるや。他《た》なし、吾人《ごじん》をして絶対を忘れさらしむるもの、是《こ》れ善なり。吾人《ごじん》をして絶対に背かしむるもの、是《こ》れ悪なり。而《しか》して絶対は吾人《ごじん》に満足を与へ、反対は吾人《ごじん》に不満を与ふ。故に満足を生するものは善なり。不満を生するものは悪なり。満足あれは無慾《むよく》心あり。――――あれは不動心あり。不動心あれは胆勇《たんゆう》あり。胆勇あれは無畏《むい》心あり。無畏心あれは精進あり。精進あれは克己《こっき》あり。克己あれは忍辱《にんにく》あり。忍辱あれは不諍心あり。（以下対他人的）

妙用　たえなるはたらきのこと。

乗托　まかせること。

落在　落ちてとどまっていること。

而下　より下のこと。

我人　私自身の意か。本書一一九頁参照。

避悪就善　悪を避け、善に就きしたがうの意か。

―――　省略の記号。無慾心のこと。

不諍　言いあらそわないの意か。

あれは(は)　「あれは」の意か。

無瞋　目をむいて怒らないの意か。

二十～べし　一〇月二二日引用の"The Discourses of Epictetus"の文、英文和訳12を指すか。

知足安分　「足るを知り、分に安んず」と訓むか。

無人欲之私　「人欲の私無し」と訓むか。

我能～我心　「我、能く我が心を動不諍心あれは(は)(無瞋心あり。無瞋心あれは)以上対外物的和合心あり。和合心あれは以下二対自身的社交心あり。社交心あれは同情心あり。同情心あれは慈悲心あり。大慈悲心は是《こ》れ仏心なり。

《満足。無欲《むよく》心。不動心。胆勇《たんゆう》。無畏《むい》心。精進。克己《こっき》。忍辱《にんにく》。不諍《ふじょう》心。無瞋《むしん》心。和合心。社交心。同情心。慈悲心。仏心》

二十二日下参照すべし

㈠帰命心(信仰)。㈡満足心。知足安分 ㈢無欲心。無人欲之私 ㈣不動心。我能不動我心 ㈤不惑心。㈥無畏《むい》心。㈦精進心。㈧克己《こっき》心。㈨忍辱《にんにく》心。㈩不諍《ふじょう》心。⑪和合心。温良恭謙譲 ⑫社交心。⑬同情心。⑭慈悲心。⑮仏道心。」

石川八郎治《いしかわはちろうじ》氏来訪、織田得能《おだとくのう》発飛檄携示《ひげきけいじ》。

乳味檥着

二十五日(火)　九、十一日

雨、夜来終日。㋫月見《つきみ》氏、清川《きよかわ》氏、池原《いけはら》氏と会晤《かいご》の顛末《てんまつ》、并《ならび》に意見中に、池原《いけはら》氏の考《かんがえ》なりとて曰《い》はく、請求《しょうぐ》に有力有運心《うりきううんしん》と無力無運心《むりきむうんしん》との二あり、若《も》し夫《そ》れ無力無運心《むりきむうんしん》の請求《しょうぐ》は信順《しんじゅん》と相《あい》容《い》れざるに非《あら》ずと。是《こ》れ余の前日岡田文助《おかだぶんすけ》に対して云《い》へる所の、請求《しょうぐ》にも自力あり、他力ありと云《い》ふものと同一なり。

㋫占部《うらべ》老師宛《あて》、調停一件に対する意向照問旁《かたわら》事情通報。

ぜず」と訓むか。

温良恭謙譲　「温良にして恭しく謙譲す」と訓むか。

石川八郎治　西方寺隣家の石川八郎治(一八四四～一九一八)のこと。西方寺門徒。＊

織田得能　一八六〇～一九一一。仏教学者。当時、巣鴨監獄教誨師事件に対する石川舜台、および真宗大谷派の対応を批判。同年一一月一〇日除名処分を受ける。＊

飛檄　巣鴨監獄教誨師事件に関して、同年一〇月二二日に発送された織田得能の檄文のこと。＊

携示　携えて示すこと。

池原　池原雅寿(一八五〇～一九二四)のこと。当時、真宗大学教授。

＊

会晤　人に会うこと。面会すること。

請求　請求説のこと。＊

運心　ある対象に心を集中させること。

信順　信順説のこと。＊

占部老師　占部観順(一八二四～一九一〇)のこと。満之の知人。当時、『御文』の「たのむたすけたまへ」について信順説を主張。異安心の疑いで取り調べを受けていた。＊

照問　といあわせるの意か。

悪心
㈠不信心。㈡不足心。㈢貪欲《とんよく》心。㈣動乱心。㈤迷惑心。㈥恐怖心。
㈦退縮《たいしゅく》心。㈧我慢心。㈨不忍《ふにん》心。㈩諍闘《そうとう》心。(十一)不和心。(十二)無道心。
(十三)残害《ざんがい》心。(十四)呑噬《どんぜい》心。(十五)逆悪《ぎゃくあく》心。

二十六日(水)　九、十二日

晴《はれ》。昨朝、京都下京不明門通《きょうとしもぎょうあけずどおり》小林方かずより飛電「ハンダヘムカヒタセ」あり。下男《げなん》庄七迎待、会するを得ずして帰る。晩、尾州知多郡大野小林《びしゅうちたぐんおおのこばやし》康什氏より敏子《としこ》チヨウチブスに罹《かか》れる旨を報し来《きた》る。

今朝、母君庄七を召連《めしつ》れ半田越《はんだごえ》より大野《おおの》に行かる。

思索に曰《いわ》く、

我と万物《ばんぶつ》と其《その》成立如何《いかん》と案するに、先《ま》つライプニツ氏の原子説に到達すべし。曰《いわ》く、宇宙間無数の原子あり、其《その》成分一面には精神的にして一面には物質的なり。而《しか》して最下より最上に向《むかい》て断へず進化しつゝあり。今所謂《いわゆる》吾人《ごじん》は此《かく》の如く原子の数多相寄《あいよ》りて成れるもの、其《その》原子は各々《おのおの》不同の階級(進化の程度)にあり。最上の原子は蓋《けだ》し正しく吾人其物《ごじんそのもの》ならん。吾人《ごじん》を以《もっ》て外物《がいぶつ》を比するに、亦《また》同様のものたるべし云々《うんぬん》。(而《しか》してライプニツ氏は原子は各自独立のものにして、更に他に関係なしとすれとも、是《こ》れ少しく

不明門通り　現、京都市松原通り以南の車屋町通りの呼称。
小林方　不詳。
かず　清沢かづ(一八七三〜?)のこと。満之の妻やすの妹。＊
庄七　不詳。
迎待　客を迎えに行き、待つの意か。
尾州〜大野　現、愛・常滑市大野町のことか。
小林康什　大野光明寺の僧。
敏子　小林(旧姓清沢)とし子(一八六五〜?)のこと。満之の妻やすの姉。小林康什の妻。＊
チョウチブス　腸チフスのこと。
母君　清沢はる(一八四七〜一九一五)のこと。満之の妻やすの母。＊
ライプニツ　Gottfried Wilhelm Leibniz (1646-1716) のこと。ドイツの哲学者、数学者、物理学者。＊
原子説　モナド(単子)論のこと。

考究を要する一点なり。)

果《はた》して然《しか》らは、宇宙の単元《たんげん》は原子にあり。然《しか》るに各原子は自己独成のものなるや、或《あるい》は他勢力の為《ため》に成立せらる丶ものなるや。之《これ》を吾人《ごじん》自己に問はんか、自成の始《はじめ》を知る能《あた》はず、自存《じそん》の終《おわり》を究むる能《あた》はず、恰《あたか》も他勢力に左右せられつ丶あるの感を脱する能《あた》はさるなり。

各原子は他勢力の支配する所のものなるか、其《その》勢力は各個に隠在《いんざい》して各個に独立のものなるや、或《あるい》は一種の普遍的勢力ありて、万多《ばんた》の原子を統制するものなるや。

前者は多神教を喚起するの根抵《こんてい》にして、後者は一神教を招致するの本拠なり。

或《あるい》は前者はプラトーン氏の多理想の説に入れは、更に各個理想の成立に疑問の生して、純善《じゅんぜん》、或《あるい》は絶対的理想の見地《けんち》に進入すべし。

絶対的理想の見地は、是《こ》れ或《あるい》は一神教に入り、或《あるい》は凡神教《はんしんきょう》に転するものなり。

蓋《けだ》し一神教は到底、万物《ばんぶつ》の創造なることを須《もち》ひさる可《べ》からず。而《しか》して亦《また》一神其物《そのもの》の創造を究問《きゅうもん》せられて終《つい》に創造神の創造神を説き、自滅の論に帰するか、否《しか》らずば凡神論《はんしんろん》に脱転せさる可《べ》からず。

単元　公理(axiom)のこと。
独成　独力で成立する意か。
自成　自己の成立の意か。
プラトーン　Platōn (427-347 B.C.)のこと。古代ギリシアの哲学者。＊
凡神教　汎神論の哲学に基づく宗教。
究問　問いつめること。
凡神論　汎神論のこと。
脱転　一神教から汎神論に抜け出しうつるの意か。

故に此《かく》の如き思索の結極は、畢竟凡神論《ひっきょうはんしんろん》を以《もっ》て根本原理とせさる可《べ》からさるなり。

以上一段落「理論」を説く。

多神教は最初の実際なり、凡神教《はんしんきょう》は最後の実際なり。共に之《これ》を宗教とするに至りて、其《その》効能甚《はなはだ》しく異ならさるべし。何《な》んとなれは、凡神教《はんしんきょう》にありて、今日の吾人《ごじん》各自は完全円満にあらさることを認許《にんきょ》すべきか故に、尚《なお》不可思議を脱する能《あた》はさるべし。而《しか》して其《その》宗教的真髄は、亦此《またこの》不可思議の尊《そん》崇《すう》に外《ほか》ならさるべし。彼《か》の多神教と雖《いえ》とも、其神《そのかみ》として崇敬《すうけい》する所は各々《おのおの》一個の不可思議に外《ほか》ならさるなり。故に不可思議のものは多《た》なるや一《いち》なるや、其多《そのた》に感せらるゝものも、亦《また》実は一《いち》なるや、到底《とうてい》知る可《べ》からさるものを、強《しい》て多《た》なりと信するは、之《これ》を強《しい》て一《いち》なりと信するの簡易《かんい》なるに如《し》かずと雖《いえ》とも、而《しか》も其《その》他力を信楽《しんぎょう》するに至りては、共に同一揆なりと云《い》ふべきなり。要するに吾人《ごじん》の不完全は、不可思議に乗托《じょうたく》せしむる宗教を以《もっ》て、実際上の必須件《ひっすけん》とするものなり。

《是《こ》れソクラテス氏か能《よ》く一神を信すると同時に、国教の多神を崇敬したる所以《ゆえん》、仏教の多神教的なると同時に、一神教的なるも亦此《またこれ》による。》

結極　極まった結果の意か。

同一揆　同じく一揆（道を同じくすること）であるの意か。

ソクラテス　Sōkratēs (469-399 B.C.) のこと。古代ギリシアの哲学者。＊

以上一段落「実際」を説く。

自力の修善《しゅぜん》を勤むべし。（之《これ》を勤めさるは人間にあらさるなり。）然《しか》れとも、之《これ》を勤めんとするに能《あた》はさるなり。如《し》かず、自力を捨て、他力に帰し、其《その》信仰の結果として、自《オノズカ》ら避悪就善の為《な》し得らる、を期せんには。（四日対面のエピクテタス氏語参照すべし。）（It is not possible to eject these things otherwise than by looking to God only.）さて此《かく》の如く他力を信せは、修善《しゅぜん》は任運《にんうん》に成就され得べしと放任すべきかと云《い》ふに、決して然《しか》らす。吾《ご》人《じん》は他力を信せば、益〻《ますます》修善《しゅぜん》を勤めさる可《べ》からす。（是《こ》れ信者の胸中に湧《ゆう》起《き》する自然《じねん》の意念《いねん》たるべし。）而《しか》して修善《しゅぜん》を勤めんとせは、又《また》従来の自力的妄念《もうねん》の紛起《ふんき》するを感知せん。是《こ》れ却《かえっ》て愈〻《いよいよ》他力を信楽《しんぎょう》するの刺戟《しげき》なるべし。此《かく》の如く信仰と修善《しゅぜん》と交互に刺戟策励して、以《もっ》て吾人《ごじん》を開発せしむるもの、是《こ》れ則《すなわ》ち絶対無限なる妙用《みょうゆう》の然《しか》らしむる所、豈《あ》に讃歎《さんだん》に堪ゆべけんや。（念々称名常懺悔と云《い》ふことあり。是《こ》れ信者か修善《しゅぜん》の事に従ふて、当《あたり》て常に自力の妄念《もうねん》に攪乱《かくらん》せられ、其度毎《そのたびごと》に自力無功《むこう》の懺悔《さんげ》と共に、他力の恩徳《おんどく》を感謝するの称名、即《すなわ》ち讃歎《さんだん》の発作なるものを指説するなり。）自信教人信に至る第一要件なり。

《悟後《ごご》修行の風光《ふうこう》なり。》

四日〜し。　一〇月三日引用のEpictの文を指すか。英文和訳7を参照。
エピクテタス　Epiktētos（55?-135?）のこと。ローマ帝政時代のストア派の哲学者。＊
湧起　さかんに起こること。
紛起　あちこちにみだれ起こること。
念々〜懺悔　「念々に称名して常に懺悔すべし」と訓む。善導『般舟讃』の文。＊
指説　指し示して説くの意か。
自信教人信　「じしんきょうにんしん」と読み、親鸞は「自ら信じ人を教えて信ぜしむ」と訓む。善導『往生礼讃偈』の文。＊
悟後　宗教的目覚めを得た後。

以上信仰と修善《しゅぜん》の関係を略説す。

　他力信心は完全円満にして毫《ごう》も不足あるにあらす。然《しか》れとも其《その》人世に活動する効用は、修練に従ふて光輝を発するなり。故に性来《せいらい》の智愚《ちぐ》に関せす、信後の修養を務むへきなり。是《こ》れ即《すなわ》ち報謝《ほうしゃ》なり。

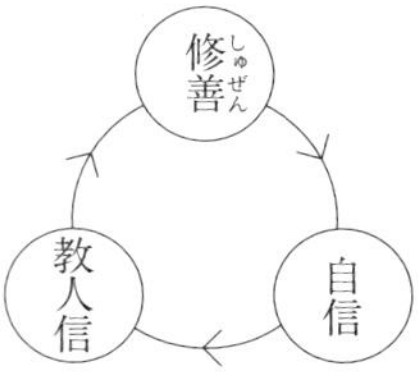

吾人《ごじん》は日常不如意《ふにょい》の事あるなり。
如意《にょい》を得んと欲せは分を知らさる可《べ》からず。
是《こ》れ自己省察の心起《おこ》る所以《ゆえん》なり。
自心省察の結果は、修善《しゅぜん》の心となる。
修善《しゅぜん》の心は他力の信心に入り、
他力の信は報謝《ほうしゃ》の心に転し、
報謝の心は(讃歎名号《さんだんみょうごう》)自信教人信の心となり、
自信教人信は自行化他《じぎょうけた》の念に入り、
自行化他《じぎょうけた》の念は復修善《またしゅぜん》等の心に反《かえ》る。
以上連瑣的《れんさてき》循環行事。

《廿《にじゅう》六日)》

自信　自ら信じること。

教人信　人を教えて信じさせること。

連瑣　連鎖に同じ。

循環行事　循環的に行われる事の意か。

廿六日)　四字鉛筆書き。別筆か。

二十七日(木)　九、十三日

晴《はれ》。㋫清川《きよかわ》氏宛《あて》、昨日、占部《うらべ》氏事件等に付き。

安藤伝祥《あんどうでんしょう》氏来訪、昨日、演説依頼。（本年中之《これ》を謝絶す。）

㋫小山厳秀《おやまごんしゅう》氏宛《あて》、梶《かじ》氏より委嘱の金員送達《きんいんそうたつ》等に付き。

御逮夜《おたいや》説教、論主《ろんじゅ》の一心とけるをば一首讃題《いっしゅさんだい》。

二十八日(金)　九、十四日

晴《はれ》。㋫占部公順《うらべこうじゅん》氏、昨日、老師代筆として調停《ちょうてい》断念通報。

㋫井上豊忠《いのうえぶんちゅう》氏宛《あて》、通常信及《つうじょうしんおよび》退去一条《いちじょう》照問。

㋫月見《つきみ》氏宛《あて》、占部《うらべ》氏一条《いちじょう》に付き。

㋩人見《ひとみ》氏宛《あて》、三十日来遊《らいゆう》の牒《ちょう》に答ふ。

余嘗《かつ》て師教の下《もと》、孟子《もうし》会読《かいどく》の席にあり、章を論し、句を議し、余念あることなく、或《あるい》は彼解《かのかい》に参《さん》し、或《あるい》は此註《このちゅう》に考へ、以《もっ》て孟子《もうし》を解《かい》するの事《じ》成《な》れりと思へり。然《しか》るに之《これ》を今日より回想するに全く文段《ぶんだん》語句の上に於《おい》て拘々然《こうこうぜん》たりしものに過《す》ぎじ。孟子《もうし》の真意を領し、其《その》実学を修するに於《おい》ては、最も遠かりしなり。今の世の客観的事実の考証に専従せるもの、夫《そ》れ亦《また》彼《か》の余の前《さき》に孟子《もうし》の会読《かいどく》に従事せるものに庶幾《ちか》からずや。

安藤伝祥　現、愛・岡崎市福岡町にある真宗大谷派浄専寺の住職。

小山厳秀　?〜一九二二。現、愛・安城市野寺町野寺にある真宗大谷派本証寺の第二一代住職。満之の義父、清沢厳照の実弟。

梶　梶彰のこと。小山厳秀の妻そみの弟。

論主〜をば　親鸞『高僧和讃』「曇鸞讃」の一首。

老師　占部観順（一八二四〜一九一〇）のこと。満之の知人。当時、『御文』の「たのむたすけたまへ」について信順説を主張。異安心の疑いで取り調べを受けていた。＊

孟子　儒教教典の四書五経の一つ。孟子（紀元前三七二?〜二八九）の言行をまとめた書。

拘々然　物事にとらわれて融通のきかないさま。

庶幾　近いこと。

午後、無尽灯《むじんとう》原稿起艸《きそう》。㋫小山巌秀《おやまごんしゅう》氏、宝法物引渡《ほうほうもつひきわた》しの報。
㋩乗杉《のりすぎ》氏、京都《きょうと》より急突帰国の報。
夜九時半、小山《おやま》氏、水野右膳《みずのうぜん》氏と共に来話《らいわ》。

二十九日(土)　九、十五日　本日、当町中之切《とうちょうなかのきり》祭礼。
晴《はれ》。高木《たかぎ》、堅木原《かたぎはら》、鈴木《すずき》要造、竹内九平、かす文、源治　伏見屋村《ふしみやむら》　養男《ようなん》、諸氏来遊《らいゆう》。

三十日(日)　九、十六日
晴《はれ》。前九時、人見忠次郎《ひとみちゅうじろう》氏来遊《らいゆう》、母上大野行《おおのゆき》、敏子《としこ》君病気重体に付《つき》看護の為《ため》なり。
夜、水野右膳《みずのうぜん》氏来談、来《きたる》金土両曜日《りょうようび》中、本証寺《ほんしょうじ》同行来談を約す。

三十一日(月)　九、十七日　一昨日より蚊帳を癈《はい》す。
晴《はれ》。鶴ケ崎《つるがさき》甚為仏事参勤《さんきん》。
宗報《しゅうほう》第一号着。教務所《きょうむしょ》より野寺《のでら》事件に付《つき》来状。

——・——　十月終

無尽灯原稿　満之の論稿「仏教の効果は消極的なるか」(『無尽灯』連載)のこと。
起艸　起草のこと。
宝法物　什物の意か。
急突　突然の意か。
水野右膳　水野右膳のこと。現、愛・安城市野寺町野寺にある真宗大谷派本証寺境内に住した寺侍。
中之切祭礼　現、碧南市大浜中区にある稲荷社の祭礼のこと。
堅木原　堅木原友太郎(?〜一九一二)のこと。棚尾在住の医師。＊
竹内九平　不詳。
かす文　不詳。
源治　改革運動に賛同した磯貝源治のことか。
養男　養子となった男子のこと。
人見忠次郎　満之の知人。数学者。
母上　清沢はる(一八四一〜一九一五)のこと。満之の妻やすの母。＊
鶴ケ崎　現、碧南市新川地区内の地名のこと。
甚為　不詳。
参勤　参って勤めること。
宗報第一号　真宗大谷派本山寺務所の刊行物『宗報』創刊号のこと。＊
教務所　現、愛・岡崎市にある真宗大谷派三河別院のこと。

此《この》間忘失《ぼうしつ》。十一月第一日、蓋《けだ》し原稿改写《かいしゃ》の為《ため》、一日を費《ついや》し、ならん。

十一月二日(水)　九、十九日

半晴《はんせい》。舎弟岡崎行《おかざきゆき》。野寺一条《のでらいちじょう》に付き教務所《きょうむしょ》へ応答の為也《ためなり》。
㋫無尽灯社宛《むじんとうしゃあて》、原稿入《いり》。
太田嶺城《おおたれいじょう》氏辞去。氏齢《よわい》七十有五《ゆうご》、過日来《かじつらい》、近寺に来錫し、二十九日より今朝迄我《までわが》堂に説教せるなり。先《ま》つ道心深き人なり。

嶺城《れいじょう》老人来《きた》り問ふて曰《い》はく、予齢《よわい》七十五に達せりと雖《いえ》とも、尚《な》ほ前途の希望甚《はなは》た明瞭《めいりょう》なる能《あた》はす、子《し》は如何《いかん》と。

答へて曰《い》はく、生《せい》も亦然《またしか》り、死後は七珍万宝《しっちんまんぼう》の楽土《らくど》ありて生すへきや、或《あるい》は鼎鑊剣林《ていかくけんりん》の奈落《ならく》ありて堕すへきや、其楽土奈落《そのらくどならく》の有無も未《いま》だ確信する能《あた》はす。只歎異抄《ただたんにしょう》の一段、「念仏は極楽へ参るへき種なるや、地獄へ堕つへき種なるや、総して以《もっ》て存知《ぞんち》せす、只《ただ》よき人の教《おしえ》を信するのみ」とあるに信服《しんぷく》す云々《うんぬん》。

十一月二日(水)　九、十九日

午後、石八氏へ往訪《おうほう》、吉治《きちじ》兄少快と聞く。欣喜々々《きんききんき》。

原稿　満之の論稿「仏教の効果は消極的なるか」(『無尽灯』連載)のこと。
改写　書き改め、書き写すこと。
原稿　前注の原稿に同じ。＊
太田嶺城　現、愛・豊田市池島町井戸神にある超仁寺の第一五代住職。
近寺　近隣の寺の意か。
来錫　僧侶が訪れるの意か。
生　男子の謙称。
鼎鑊　罪人を煮殺すのに用いた道具のこと。
歎異抄　『歎異抄』のこと。＊
「念～み」　『歎異抄』第二章の要旨。＊
少快　少し病気がよくなるの意か。

大野光明寺《おおのこうみょうじ》姉上《あねうえ》、病態《びょうたい》微良、欣喜々々《きんききんき》。

三日(木)　九、廿日《はつか》　天長節《てんちょうせつ》。本日、鶴ヶ崎《つるがさき》祭礼。

雨。舎弟昨、岡崎行不帰《おかざきゆきふき》。

三島安平《みしまあんぺい》氏仏事参勤《さんきん》、氏曰《いわ》く内閣滅裂《めつれつ》して天下平《たいらか》ならず。しかるに無智《むち》の民《たみ》祭礼に熱中す云々《うんぬん》。

後六時、舎弟帰寺《きじ》、昨夜、三浦氏に談し、今朝、管事補細川氏に談して帰りたるなり。且つ昨今両とも汽車便に不遇にして途中に遅滞したり。

四日(金)　九、廿《にじゅう》一日

晴《はれ》。庄七を大野《おおの》に遣《つか》はす。小山《おやま》氏来話《らいわ》、什物云々《じゅうもつうんぬん》に付《つき》。

夜、庄七来《きたる》、敏子病態《としこびょうたい》少快の状を持《じ》し帰《かへ》る。㊇右善《うぜん》氏。

五日(土)　九、廿《にじゅう》二日

晴《はれ》。腹部不安、且《かつ》心気不振。午前中、在臥《ざいが》。㊇井上豊忠《いのうえぶんちゅう》氏。

瑩山伝光録曰《けいざんでんこうろくにいわく》。人々皆道器、日々皆好日。

晩、水野右膳《みずのうぜん》氏、本証寺《ほんしょうじ》同行五名を連れ来談。夜、雨。

大野光明寺　現、愛・常滑市大野町にある浄土真宗の寺院のこと。

姉上　小林(旧姓清沢)とし子(一八六五～?)のこと。満之の妻やすの姉。

微良　微かに良くなるの意か。

三島安平　明治初期に大浜村の代表者を務めた。西方寺門徒。

内閣　第一次大隈重信内閣のこと。

三浦　不詳。

管事補　真宗大谷派教務所における役職の一つ。

細川　不詳。

右善　水野右膳のこと。現、愛・安城市野寺町野寺の真宗大谷派本証寺境内に住した寺侍。

瑩山　瑩山紹瑾(一二六八～一三二五)のこと。鎌倉後期の曹洞宗の僧。＊

伝光録　瑩山紹瑾の『伝光録』のこと。＊

人々～好日　「人々皆道器なり、日々皆好日なり」と訓む。＊

六日(日)　九、廿《にじゅう》三日

晴《はれ》。㋩水野右善《みずのうぜん》氏宛《あて》、父上、来《きたる》八日午後、野寺《のでら》へ出向の牒《ちょう》。

母上、大野光明寺敏子《おおのこうみょうじとしこ》看病より帰寺《きじ》。㋫井上豊忠《いのうえぶんちゅう》氏。

七日(月)　九、廿《にじゅう》四日

晴《はれ》。習成来話《しゅうせいらいわ》、野寺本証寺一条《のでらほんしょうじいちじょう》に付《つき》注意。

(刷)東京大派末寺同志会檄文《とうきょうだいはまつじどうしかいげきぶん》(会の主義綱領如左《ひだりのごとし》)。社会評論《しゃかいひょうろん》臨時刊行。

主義

王法為本の教憲に則《のっと》り、皇室を擁護し、一宗の紀綱《きこう》を振張《しんちょう》す。

綱領

一、一派の教学《きょうがく》を策振《さくしん》し、宗務《しゅうむ》の拡張を企図す。
一、僧侶《そうりょ》の学徳《がくとく》を増進し、寺門《じもん》の風紀を振粛《しんしゅく》す。
一、国粋的観念を鼓吹《こすい》し、国民的伝道を開く。
一、公共的問題を研究し、慈善的事業を興す。
一、政教《せいきょう》の関係を明《あきらか》にし、宗教制度を確立せしむ。

水野右善　水野右膳のこと。現、愛・安城市野寺町野寺の真宗大谷派本証寺境内に住した寺侍。**父上**　清沢厳照(一八四二～一九〇八)のこと。満之の義父。当時、西方寺住職。**習成**　小笠原習成のこと。改革運動に賛同。現、碧南市大浜地区内赤土の人。**(刷)**　印刷物のこと。ここでは、臨時刊行された『社会評論』を指す。**東京～志会**　明治三一年一〇月三一日に東京府下真宗大谷派の一三五ケ寺の末寺諸氏が浅草本願寺に集まり、監獄問題に関して討議し結成された会。＊**檄文**　『社会評論』に掲載された「飛檄」と題される文章のこと。＊**社会評論**　臨時刊行された『社会評論』のことか。同誌に東京大派末寺同志会の主義、綱領、細則、及び檄文が記載されていたと考えられる。**王法為本**　「王法を本と為す」と訓む。国王の定めた法を重んじること。＊**教憲**　真宗の教義における基本のおきての意か。

八日(火)　九、二十五日

曇《くもり》、又雨。㋫井上豊忠《いのうえぶんちゅう》氏宛《あて》、実母君《じつははぎみ》逝去を弔《ちょう》す。

我派《わがは》安心《あんじん》論の不調なるは、安心《あんじん》、宗義《しゅうぎ》、学説の三者を甄別《けんべつ》せさるにあり。故に今活説法《かつせっぽう》を為《な》さんものは、左の一点を明記せさる可《べ》からず。

依教弘伝（流）。不在文字（言句）

蓋《けだ》し文字言句《げんく》は猶如金線《ハリガネ》。而《しか》して安心《あんじん》は猶如電気也。金線（或《あるい》は其他《そのた》伝導体《でんどうたい》）なくば電気は伝搬《でんぱん》され能《あた》はさるなり。然《しか》れとも、金線は電気にあらず、電気は金線にあらさるなり。

而《しか》して確乎《かっこ》たる(所謂金剛堅固《いわゆるこんごうけんご》の)信心は、彼《かの》不可思議の霊的《れいてき》勢用なり。彼《か》の霊的《れいてき》勢用にして存在せんか、一条の金線は以《もっ》て電気を活伝し得べしと雖《いえ》とも、若《も》し夫《そ》れ彼霊的《かのれいてき》勢用欠乏せんか、百千の金線ありと雖《いえ》とも、其能《そののう》を為《な》す能《あた》はさるなり。言句《げんく》文字の死活如何《しかついかん》は説法者の信仰如何《いかん》にあり。若《も》し説法者にして正《しょう》信《しん》を欠乏せは、千万の言句《げんく》文字ありと雖《いえ》とも、毫《ごう》も安心《あんじん》を与ふる能《あた》はさるなり。彼言句《かのげんく》文字に拘々然《こうこうぜん》たるもの、希《こいねがわ》くは省察せよ。

然《しか》り而《しこう》して電池あり、金線あるも、尚伝搬《なおでんぱん》なきは如何《いかん》。曰《い》はく、二条の場合あり。㈠不伝受体の場合(non-conductors)㈡絶縁封謝の場合(insulated objects)是《これ》なり。所謂謗法《いわゆるほうぼう》と一闡提《いっせんだい》とは、廻せずば此《この》法を信する能《あた》はさるなり。

依教~文字　「教に依りて弘(流)伝す。文字(言句)に在らず」と訓むか。
猶如金線　「猶〔なお〕し金線の如し」と訓むか。
猶如電気也　「猶〔なお〕し電気の如くなり」と訓むか。
金線　針金の意か。
伝搬　つたえはこぶこと。
勢用　勢力と作用の意か。
活伝　いきいきと伝わるの意か。
不伝受体　不伝導体の意か。
non-conductors　【英】様々な不伝導体のこと。
絶縁封謝　絶縁体につつまれていて、電気が通じないものの意か。
insulated objects　【英】様々な絶縁体でおおわれた物体のこと。
廻せず　回心〔えしん〕しないの意か。

更に一問あり。一定の言句《げんく》文字に限らさるを得るや、又自解《またじげ》仏法は如何《いかん》。曰《い》はく、金線に銅あり白金あり。金銀鉄錫《すず》も亦《また》伝道体なり。豈《あに》伝導は必すしも銅線に限らんや。然《しか》れとも、亦便宜《またべんぎ》を考量《こうりょう》せさる可《べ》からさるなり。白金の高価なるは銅の廉価なるに如《し》かす。鉄線の処置に難きは銅線の扱ひ易《やす》きに如《し》かさるなり。南無阿弥陀仏《なむあみだぶつ》の行《ぎょう》し易《やす》き説き易《やす》きは、万行諸善《まんぎょうしょぜん》の解《げ》し難く修《しゅ》し難きに孰《いず》れぞや。然《しか》りと雖《いえ》とも彼《か》の自解仏乗《じげぶつじょう》の智者《ちしゃ》あるを妨《さまた》けず。電気は必すしも一池に限らさるなり。種々の電池あり、又、摩軋電気もあり得るなり。

《八日》

午後二時半、父上野寺行《のでらゆき》の為《ため》出発。三時来、降雨。

志㆓修養㆒者。須㆔先省㆓察。在㆑我者在㆑彼者㆒。在㆑我者何。抑我何物。本来無㆑我。本来無㆑彼。我与㆑彼。同一法界。同一真如。而我与㆑彼。亦是差別。差別界中。我有㆓我分㆒。彼有㆓彼域㆒。我分彼不㆑能㆑犯。彼域我亦不㆑可㆑破。我守㆓我分㆒。而不㆑怨㆑天不㆑尤㆑人。於是与㆑彼並立。当㆓無㆑恚無㆒㆑諍。

夜一時、父上帰着、右膳及習成二子《うぜんおよびしゅうせいにし》と善正寺《ぜんしょうじ》に立寄《たちよ》り、又桜井円光寺《さくらいえんこうじ》に談して還来《かんらい》。

九日(水)　九、二十六日

晴《はれ》。母上大野光明寺行《おおのこうみょうじゆき》の為《ため》、出発、蓋敏子君《けだしとしこ》、心臓内膜炎《しんぞうないまくえん》の処《ところ》、弁膜《べんまく》不全閉鎖の状態

伝道　伝導の意か。

一池　一つの電池の意か。

摩軋電気　摩擦電気の意か。

志修～無諍　「修養を志す者は須く先ず我〔われ〕に在る者と彼〔かれ〕に在る者とを省察すべし。我に在る者いかん。抑も我は何物なるや。本来我無し。本来彼無し。我と彼と同一法界同一真如にして我と彼と亦た是れ差別あり。差別界中に我に我の分有り彼に彼の域有り。我の分は彼犯すことあたわず。彼の域は我亦た破るべからず。我は我が分を守りて天を怨みず、人を尤〔とが〕めず。是に於て彼と並び立ち、当に恚〔いか〕り無く諍〔あらそ〕い無かるべし」と訓むか。

右膳　水野右膳のこと。現、愛・安城市野寺町野寺の真宗大谷派本証寺境内に住した寺侍。

善正寺　現、愛・安城市野寺町野寺にある真宗大谷派の寺院。

桜井円光寺　現、愛・安城市桜井町にある真宗大谷派の寺院。

心臓内膜炎　心内膜炎のこと。

弁膜　血液の逆流を防ぐ膜片のこと。

に進《すすみ》たり。

午後、石八氏年忌一山参詣《さんけい》、母公《ぼこう》年忌なり。

㋫台湾協会《たいわんきょうかい》、同会報、寄贈。

十日(木)　九、二十七日

晴《はれ》。㋩今川《いまがわ》氏、熊本《くまもと》市《し》上林《かんばやし》町四番地に一家構成《こうせい》の報。

今朝、咯痰《かくたん》に血班《けっぱん》を見ること一回。

本日は、大谷派《おおたには》事務《じむ》革新《かくしん》全国同盟会《ぜんこくどうめいかい》解散の一周朞年日《いっしゅうきねんび》なり。全国の同志如今《じょこん》、如何《いかん》の感かある。余や幸ひに爾来楽道《じらいらくどう》の事に於《おい》て大ひに自ら満足する所あり、歓喜々々《かんぎかんぎ》。

《十日》

◎道何処在。求者得焉。不求者不得焉。《道不遠於人、遠於人非道。》

貴賤何処在。有道者貴。無道者賤。

貧富何処在。有道者富。無道者貧。

道者何也。曰天道也。人道也。

天道者平等之道也。

人道者差別之道也。

一山　不詳。

台湾協会　明治三一年四月に結成された。拓殖大学の前身、台湾協会学校の設立母体。

同会報　『台湾協会会報』（台湾協会）のこと。＊

熊本〜林町　現、熊本市上林町のこと。

構成　構成のこと。

咯　喀に同じ。

班　斑に同じ。

一周朞年日　一周年にあたる日のこと。

楽道　道を楽しむこと。

道何〜也。「道は何処に在りや。求むれば得。求めざれば得ず。《道は人に遠からず、人に遠きは道に非ず》貴賤は何処に在りや。道無ければ賤なり。道有れば貴なり。貧富は何処に在りや。道有れば富なり。道無ければ貧なり。道とは何ぞや。曰く天道なり。人道なり。天道は平等の道なり。人道は差別の道なり。吾人須く人道(我に在る者)を尽して天道(彼に在る者)に順ふべきなり。所謂、当に人事を尽して天命を待つべきなり」と訓むか。＊

吾人須㆘尽㆓人道㆒在㆑我者順㆗天道㆖在㆑彼者也。

所謂当㆘尽㆓人事㆒而待㆗天命㆖也。

《十日》

But you may say, there are some things disagreeable and troublesome in life. And are there none in Olympia? Are you not scorched? Are you not pressed by a crowd? Are you not wet when it rains? Have you not abundance of noise, clamour, and other disagreeable things? But I suppose that setting these things off against the magnificence of the spectacle, you bear and endure. Well then, and have you not received faculties by which you will be able to bear all that happens? Have you not received Greatness of Soul? Have you not received Maniness? Have you not received Endurance? Shall I not use the power for the purpose for which I received it, and shall I grieve and lament over what happens?

Epict. pp. 21, 22.

Rather say, Bring now, O Zeus, any difficulty that thou pleaseth, for I have means given to me by thee to meet it. Ib.

Friends, wait for God (天道): when He shall give signal and release you for

But you～happens?　英文和訳15。Epict. p. 21 (15)-p. 22 (9).「crowd?」と「Are」、「setting」と「these」、「Endurance?」と「Shall」との間に省略された文章あり。

Rather say～it.　英文和訳16。Epict. p. 22 (35-36). 原文には、文頭の「Rather」なし。

Friends,～reason.　英文和訳17。Epict. p. 32 (28)-p. 33 (4).

this service, then go to Him; but for the present endure to dwell in this place where He has put you: short indeed is this time of your dwelling here, and easy to bear for those who are so disposed: for what tyrant or what thief, or what court of justice, are formidable to those who have thus considered as things of no value the body and the possessions of the body? Wait then, do not depart without a reason.

Epict. pp. 32, 33.

When you have been well filled today, you sit down and lament about the morrow, how you shall get something to eat. Wretch, if you have it, you will have it; if you have it not, you will depart from life. The door is open. Why do you grieve? where does there remain any room for tears? and where is there occasion for flattery? Why shall one man envy another? Why should a man admire the rich or the powerful, even if they be both very strong and of violent temper? for what will they do to us? We shall not care for that which they can do; and what we do care for, that they cannot do. How did Socrates behave with respect to these matters? Why, in what other way than a man ought to do who was convinced that he was a kinsman of the gods? "You make yourselves

When you～it." 英文和訳18。Epict. p. 33 (7-21), (25-29). 「gods?」と「You」との間に省略された文章あり。

ridiculous by thinking that, if one of our commanders has appointed me to a certain post, it is my duty to keep and maintain it, and to resolve to die a thousand times rather than desert it; but if God has put us in any place and way of life, we ought to desert it."

Epict. p. 33.

We think about ourselves, as if we were only stomachs, & intestines, & shameful parts; we fear, we desire; we flatter those who are able to help us in these matters; and we fear them also. Ibid, p. 34.

We think ∽ also.　英文和訳19。
Epict. p. 34 (1-4).

十一日(金)　九、二十八日

晴《はれ》。習成《しゅうせい》来話《らいわ》、右膳《うぜん》宛《あて》書状を託《たく》す。

"Do you not rather thank God that He has allowed you to be above these things which He has not placed in your power, and has made you accountable only for those which are in your power. As to your parents, God has left you free from responsibility; and so with respect to your brothers, and your body, and possessions, and death and life. For what then has He made you responsible? For that which alone is in your power, the proper use of

Do you ∽ yourself.　英文和訳20。
Epict. p. 45 (14-25).

appearances. Why then do you draw on yourself the things for which you are not responsible? It is, indeed, a giving of trouble to yourself."

Epict. p. 45.

These words should not be misunderstood. The boy's brandishing of a sharp sword is often dangerous. But 匹夫不可奪其志; persons and things beyond ourselves are not within our power. Why then are we angry? Is it because we value so much the things of which they rob us? Do not admire your clothes, and then you will not be angry with the thief. Do not admire the beauty of your wife, and you will not be angry with the adulterer. Learn that a thief and an adulterer have no place in the things which are yours, but in those which belongs to others and which are not in your power. If you dismiss these things and consider them as nothing, with whom are you still angry? But so long as you value these things, be angry with yourself rather than with the thief & the adulterer.

Epict. p. 57.

Has it smoked in the chamber? If the smoke is moderate, I will stay; if it is excessive, I go out: for you must remember this & hold it fast, that the door is

These words〜adulterer. 英文和訳21。Epict. p. 57 (26-36). "These words〜power." の三行は満之自身の文章か。

Has it〜fear? 英文和訳22。Epict. p. 75 (15)-76 (4).「must」と「remember」、「Well,」と「you」、「this.」と「If」との間に省略された文章あり。

open. — Well, you say to me, Do not live in Nicopolis. I will not live there. — Nor in Athens. I will not live in Athens. — Nor in Rome. I will not live in Rome. — Live in Gyarus. I will live in Gyarus, but it seems like a great smoke to live in Gyarus; and I depart to the place where no man will hinder me from living, for that dwelling place is open to all; & as to the last garment, that is, the poor body, no one has any power over me beyond this. If I set my admiration on the poor body, I have given myself up to be a slave: if on my little possessions, I also make myself a slave: for I immediately make it plain with what I may be caught; as if the snake draws in his head, I tell you to strike that part of him which he guards; and do you be assured that whatever part you choose to guard, that part your master will attack. Remembering this, whom will you still flatter or fear?

Epict. pp. 75, 76.

《十一月十一日》

Do you philosophers then teach us to despise kings? I hope not. Who among us teaches to claim against them the power over things which they possess?

Epict p. 88.

Do you〜possess? 英文和訳23。
Epict. p. 88 (3-5).

Is it not enough for an man to be persuaded himself? When children come clapping their hands & crying out, “To-day is the good Saturnalia,” do we say, “The Saturnalia are not good”? By no means, but we clap our hands also. Do you also then, when you are not able to make a man change his mind, be assured that he is a child, and clap your hands with him; and if you do not choose to do this, keep silent.

Ibid, p. 90

十一月十二日(土)　九、廿《にじゅう》九日　廿二日書入 廿七年在京都新烏丸頭町《きょうとしんからすまかしら》寓《ぐう》、咯血《かっけつ》之《の》日。

晴《はれ》。㋫月見《つきみ》氏、報恩講《ほうおんこう》等にて疎闊云々《そかつうんぬん》。

Only show that you know this,

how never to be disappointed in your desire and how never to fall into that which you would avoid.

Let others labour at forensic causes, problems, and syllogisms: do you labour at thinking about death, chains, the rack, exile.

Epict. p. 102.

‘The whole life of philosophers’, says Cicero, following Plato, ‘is a reflection upon death.’

Is it〜silent.　英文和訳24。Epict. p. 90 (8-15).

廿二日書入　以下の文章を記した日付。同月二二日のことか。

京都〜頭町　現、京都市上京区新烏丸通り丸太町上る新烏丸頭町のこと。

報恩講　親鸞の命日に報恩のために行う仏事。真宗大谷派本願寺では一一月二一日から二八日の七日間営まれる。末寺では御正忌より前に予修し、これを引上会、御取越などという。＊

Only show〜exile.　英文和訳25。Epict. p. 102 (15-20).

The whole〜death.’　英文和訳26。Epict. p.102 (34-35).「Cicero,」と「following」との間に省略された文章あり。G. Long が注に引用した文章。

Ibid.

True philosophers make it the whole business of their lifetime to learn to die.

Phaedo, p. 57.

Do you not know, that as a foot is no longer a foot if it is detached from the body, so you are no longer a man if you are separated from other men. For what is a man? A part of a state, of that first which consists of Gods & of men: then of that which is called next to it, which is a small image of the universal state. What then, must I be brought to trial; must another have a fever, another sail on the sea, another die, and another be condemned? Yes, for it is impossible in such a body, in such a universe of things, among so many living together, that such things should not happen, some to one, and others to others.

Epict. pp. 111, 112.

Observe, this is the beginning of philosophy, a perception of the disagreement of men with one another, and an inquiry into the cause of the disagreement, and a condemnation and distrust of that which only 'seems', and a certain investigation of that which 'seems' whether it 'seems' rightly, and a discovery of some rule (*κανόνς*), as we have discovered a balance in the determination of weights.

True philosophers〜die. 英文和訳27。"CRITO AND PHAEDO." p. 57. この文は、ソクラテスの言葉。

Do you〜others. 英文和訳28。 Epict. p. 111 (33)-p. 112 (7).

Observe,〜weights. 英文和訳29。 Epict. p. 132 (3-10).

And what harm have I done you? unless the mirror also injures the ugly man because it shows him to himself such as he is; unless the physician also is supposed to insult the sick man, when he says to him, Man, do you think that you ail nothing? But you have a fever: go without food to-day ; drink water.

Ibid. p. 132.

You can neither persuade nor break a fool (one who stubbornly persist in saying, I am determined).

Epict., p. 143

But if I go away, I shall cause them sorrow. — You cause them sorrow? By no means; but that will cause them sorrow which also causes you sorrow — opinion. What have you to do then? Take away your own opinion, and if these women are wise, they will take away their own: if they do not, they will lament through their own fault.

Ibid. p. 146

Epict. p.150.

《十一月十二日》

My man, as the proverb says, make a desperate effort on behalf of tranquility

---

And what～water. 英文和訳30。Epict. p. 143 (14-20).「And」と「what」との間に省略された文章あり。

You can～determined). 英文和訳31。Epict. p. 146 (1-3).「(one who stubbornly persist in saying,」は原文になし。

But if～fault. 英文和訳32。Epict. p. 152 (2-8). 満之自身による出典頁数の表記に誤りがある。

My man～wilt, & c." 英文和訳33。Epict. p. 152 (9-13).

of mind, freedom, and magnanimity. Lift up your head at last as released from slavery. Dare to look up to God and say, "Deal with me for the future as thou wilt, & c."

Epict. p. 152.

《重出《じゅうしゅつ》》

Clear away your own. From yourself, from your thoughts cast away sadness, fear, desire, envy, malevolence, avarice, effeminacy, intemperance. But it is not possible to eject these things otherwise than by looking to God only, by fixing our affections on him only, by being consecrated to his commands. But if you choose anything else, you will with sighs and groans be compelled to follow what is stronger than yourself, always seeking tranquility & never able to find it; for you seek tranquility there where it is not, and you neglect to seek it where it is.

Ibid. p. 153.

十一月十三日(日)　九、三十日

小雨。十二時、強震。習成来話《しゅうせいらいわ》、二、三日後、野寺善正寺《のでらぜんしょうじ》来話《らいわ》云々《うんぬん》。

《重出》 以下の文章が一〇月三日の記事にもあらわれること。

Clear away～is. 英文和訳34。Epict. p. 153 (1-11).「away」と「sadness」との間に省略された文章あり。

Show me a man who is sick and happy, in danger and happy, dying & happy, in exile and happy, in disgrace and happy. Show him; I desire, by the gods, to see a Stoic.

Epict. p. 165.

Let any of you show me a human soul ready to think as God does, and not to blame either God or man, ready not to be disappointed about anything, not to be angry, not to be envious, not to be jealous; & why should I not say it direct? desirous from a man to become a god, and in this poor mortal body thinking of his fellowship with Zeus.

Ib. p. 166.

Did you never see little dogs caressing & playing with one another, so that you might say, there is nothing more friendly? but that you may know what friendship is, throw a bit of flesh, and you will learn. Throw between yourself and your son a little estate, and you will know how soon he will wish to bury you and how soon you wish your son to die.

Epict. p. 177

But examine, not what other men examine, if they are born of the same

Show me〜Stoic. 英文和訳35。Epict. p. 165 (33-36).

Let any〜Zeus. 英文和訳36。Epict. p. 166 (3-10).「anything,」と「not」との間に省略された文章あり。

Did you〜die. 英文和訳37。Epict. p. 177 (13-20).

But examine〜just. 英文和訳38。Epict. p. 180 (4-11), (20-27).「judgment.」と「But」との間に省略された文章あり。

parents and brought up together, and under the same pedagogue; but examine this only, wherein they place their interest, whether in externals or in the will. If in externals, do not name them friends, no more than name them trustworthy or constant, or brave or free; do not name them even men, if you have any judgment. But if you hear that in truth these men think the good to be only there, where will is, & where there is a right use of appearances, no longer trouble yourself whether they are father or son, or brothers, or have associated a long time and are companions, but when you have ascertained this only, confidently declare that they are friends as you declare that they are faithful, that they are just.

Epict. p. 180.

《十一月十三日》

What then is usually done? Men generaly act as a traveller would do on his way to his own country, when he enters a good inn, and being pleased with it should remain there (forgetful of his true purpose).

Ibid. p. 186.

But when he shall sit by us like a stone or like grass, how can he excite a

What then～purpose).　英文和訳39。Epict. p. 186 (32-35).「(forgetful of his true purpose)」(彼の本来の目的を忘れて)の部分は、満之の補記。

But when～speak)?　英文和訳40。Epict. p. 190 (16-18).

man's desire (to speak)?

Ibid. p. 190.

We may generally and not improperly declare each of them to be beautiful then when it is most excellent according to its nature; but since the nature of each is different, each of them seems to me to be beautiful in a different way. That then which makes a dog beautiful, makes a horse ugly, & vice versa.

Ibid. p. 195.

十四日(月)　十、朔日《ついたち》

曇《くもり》。㋩西参仏教会、二十日全国《ぜんこく》有志会《ゆうしかい》に出席請求。松本円明氏、来寺《らいじ》説教。

You must watch, labour, conquer certain desires, you must depart from your kinsmen, be despised by your slave, laughed at by those who meet you, in everything you must be in an inferior condition, as to magisterial office, in honours, in courts of justice. When you have considered all these things completely, then, if you think proper, approach to philosophy, if you would gain in exchange for these things freedom from perturbations, liberty, tranquility.

Epict. p. 236.

We may〜versa.　英文和訳41。Epict. p. 195 (12-18).「way.」と「That」との間に省略された文章あり。

西参仏教会　西三河仏教会のこと。

松本円明　当時、本山寺務用掛。

You must〜tranquility.　英文和訳42。Epict. p. 236 (4-12).

He must either become like them, or change them to his own fashion. For if a man places a piece of quenched charcoal close to a piece that is burning, either the quenched charcoal will quench the other, or the burning charcoal will light that which is quenched.

Ib. p. 237.

He must〜quenched. 英文和訳43。
Epict. p. 236 (30)-237(4).

十五日(火) 十、二日

晴《はれ》。昨夜、血痰《けったん》三咯《かく》。

㋫月見《つきみ》氏宛《あて》。

㋩西参仏教会宛《あて》、病態《びょうたい》不良、二十日出頭無覚束を謝す。

無覚束 「おぼつかなし」と訓む。

Cease to make yourselves slaves, first of things, then on account of things slaves of those who are able to give them or take them away.

Epict. p. 242.

Cease to〜away. 英文和訳44。
Epict. p. 242 (22-25).

What will you do with death? Why, what else than that it shall do you honour, or that it shall show you by act through it, what a man is who follows the will of nature. What will you do with disease? I will show its nature, I will be conspicuous in it, I will be firm, I will be happy, I will not flatter the physician, I will not wish to die.

What will〜die. 英文和訳45。
Epict. p. 243 (15-21).

Ibid. p. 243.

All is peace; there is no robber who takes away his will, no tyrant.

Ibid. p. 263.

What then when He does not supply him with food? What else does he do than like a good general he has given me the signal to retreat? I obey, I follow, assenting to the words of the commander, praising his acts.

Epict. p. 293.

What then shall the children of Socrates do? "If" said he, "I had gone off to Thessaly, would you have taken care of them; and if I depart to the world below, will there be no man to take care of them?"

Ibid. p. 320.

And now Socrates being dead, no less useful to men, and even more useful, is the remembrance of that which he did or said when he was alive.

Ibid.

For the sake of this which is called liberty, some hang themselves, others throw themselves down precipices, and sometimes even whole cities have perished: and will you not for the sake of the true and unassailable and secure

All is∽tyrant. 英文和訳46。Epict. p. 263 (35-36).

What then∽acts. 英文和訳47。Epict. p. 293 (14-18).

What then∽them?" 英文和訳48。Epict. p. 320 (7-9).

And now∽alive. 英文和訳49。Epict. p. 320 (23-25).

For the∽own? 英文和訳50。Epict. p. 321 (5-13).

liberty give back to God when he demands them the things which he has given? Will you not, as Plato says, study not to die only, but also to endure torture, and exile, and scourging and in a word to give up all which is not your own?

Epict. p. 321.

十六日(水)　十、三日

晴《はれ》。昨夜中、時々鮮桃《せんとう》 中に紅班《こうはん》 咯出《かくしゅつ》。

㋫月見《つきみ》氏、清川《きよかわ》氏書翰回致《しょかんかいち》、中に該氏北海道入寺一条内話《ほっかいどうにゅうじいちじょうないわ》。

仏教、第　号着。

○余や昨今、咯血《かっけつ》不停なれとも、只《ただ》少しく静黙《せいもく》を勤むるのみにして、起居動作毫《ごう》も変する所なく、或《あるい》は却《かえっ》て心意《しんい》の快然《かいぜん》に於《おい》て益す所あるを感す。蓋《けだ》し、エピクテート氏の所謂《いわゆる》病に在《あり》ても喜ぶ者に達せさるべしと雖《いえ》とも、幾分之《これ》に接近するを得たるもの乎《か》。読書の恵亦大《またおおい》なる哉《かな》。

後四時、紅咯三、余咯四、五深桃、

Choose then which of the two you will have, to be equally loved by those by whom you were formerly loved, being the same with your former self; or being superior, not to obtain from your friends the same that you did before.

鮮桃～紅班　鮮やかな桃色をしている中に紅い点々がある痰。
咯出　口からはき出すこと。喀出に同じ。
回致　順々に回されて送り届けられたこと。
北海～一条　清川円誠が現、北海道二海郡の真宗大谷派蓮華寺に入寺する事件のこと。
内話　内談のこと。
仏教～　号　『仏教』第一四四号のこと。＊
エピクテート　Epiktētos (55?-135?) のこと。ローマ帝政時代のストア派の哲学者。
紅咯　紅色の喀血の意か。
余咯　それ以外の喀血の意か。
深桃　深い桃色の意か。
Choose then～before.　英文和訳51。Epict. p. 323 (2-6).

Epict. p. 323.

Remember that not only the desire of power & of riches makes us mean & subject to others, but even the desire of tranquility, & of leisure, & of travelling abroad, & of learning.

Ibid. p. 325.

An act of injustice is a great harm to him who does it. Ibid. p. 334.

When a man sees another handling an axe badly, he does not say, what is the use of the carpenter's art? See how bad carpenters do their work; but he says just the contrary, This man is not a carpenter for he uses an axe badly.

Ibid. p. 352.

十七日(木)　十、四日

曇《くもり》。昨日、庄七大野《おおの》に使《つかわ》す。

姉上《あねうえ》病体不変《ふへん》。三八　乃至《ないし》　三九の熱ありと云《い》ふ。懸念《けねん》々《けねん》々。又㋫小林《こばやし》康什
氏。（余か病態《びょうたい》を舎弟より母君に通報せるを聞《きき》て来問《らいもん》せるなり）。

昨夜、小山《おやま》氏来寺《らいじ》一泊。

Lead me, O Zeus, and thou O Destiny,

Remember that〜learning. 英文和訳52。Epict. p. 325 (20-23).

An act〜it. 英文和訳53。Epict. p. 334 (11-12).

When a〜badly. 英文和訳54。Epict. p. 352 (22-26).

使す　人のために用事をすること。

来問　訪問すること。ここでは、手紙による問い合わせの意か。

Lead me〜Cleanthes.　英文和訳55。Epict. p. 404 (3-6).

The way that I am bid by you to go;
To follow, I am ready. If I choose not,
I make myself a wretch, and still must follow.

Cleanthes.

But whose nobly yields unto necessity,
We hold him wise, & skilled in things divine.

Euripides.

Epict. p. 404.

O Crito, if so it pleases the Gods, so let it be; Anytus and Melitus are able to kill me, but they cannot harm me.

Crito & Apology.

Epict. p. 404.

終日、血跡不絶《たえず》。文七来話《ぶんしちらいわ》。夜、雨。

十八日(金)　十、五日

払暁《ふつぎょう》、鈍桃三咯《かく》。

朝、雨。石川宗七《いしかわそうしち》。小笠原某《おがさわらなにがし》 六右衛門《ろくえもん》長男 来謝《らいしゃ》、謝架橋碑文起艸也。

But whose～Euripides.　英文和訳56。Epict. p. 404 (7-8).

O Crito～Apology.　英文和訳57。Epict. p. 404 (9-11).

血跡　痰の中の血の跡の意か。

文七　現、碧南市大浜地区内の音羽の村松文七のこと。西尾市の志貴野製瓦場碑に名前がある。棚尾橋発起人。

鈍桃　鮮やかではない桃色の意か。

小笠～長男　棚尾橋発起人の小笠原六右衛門の長男のこと。

謝架～也。「架橋碑文の起艸を謝すなり。」と訓むか。

[1]天也ₒ [2]命也ₒ [3]数也ₒ [4]業報也ₒ [5]理也ₒ [6]性也ₒ [7]真如也ₒ [8]実相也ₒ [9]法性也ₒ [10]法爾也ₒ [12]必然也ₒ [11]自然也ₒ [13]道也ₒ [15]本体也ₒ [14]勢力也ₒ [16]不可知的也ₒ [17]不可思議也ₒ [19]絶対也ₒ [20]神也ₒ [21]上帝也ₒ [22]阿弥陀仏也ₒ [23]本願力也ₒ [24]仏智不思議也ₒ 皆是《みなこれ》他力也ₒ [18]無限也ₒ [25]大悲也ₒ ₒ

天は大慈大悲《だいじだいひ》なり。然《しか》れとも、風雨震害《ふううしんがい》等を降《くだ》して顧みさるか如き、蓋《けだ》し亦《また》其《その》必然動かすへからさる分を守るもの歟《か》。是《こ》れ却《かえっ》て天の至誠を表明するものなるべし。吾人《ごじん》は此等《これら》不可思議に対して疑惑すべからす。只益《ただますます》彼《か》の至誠《しせい》に信凴《しんぴょう》し、天与の分に安住すべきなり。」

《十八日》

「エピクテート氏曰《いわ》く、衣食は外物《がいぶつ》なり。吾人《ごじん》の如意《にょい》なる範囲内のものにあらず。吾人《ごじん》は之《これ》に対して心を動《うご》かすへからずと。然《しか》れとも、是《こ》れ凡人の絶対的に反対する所なるべし。今之《これ》を観索するに、エ氏の言亦《げんまた》理なきにあらす。彼《か》の禽《きん》獣《じゅう》を看《み》よ、猶《なお》食に窮せさるにあらずや。又彼《か》の罪囚《ざいしゅう》を見よ。猶《なお》衣食住に困《こん》せさるにあらずや。然《しか》らは吾人《ごじん》の忘《わす》る可《べ》からさるは衣食にあらすして道心如何《いかん》にあり。是《ここ》に於《おい》てか左の四類あり。

聖
- (一)道心あり、衣食あるもの。
- (二)道心あり、衣食なきもの。

ₒ ₒ　「ₒ」の意か。

風雨震害　風や雨や地震の被害のこと。

信凴　信憑のこと。

観索　観想と思索の意か。

エ氏　Epiktētos（55?-135?）のこと。ローマ帝政時代のストア派の哲学者。

凡 ｛
㈢道心なく、衣食あるもの。
㈣道心なく、衣食なきもの。

吾人《ごじん》は彼《か》の第一者たる能《あた》はずば、希《こいねがわ》くは第二者たるを得ん乎《か》。

十一月十八日午後

道心者何。曰《いわ》く、天道あり、人道あり。他力不思議を信して、天を怨《うら》みさるは天道心なり。自力を尽《つく》して人を尤《とが》めさるは人道心なり。如意（天与）の分を守るを云ふ（十月十二日の下参照すべし）。天道心は真諦《しんたい》なり。人道心は俗諦《ぞくたい》なり。真俗二諦《しんぞくにたい》は相寄相待《そうきそうたい》の道心なり。

道心 ｛
真諦―信他力―不怨天
俗諦―尽自力―不尤人

十一月十八日

夜、杉浦幸七来話《らいわ》、占部《うらべ》事件の願書一条《いちじょう》に付き。

松本円明氏来話《らいわ》。上之切《かみのきり》　茂七来話《らいわ》。

九時後、盛雨《せいう》。

已上《いじょう》第一号（尾）

〔天候表を略す〕

道心者何　「道心とは何ぞや」と訓むか。

相寄相待　二つのものが相互に寄りかかっている関係のこと。

信他力　「他力を信ず」と訓むか。

不怨天　「天を怨みず」と訓むか。

尽自力　「自力を尽くす」と訓むか。

不尤人　「人を尤［とが］めず」と訓むか。

杉浦幸七　不詳。

上之切　現、碧南市大浜地区北部のこと。

茂七　不詳。

仏性所在什麽、非レ内非レ外非二両間一、暫托二差別一説レ内（正）、説レ外（縁）、説レ果（了）。

仏性
- 内　正因仏性——重之則自力門 従内着力 内観的
- 外　縁因仏性——重之則他力門 従外着力 外聞的
- 合果　了因仏性——不可説

衆生に仏性《ぶっしょう》ありと云《い》ふも未尽理なれば、衆生に仏性《ぶっしょう》なしと云《い》ふも亦《また》未尽理なり。僧問趙州曰無曰有と。只《ただ》実際の修行者着手之《の》所、疑心二心を避くるにあらずば、工夫専一なる能《あた》はず。故に仏陀《ぶっだ》の老婆親切、或《あるい》は従内観修の門を開くに当《あた》りては、一切衆生悉有仏性《しつうぶっしょう》と説き、或《あるい》は従外聞信の門を開くに当《あた》りては、其仏本願力聞名欲往生と説く。畢竟善巧摂化《ひっきょうぜんぎょうせっけ》の大悲《だいひ》門たるものなり。（故に自力門の要は汲々内観し見性《けんしょう》成仏するにあり。他力門の要は切々聞法し即得《そくとく》往生するにあり。

八月廿《にじゅう》四日朝記於、敬専寺《きょうせんじ》。

名古屋市京町□町角鳥九氏

《Naptharine》

仏性～了。「仏性の所在は什麽〔いかん〕、内に非ず外に非ず両間に非ず、暫く差別に托して内（正）と説き、外（縁）と説き、果（了）と説く。」と訓むか。

正因仏性　三因仏性の一つ。すべてのものが本来そなえている理。

重之～観的　「之を重んずれば則ち自力門なり　内に従いて着力す／内観的」と訓むか。

縁因仏性　三因仏性の一つ。智慧をおこす縁となるすべての善行。

重之～聞的　「之を重んずれば則ち他力門なり　外に従いて着力す／外聞的」と訓むか。

了因仏性　三因仏性の一つ。理を照らし顕す智慧。

未尽理　「未だ理を尽くさず」と訓むか。

僧問～曰有　「僧、問う。趙州、無と曰い、有と曰う」と訓むか。「趙州狗子」の公案のことか。＊

従内観修　「内観の修に従う」と訓むか。

従外聞信　「外聞の信に従う」と訓むか。

其仏～往生　「其の仏の本願力、名を聞きて往生せんと欲え」と訓む。『無量寿経』下巻「東方偈」の文。

山谷養生印曰
百戦百勝不如一忍。
万言万当不如一黙。
無可簡択眼界平。
不蔵秋毫心地直。
続和漢名数大全八六紙

〔裏表紙〕

＊

名古～町角　不詳。

鳥九　不詳。

Naptharine　ナフタリンのことか。

山谷～地直　「山谷養生印曰わく　百戦百勝一忍に如かず　万言万当一黙に如かず　簡択すべきこと無くば眼界平〔たいらか〕なり　秋毫を蔵せざれば　心地直し」と訓む。＊

続和～大全　貝原益軒『和漢名数大全』（全三冊）収録の第二冊『続和漢名数大全』のこと。

明治三十一年十一月十九日起

臘《ろう》扇《せん》記《き》

第二号

〔表紙〕

明治三十一年十一月十九日起

晴《はれ》、西風。㋫月見《つきみ》氏宛《あて》。暁、鈍桃班二次。

㊀

宇宙万有の千変万化は、皆是《こ》れ一大不可思議の妙用《みょうゆう》に属す。而《しか》して、吾人《ごじん》は之《これ》を当然通常の現象として、毫《ごう》も之《これ》を尊崇敬拝《けいはい》するの念を生することなし。吾《ご》人《じん》にして智《ち》なく感なくば則《すなわ》ち止《や》む。苟《いやしく》も智《ち》と感とを具備する霊物《れいぶつ》にして、此《かく》の如きは蓋《けだ》し迷倒《めいとう》ならずとするを得んや。一色《いっしき》の映するも、一香《いっこう》の薫するも、決して色香其物《しきこうそのもの》の原起力に因るにあらず。皆悉《ことごと》く彼《か》の一大不可思議力の発動に基《もとづ》

鈍桃班二次　鮮やかではない桃色の点々がある痰を二度出したの意か。

霊物　本書三二頁、一〇月一八日の項を参照。

迷倒　道に迷って倒れること。ここでは迷妄と顚倒のことか。

原起力　おきる力の意か。

くものたらずばあらず。色香《しきこう》のみならす、吾人《ごじん》自己其物《そのもの》は如何《いかん》。其《その》従来《生之所従来》するや、其《その》趣向《死之所趣向》するや、一も吾人《ごじん》の自《みずか》ら意欲して、左右し得る所のものにあらず。只《ただ》生前死後の意の如くならざるのみならす、現前一念心の起滅《きめつ》も亦《また》自在なるものにあらす。吾人《ごじん》は絶対的に他力の掌中にあるものなり。而《しか》も日常普通の現象は、却《かえっ》て吾人《ごじん》を正反対の思念《万物は個々独立自在なりと云ふ思念》に誘惑して止まず。蓋《けだ》し亦《また》不可思議の起因(無始元本《むしげんぽん》の無明《むみょう》)ありて然《しか》るもの、吾人《ごじん》は容易に其惰勢《そのだせい》を降服して正路《せいろ》に転向する能《あた》はざるなり。此迷倒《このめいとう》は云《い》は、根本的撞着《どうちゃく》なるもの(明治廿九年《にじゅう》新居《あらい》夏期講習会講演に詳《つまびらか》なり)に根拠を有するものにして、吾人《ごじん》は之《此根本的撞着》を単信(するにあらずば之《これ》を一大不思議と認定)せさる可《べ》からさるなり。然《しか》れとも、此《この》単信は如何《いか》にしてか之《これ》を起得すべきと云《い》ふに、吾人《ごじん》に対する最大撞着(死と生とは吾人《ごじん》の実際に於《お》ける最大撞着《どうちゃく》なり。)最大怨敵(死は生に対する最大怨敵《おんてき》なり。)を観念する処《ところ》に於《おい》て、始めて之《これ》を獲得することとあるべし。(此《この》関門に厳在《げんざい》せる原理は矛盾《コントラヂクトリース、》は一致《アール、アイデンチカル》なり也。)之《これ》を平易に通解《つうかい》せは。死に対しては吾人《ごじん》は無能なり。吾人《ごじん》は之《これ》を防止する能《あた》はす。吾人《ごじん》は死せさる可《べ》からす。吾人《ごじん》は死するも尚《な》ほ吾人《ごじん》は滅せず。生《しょう》のみが吾人《ごじん》にあらす。死も亦吾人《またごじん》なり。吾人《ごじん》は生死《しょうじ》を並有《へいゆう》するものなり。(正反対のものを並有《へいゆう》するは大矛盾なり)。吾人《ごじん》は生死《しょうじ》に左右せらるへきものにあらさるなり。吾人《ごじん》は生死《しょうじ》以外に霊存《れいぞん》するものなり。(是《こ》れ死生《しせい》を外《ほか》にす

生之所従来　「生の従来する所」と訓むか。
死之所趣向　「死の趣向する所」と訓むか。
起滅　物事が起こることと滅びること。
元本　根源となるもの。
惰勢　今までの習慣や勢いのこと。
明治～講演　明治二九年七月に静・浜名郡新居町で開催された大日本仏教青年会夏期講習会における満之の講演のこと。＊
単信　ひとえに信じるの意か。
起得　起こすことと得ることの意か。
厳在　動かしがたく存在すること。
コン～カル　【英】Contradictries are identical. のこと。
並有　あわせもつこと。
霊存　霊性的存在の意か。

る云々《うんぬん》の根基也《こんきなり》）。然《しか》れとも、生死《しょうじ》は吾人《ごじん》の自由に指定し得るものにあらさるなり。生死《しょうじ》は全く不可思議なる他力の妙用《みょうゆう》によるものなり。（而《しか》して生死《しょうじ》は只《ただ》吾人《ごじん》以外の身体に関するものなり）。然《しか》らは吾人《ごじん》は生死《しょうじ》に対して喜悲《きひ》すべからず。生死尚然《しょうじなおしか》り。況《いわ》んや其他《そのた》の転変に於《おい》てをや。吾人《ごじん》は寧《むし》ろ宇宙万化《ばんか》の内に於《おい》て彼《か》の無限他力妙用《みょうゆう》を嘆賞せんのみ。

・

生死《しょうじ》は人界《じんかい》の最大事件。如何《いか》なる人事と雖《いえ》とも、一死此《いっしこれ》が終《おわ》りを為《な》さゝるはなし。故に吾人若《ごじんも》し死に対して覚悟する所あらは、般百《ぱんひゃく》の人事決して吾人《ごじん》を苦《くるし》むるものなし。何《な》んとなれは彼般百《かのぱんひゃく》の人事は皆一死以て之を終ふへけれはなり。人皆只此一死を恐怖す。故に恐怖煩悶止むことなし。是れ死に対する観索の人界《じんかい》に必要なる所以《ゆえん》なり。

・

十九日（土）　十、六日

午後、習成来話《しゅうせいらいわ》。

光輪寺《こうりんじ》高木晃敬《たかぎこうきょう》氏来話《らいわ》、明日、安城館《あんじょうかん》へ出席云々《うんぬん》に付《つき》。

岡田文助《おかだぶんすけ》氏来話《らいわ》、明日、西上云々《うんぬん》。

喜悲　よろこびとかなしみのこと。

般百　百般のこと。

光輪寺　現、碧南市棚尾本町にある真宗大谷派の寺院。

高木晃敬　一八六九～一九二九。当時、光輪寺住職。改革運動に賛同。

＊

安城館　現、愛・安城市の安城駅にあった宿舎のこと。

二十日(日)　十、七日

曇《くもり》。暁、浅桃班痕一次。㋫石八氏宛《あて》、吉治《きちじ》氏手書《しゅしょ》返却。

僧家《そうか》子弟修学指針

(第一)小学　尋常／高等　科修業

(第二)中学　尋常／高等　科修業

若《も》し正則《せいそく》に此等《これら》(中学諸科《しょか》を修する能《あた》はさるものは、左の諸科《しょか》を修するを要す。

(イ)　邦語《ほうご》　文典／土佐日記、徒然艸の類二、三部

(ロ)　外国語　読本三、四、文典／歴史物、論文、文学史、

(ハ)　地理　日本／支那／万国

(ニ)　歴史　日本／支那／万国

(ホ)　算術

(ヘ)　代数

(ト)　物理一班

(チ)　化学一班

(リ)　博物一班

已上《いじょう》

浅桃~一次　あわい桃色のまだらな痕がある痰を一度出したの意か。

小学~等科　尋常小学校(六歳~一〇歳)と高等小学校(一〇歳~一二・一四歳)のこと。

中学~等科　尋常中学校(一二歳~一七歳)と高等中学校(一七歳~二〇・二二歳)のこと。

徒然艸　『徒然草』のこと。

(第三)大学分科大学院

若《も》し右正則《せいそく》を修する能《あた》はさるものは、少《すく》くも左の諸書《しょしょ》類を学ぶを要す。

(イ)演繹《えんえき》論理一班(二部)
(ロ)経験心理学一班(二部)
(ハ)万有開進《かいしん》論(スペンセル、ユニヹルサルプログレス)
(ニ)欧州智力開展史(ドレーパー)
(ホ)哲学史(一、三部参照)
(ヘ)八宗綱要《はっしゅうこうよう》(其《その》他仏教概論)
(ト)伝通縁起《でんづうえんぎ》(其《その》他仏教歴史)
(チ)スペンセル哲学原理
(リ)ミル論理学
(ヌ)スペンセル心理学原理
(ル)スペンセル社会社原理
(ヲ)カント純智《じゅんち》批判
(ワ)スピノザ哲学
(カ)ヘーゲル哲学
(ヨ)法相《ほっそう》、三論《さんろん》、天台《てんだい》、花厳《けごん》、真言《しんごん》、禅《ぜん》、浄土《じょうど》、真宗《しんしゅう》等の経論釈《きょうろんしゃく》

分科　旧制の帝国大学を構成した各学部の呼称。
諸書　多くのいろいろな書物。
スペンセル　Herbert Spencer (1820-1903)。イギリスの哲学者、社会学者、倫理学者。＊
ユニ～レス　"Illustrations of universal progress" のこと。
ドレーパー　John William Draper (1811-1882)。アメリカの化学者。
欧州～展史　"History of the intellectual development of Europe" のこと。
八宗綱要　華厳宗の凝然(一二四〇～一三二一)の仏教概説書。＊
伝通縁起　凝然の『三国仏法伝通縁起』のこと。＊
哲学原理　"A system of synthetic philosophy" のこと。
ミル　John Stuart Mill (1806-1873) のこと。イギリスの哲学者。
論理学　"A system of logic" のこと。
心理学原理　"The principle of psychology" のこと。
社会社原理　"The principle of sociology" のことか。
カント　Immanuel Kant (1724-1804)。ドイツの哲学者。＊
純智批判　『純粋理性批判』のこと。

(タ)シヨペンハウエル哲学
　ハルトマン哲学
　ロッチエ哲学
(レ)プラト会話篇《へん》
(ソ)エピクテト哲学
(ツ)両約《りょうやく》全書
(ネ)学庸論孟老荘等
(ナ)小乗経律論等
(ラ)語録類
(ム)随筆類
(ウ)当代著述
(ヰ)随手玩読《ずいしゅがんどく》
　随意変更

二十日

請赤堀氏診舎弟病。曰、胃腸不整要注意云々《うんぬん》。
時々降雨。偉人史叢蜀山人《いじんしそうしょくさんじん》、赤堀《あかほり》氏より回致《かいち》。

スピノザ　Baruch de Spinoza (1632-1677)。オランダの哲学者。*
ヘーゲル　Georg Wilhelm Friedrich Hegel (1770-1831)。ドイツの哲学者。*
経論釈　仏陀の経典、菩薩の論書、高僧達の注釈書のこと。
シヨ～エル　Arthur Schopenhauer (1788-1860)。ドイツの哲学者。*
ハルトマン　Karl Robert Eduard von Hartmann (1842-1906)。ドイツの哲学者。
ロッチエ　Lotze (1817-1881)。ドイツの哲学者。
プラト　Platōn (427-347 B.C.)。古代ギリシアの哲学者。*
会話篇　プラトンの対話篇のこと。
両約全書　『旧約聖書』と『新約聖書』のこと。
学庸～老荘　『大学』『中庸』『論語』『孟子』『老子』『荘子』のこと。
随手玩読　手当たりしだいに楽しんで読むこと。
請赤～注意　「赤堀氏に舎弟の病を診るを請う。曰わく、胃腸不整なり注意を要す」と訓むか。
偉人～山人　『偉人史叢』所収の鶴見吐香著『蜀山人』のこと。*

二十一日(月)　十、八日

曇《くもり》。暁、紅痕二次。㋫月見《つきみ》氏、　昨日、咯血《かっけつ》は必すしも衰弱によらず云々《うんぬん》。

蜀山人《しょくさんじん》書中季鷹《すえたか》

　こゝも大人《ウシ》かしこも大人《ウシ》とうしだらけ
　　角つき合の江戸の歌人《うたびと》

又

　大人《ウシ》たちがおこり出しては恐《オトロ》しや
　もう〳〵こんな所《トコ》に居《おら》ぬこと

忠次《ただざね》の近侍《きんじ》

　いつ来ても夜ふけて四方《よも》の長ばなし
　　赤良《あから》さまには申されもせす

とありけるにぞ。流石《さすが》の蜀山《しょくさん》もこれは恐れ入《いっ》たと云《い》ひしとぞ。

蜀山《しょくさん》　題目をよめとある時

　どのやうななむ題目を出されても（南無難）
　　よむが妙法蓮花きやう歌師《かし》（狂経）

又　溺死人《できし》

南無阿弥陀《なむあみだ》。。ぶつと浮《うい》たり沈んだり

紅痕二次　紅い痕がある痰を二度出したの意か。

季鷹　加茂季鷹(一七五二〜一八四一)のこと。歌人。

忠次　酒井忠以(一七五六〜一七九〇)のこと。江戸時代の播磨姫路藩酒井家藩主。

いづこの人かみづ知らぬ人

又 木綿一朱と云《い》ふを高しとて

一朱とはあまりあこぎのうら木綿

網のやうだぞもつとひけ〳〵

蜀山《しょくさん》 赤城下《あかぎした》にて太田運八と云《い》へる武士の駕籠《かご》先をきりたりとていたく尤《とが》められたる時

やれまてといはれて顔も赤城下

とんだ所でおふた運八

又 道中にて袖炉《しゅうろ》の火をもらひて

入相《いりあい》にかねの火いれをつき出せば

いつこの里もひくるゝなり

又 雲助にせまられて八景《はっけい》を

乗せたからさきはあはづかただの駕

ひら石山やはせらしてみゐ

㋢゙大野光明寺《おおのこうみょうじ》在母上宛《あて》、ヨウジアリカエレ。㋫小林《こばやし》康什氏宛《あて》、病気来問《らいもん》の答辞。

後二時半、高木晃敬《たかぎこうきょう》氏来話《らいわ》。

昨日、安城館《あんじょうかん》の会合出席者三十余名、三河仏教同志会《みかわぶっきょうどうしかい》を組成せんか為《た》め、左の十名の委員(幹事を)を選定したり云々《うんぬん》。

赤城下　現、東・新宿区赤城下町のこと。

太田運八　不詳。

八景　近江八景のこと。

駕　駕籠の意か。

三河仏教同志会　三河地方の僧侶による仏教公認教問題に関する会。＊

姓名如左《ひだりのごとし》
星川《ほしかわ》制意、多田《ただ》慶竜、村上《むらかみ》流情、三浦徳英、伊勢《いせ》祖住、亀山《かめやま》誓鎧、清水良《しみずりょう》秀《しゅう》、島津祐乗、赤松慶永、占部現廖。
同志会《どうしかい》の成立は略東京《ほぼとうきょう》の仏教信徒同盟会《ぶっきょうしんとどうめいかい》と目的を同《おなじ》くするものなりと云々《うんぬん》。

二十二日(火) 十、九日 終日、雨
朝、曇《くもり》。風声驚濤《ふうせいきょうとう》。今暁、痰血を見ず。

・

蜀山《しょくさん》 名古屋《なごや》拝雲堂の禁酒をきゝて
すきならば随分酒も飲むがよし
のまで死んだる義朝《よしとも》もあり
拝雲堂 同上返
すきならば随分女郎《じょろう》も買ふがよし
かはで死んだる弁慶《べんけい》もあり、
蜀山《しょくさん》
くれ竹の世の人なみに松たてゝ
やぶれ障子をはるは来にけり

星川制意 現、愛・高浜市本郷町にある真宗大谷派専修坊住職。改革運動に賛同。当時、議制局賛衆。
多田慶竜 現、愛・蒲郡市五井町堂前にある真宗大谷派常円寺の僧。
村上流情 現、愛・宝飯郡御津町にある真宗大谷派入覚寺住職。当時、議制局賛衆。
三浦徳英 現、愛・岡崎市元能見町にある真宗大谷派浄専寺の僧。
伊勢祖住 現、愛・知立市新地町にある真宗大谷派称念寺の第二一代住職。
亀山誓鎧 現、愛・刈谷市一ツ木町本郷にある真宗大谷派法林寺の僧。
島津祐乗 不詳。
赤松慶永 不詳。
占部現廖 不詳。
仏教～盟会 不詳。
驚濤 さかまく大波のこと。
痰血 痰に混じる血の意か。
拝雲堂 揮雲堂のこと。
義朝 源義朝(一一二三～一一六〇)のこと。
弁慶 武蔵坊弁慶(?～一一八九)のこと。平安後期の僧。

山吹のはなかみばかり金入《かねいれ》に
みのひとつだになきぞかなしき
みそこしの底に溜《たま》りし大みそか
こすにこされずこされすにこす
世の人を糞《くそ》の如くに見下して
屁《へ》つぴり儒者と身はなりにけり
世の中の人には時の狂歌師《きょうかし》と
いはるゝ名こそをかしかりけれ

・

赤堀氏来診舎弟口病曰、是壊血病、往々属㆓遺伝㆒。然不足深恐者云々《うんぬん》。
同氏五十名家《ごじゅうめいか》語録《ごろく》携致、此書与蜀山人皆石川氏有也。
後一時、五十二度、此日《このひ》、寒矣《さむきかな》の声衆口《しゅうこう》に発す。
本日、二十七年昨今の日記を見るに、本月初中旬は在京都《きょうと》なりし也《なり》。
㋫無尽灯社《むじんとうしゃ》、昨日着、来月二、三日迄《まで》に続稿の寄送《きそう》を嘱《しょく》す。

二十三日(水)　十、十日
曇《くもり》、又雨。前八時、四十九度。

赤堀～恐者　「赤堀氏、舎弟の口の病を来診して曰く、是れ壊血病なり往々遺伝に属す。然るに深く恐るるに足らざる者」と訓むか。
五十～語録　平田勝馬編『五十名家語録』（鉄華書院）のこと。
携致　携えて届けるの意か。
此書～也。　「此の書と蜀山人とは皆な石川氏の有なり。」と訓むか。
五十二度　摂氏約一一度。
二十～昨今　明治二七年の一一月二二日ごろのこと。
初中旬　初旬と中旬のこと。
四十九度　摂氏約九、四度。

If any man imagines that there is a real happiness in these enjoyments (the pleasures of eating, drinking, & the other delights of sense), he must then confess that he would be the happiest of all men if he were to lead his life in perpetual hunger, thirst, & itching, and by consequence, in perpetual eating, drinking, & scratching himself.

Utopia 124.

人世《じんせい》の目的

人の多く誤る所は人生の目的に在り。多くは彼《か》の問題に入らずして、直ちに衣食の必要に着眼して、之《これ》を立論の基礎と為《な》さんとす。衣食固《もと》より必要なり。然《しか》れとも、是《こ》れ生命を維持せんが為《ため》なり。若《も》し人生の目的にして、生命の維持を要せさるの時は、是《こ》れ更に特別の思案を要するの時なるへし。然《しか》れとも、此《この》事亦《また》非常の件にあらず。吾人《ごじん》は寧《むし》ろ、生活の第一着歩《ちゃくほ》に此件《衣食と生活の関係》に対する解釈を為《な》ささる可《べ》からす。然《しか》るに、吾人《ごじん》生活の第一着歩《ちゃくほ》は、此《かく》の如き考究に適せさるの時なり。否、吾人《ごじん》は遥《はるか》に生活の道に進みたるの後にあらすば、此《この》件を思索する能《あた》はず。或《あるい》は全く此《この》問題を覚知《かくち》せずして通過するものあり。之《これ》を名《なづ》けて迷行と云《い》ふ。今の世の迷行に陥らさるもの、其幾何《それいくばく》かある。

If any ∽ himself. 英文和訳58。
Utopia. p. 124.

Utopia Thomas More (1478-1535)
"Utopia" のこと。

着歩 とりかかること。

迷行 迷って生きていくの意か。

エピクテート氏曰《いわ》く、衣食は外物《がいぶつ》なり、如意《にょい》なるものにあらす。不如意《ふにょい》なるものに対しては、吾人《ごじん》は苦悶《くもん》すへからずと。蓋《けだし》是《こ》れ苦悶《くもん》するも其詮《そのせん》なきことなり。若《も》し強《しい》て之《これ》を苦悶《くもん》せは、或《あるい》は天を怨《うら》むに至り、或《あるい》は富豪を尤《とが》むるに至り、或《あるい》は社会党、虚無党を生するに至るなり。是《こ》れ特に富豪家の留心《りゅうしん》すべき所なり。彼等《かれら》は寧《むし》ろ卒先《そっせん》して、生活は衣食の為《ため》にあらずして、衣服は全く生活の為《ため》なることを領知《りょうち》し、生活の目的に関して大ひに考究せさる可《べ》からさるなり。而《しか》して、彼等《かれら》は生活に忙敷《いそがしく》、衣食に忙敷《いそがしく》、金銭に忙敷《いそがしく》、到底彼《か》の問題に暇《いとま》なきなり。是《こ》れ哲学者の世に必要なる所以《ゆえん》なり。

二十四日(木)　十、十一日　本日、御内仏報恩講《おないぶつほうおんこう》。

晴《はれ》。無風、近日中の好天気なり。

蓮師御逮夜《れんしおたいや》　正信偈《しょうしんげ》三淘《みつゆり》　六首《ろくしゅ》　黒墨。

晩来群参《ばんらいぐんさん》。庭及《および》本堂の椽《えん》に充《み》つ。

正信偈《しょうしんげ》　三淘《みつゆり》　六首《ろくしゅ》　ミタ成仏　我説彼尊《がせぴそん》。

道服《どうぶく》　五条《ごじょう》。

御伝鈔《ごでんしょう》上一巻、舎弟拝読。

説教了哲、哲照《てっしょう》、了契、

エピ〜曰く　本書六八頁参照。

社会党　明治期における社会主義者に対する呼称のこと。

虚無党　ニヒリストのこと。

領知　実際に理解すること。

蓮師　蓮如(一四一五〜一四九九)のこと。本願寺第八世。

黒墨　黒衣、墨袈裟のこと。

晩来　夕方、日暮れのこと。

椽　縁側のこと。椽は縁の異体字。

ミタ成仏　親鸞の『浄土和讃』の文。

我説彼尊　竜樹(二世紀頃)の『十二礼』の文。回向文の一。

御伝鈔　覚如(一二七〇〜一三五一)の『本願寺聖人伝絵』のこと。＊儀

了哲　加藤了哲のことか。西方寺の役僧。改革運動に賛同。

哲照　斉藤哲照のこと。西方寺末寺の平等寺の人。

了契　不詳。

一午後七時始、十時終。

二十五日(金)　十、十二日■

晴《はれ》。蓮師《れんし》御命日、昃朝兼日中《にっちゅう》。

母上帰寺《きじ》、昨日、敏子《としこ》君、常床へ帰復《きふく》と云々《うんぬん》。

小山《おやま》氏父子《ふし》来泊。

御内仏《おないぶつ》。

昃朝　正信偈《しょうしんげ》　三淘《みつゆり》　和讃六首《わさんろくしゅ》　世尊我一心《せそんがいっしん》
南无阿弥陀仏の回向の

黒五。

日中《にっちゅう》　引続《ひきつづ》き　文類《もんるい》　三淘《みつゆり》　和讃《わさん》三
三朝浄土の　願以此功徳

道服《どうふく》　五条《ごじょう》。

伏見屋村《ふしみやむら》実言子来寺《しらいじ》、訪病《ほうびょう》。御逮夜《おたいや》、黒五　行正信偈《しょうしんげ》　念五　讃三。

二十六日(土)　十、十三日■

曇《くもり》。習成《しゅうせい》招話、嘱二野寺一件照合一。午後、強風雨。

■　不詳。
昃朝　晨朝のこと。卯の刻(午前六時頃)に行う勤行のこと。
兼日中　日中を兼ねること。
常床へ帰復　普段寝ていた場所へもどる意か。
小山氏父子　本証寺の小山巌秀(?～一九二二)と小山現誓(?～一九四三)のこと。
南无～向の　親鸞の『正像末和讃』の文。
世尊我一心　世親(四、五世紀頃)の『浄土論』の文。回向文の一。
黒五　黒衣、五条袈裟のこと。＊儀
文類　親鸞の『浄土文類聚鈔』に出る「念仏正信偈」のこと。＊儀
三朝浄土の　親鸞の『正像末和讃』の文。
願以此功徳　善導(六一三～六八一)の『観経疏』の文。回向文の一。
伏見～実言　伏見屋村(碧南市旭地区の地名)在住の大楠実言のことか。
訪病　病気を見舞うこと。
行　行四句目下のこと。＊儀
念五　念仏を五淘で勤めること。
讃三　『和讃』を三淘で勤めることか。もしくは、『和讃』を三首勤めることか。
招話　招いて話をするの意か。

二十七日(日)　十、十四日

晴《はれ》。小山《おやま》氏辞去。

二十八日(月)　十、十五日

晴《はれ》、風寒《ふうかん》。名古屋《なごや》最高五二、二。最低三十八度七。㋫中野忠八《なかのちゅうはち》氏宛《あて》、乳味糗注文。

安心決定鈔云《あんじんけつじょうしょうにいわく》。朝な〳〵仏と共に起き夕な〳〵仏と共に伏す。

仏とは何ぞや。

臨済録云《りんざいろくにいわく》。有二一無為真人一。二六時中自二爾面門一出入。

無為真人何者乎

仏を恥《はずかし》めず、不レ忘二真人一者は独尊子《どくそんし》也《なり》。

独尊子者。住二無畏一安二不動一者也。

故に彼《か》の衆を怖《おそ》れ、外物《がいぶつ》に惑《まど》はさるゝものは独尊子《どくそんし》たる能《あた》はさるものなり。

彼《か》の怖惑《ふわく》は蓋《けだ》し自家の仏陀真人を忘失《ぼうしつ》するに起因するものなり。

独尊子《どくそんし》は独立自在の分を守るものなり。是《こ》れ常其に尊貴を失はす、威厳を損せさる所以《ゆえん》なり。亦能《またよ》く常其に安泰を持し、自適を得る所以《ゆえん》なり。(独尊子《どくそんし》を誤りて自力仏性家《ぶっしょうけ》となす勿《なか》れ。彼は蓋《けだ》し、他力摂取の光明に浴しつゝあるものなり。

嘱野～照合　「野寺一件の照合を嘱す」と訓むか。

五二、二　摂氏約一一、二度。

三十八度七　摂氏約三、七度。

安心決定鈔　著者不明『安心決定鈔』のこと。＊

朝な～す。『安心決定鈔』の一節。

＊

臨済録　中国唐末の禅僧、臨済義玄（？～八六六）の語録のこと。＊

有一～入。「一無為の真人有り。二六時中、爾〔なんじ〕の面門より出入す。」と訓むか。＊

無為～者乎　「無為真人とは何者か」と訓むか。

不忘真人者　「真人を忘れざる者」と訓むか。

独尊～也。「独尊子は、無畏に住し不動に安んずる者なり。」と訓むか。

怖惑　大衆を怖れ、外物に惑うこと。

常其に　「常に其の」の意か。

二十九日(火)　十、十六日(■)

晴《はれ》、無風好天気。昃朝前発、父上亀崎行《かめざきゆき》、日取也《ひどりなり》。

前七時、四十五度、急寒。

㋫清川《きよかわ》氏、昨日着、養病注告《ちゅうこく》、且つ曰《いわ》く、火燵《こたつ》よりは湯たんぽを可とす云々《うんぬん》。

㋫月見《つきみ》氏宛《あて》、清川《きよかわ》氏書転送。且つ放念工夫の事を陳す。

○小山《おやま》氏来泊《らいはく》。

三十日(水)　十、十七日

雨。前七時、四十六度。前、無尽灯続稿起艸《むじんとうぞっこうきそう》。佐藤政蔵《さとうせいぞう》氏来話《らいわ》。

日取　在家報恩講のこと。＊儀

四十五度　摂氏約七、二度。

注告　心をこめて教えさとすこと。

四十六度　摂氏約七、八度。

無尽灯続稿　満之の論稿「仏教の効果は消極的なるか」(『無尽灯』連載)のこと。

十二月一日(木)　十、十八日

曇《くもり》。父上岡崎別院《おかざきべついん》へ出詣。山佐屋仏事参勤《ぶつじさんきん》、三経及《および》上下巻読了後舎弟来代。

夜十一時、父上帰寺《きじ》。明日出詣を命ず。蓋《けだ》し親命の内意による。

二日(金)　十、十九日

曇《くもり》、又雨。㋢占部観順《うらべかんじゅん》氏「ワシモユクキミモユケ」。

前九時半発、原を連れ、半田《はんだ》、大府《おおぶ》を経て岡崎《おかざき》に行く。

後三時半、丸藤旅舎へ着し、直《ただち》に別院《べついん》に飛車す。時に後四時、住職及坊守《およびぼうもり》に対する御親教《ごしんきょう》の将《まさ》に始《はじま》らんとする所なり。御親教及後藤祐護《ごしんきょうおよびごとうゆうご》、石川舜台《いしかわしゅんたい》二氏の演説を聞きたる後、既に点灯に及ひたれとも、一寸石川参務《いしかわさんむ》に面会したるに、新法主《しんほっす》には直《ただち》に御対話あらせらるべしとのことにて、引続《ひきつづ》き内殿《ないでん》へ参上拝謁す。御親話の大要に曰《いわ》く。

今回は当所へ来ることゝなりたるに付《つき》、面会したく思ひ居たるに、病中を務めて来参と聞く。大《おおい》に喜ぶ所なり。就《つい》ては、先《ま》つ今度、京都《きょうと》御跡より御委嘱の事を伝ふ伝ふべし。御門跡《ごもんぜき》の御委嘱に、今回参河《みかわ》に行けば必ず満《まん》之《し》にも遇《あ》ふなるべし。然《しか》るときは、前年は本山を思ふの精神より事を起《おこ》したるに、其《それ》に対し終《つい》に処分に及びたるは一時止《や》むを得ざる事情によりたる

岡崎別院　現、愛・岡崎市中町野添にある真宗大谷派三河別院のこと。
山佐屋　屋号か。西方寺門徒か。
上下巻　『無量寿経』上下巻。
来代　来て代わるの意か。
出詣　出かけていって、お目にかかるの意か。
親命　宗主の命令。ここでは大谷光演(新法主)の命令の意か。
占部観順　一八二四～一九一〇。満之の知人。当時、「たのむたすけたまへ」について信順説を主張。異安心の疑いで取り調べを受けていた。＊
丸藤旅舎　不詳。
飛車　車を飛ばすの意か。
御親教　宗主が信徒に対して直接に教化すること。ここでは新法主による教化。
後藤祐護　一八三七～一九〇五。現、兵・姫路市船津町にある真宗大谷派西勝寺の住職。改革運動に参同。当時、新法主の随行者。＊
石川舜台　一八四二～一九三一。当時、真宗大谷派の主席参務。＊
御親話　新法主の話しの意か。
来参　面会に来るの意か。
御跡　御門跡のこと。真宗大谷派本願寺第二二世大谷光瑩のこと。法名現如。＊

事なれとも、今は其等《それら》の事情もなく、皆の精神の所も充分に明瞭《めいりょう》になりたるに就《つい》ては、何時迄《いつまで》も打棄置《うちすててお》くへきにあらず。特に内外の景勢《けいせい》上、仏教徒の大ひに奮発すへき時節なれは、近々《きんきん》六名の教師堂班《きょうしどうはん》等の資格を復旧すへきゆへ、其《その》事を通し度《たく》、其上《そのうえ》は本山へ対して、決して他意を挟まず、一層奮励を希望することである。稲葉《いなば》、今川《いまがわ》の如き、外部にあるも止《や》むを得さる都合なれとも、遺憾に思ふことゆへ、此等《これら》も都合の出来次第、帰りて山《さん》内《ない》の学事《がくじ》に従事する様《よう》希望する所なり。宜布《よろしく》右の次第を了知《りょうち》する様《よう》皆へ通し呉《く》れたしとの事、尚《なお》右の趣宜布了知《よろしくりょうち》ありたく小生よりも頼み入る丶こと、又《また》小生も卒先《そっせん》して教学の事に尽したく思へとも、何分短才《たんさい》の事ゆへ、皆の賛助を望まさるを得ず。此《これ》も宜布了知《よろしくりょうち》し呉《くれ》られたし云々《うんぬん》。又《また》病気には精々注意を怠らさる様にすへし云々《うんぬん》。

右拝謁後直《ただち》に雨中を飛車《ひしゃ》し、丸藤に還《かえ》り泊す、就眠《しゅうみん》前、伊勢《いせ》祖住、亀山《かめやま》誓鎧、本田円教及《および》某《なにがし》四氏来話《らいわ》。

三日(土)　十、二十日■

雨、漸晴《ぜんせい》。前七時、丸藤を発し、羽根停車場《はねていしゃじょう》前清風軒《せいふうけん》に飛車し、休憩、暫《しばら》くして新法主《しんほっす》御一行鍵屋へ来車《らいしゃ》、休憩、九時十八分発東行《とうこう》列車を待たる。御乗車

打棄　打ち捨てるに同じ。
景勢　形勢に同じ。
六名　清沢満之、稲葉昌丸、井上豊忠、今川覚神、清川円誠、月見覚了の六名のこと。
教師　真宗大谷派が補任する僧職の一つ。明治一七年の太政官布達による名称。
堂班　真宗大谷派における資格の一つ。本山の御堂に出仕するときの着席の班次。
山内　真宗大谷派のこと。
本田円教　本多円教のことか。現、碧南市築山町にある真宗大谷派本伝寺の人。
羽根停車場　現、愛・岡崎市羽根町にある岡崎駅のこと。
清風軒　現、愛・岡崎市羽根町にある旅館のこと。
鍵屋　不詳。

御出発を拝送《はいそう》し、十一時二十八分発西行《せいこう》列車を待ち、大府《おおぶ》、半田《はんだ》を経て帰寺《きじ》す。占部《うらべ》老師は余に後れて別院に着し、御親教及後藤《ごしんきょうおよびごとう》氏の演説を聞きたるのみにて還返《かんぺん》の趣、本日拝送《はいそう》後、占部公順《うらべこうじゅん》氏より通話。（事情整はず、拝謁も許されざりし由。）

㋫稲葉昌丸《いなばまさまる》氏。上野広宣氏来寺《らいじ》説教す。

四日（日）　十、二十一日

晴《はれ》。舎弟京都行《きょうとゆき》の為《ため》出発す、胃病療養の為《ため》、外遊するなり。

㋫稲葉《いなば》（今川《いまがわ》）氏宛《あて》、伝命。

㋫月見《つきみ》（清川《きよかわ》）氏宛《あて》、同前。

㋫井上《いのうえ》豊忠《ぶんちゅう》氏宛《あて》、同前。

㋫無尽灯社《むじんとうしゃ》宛《あて》、続稿送出《ぞっこうそうしゅつ》。

水野右膳《みずのうぜん》氏来話《らいわ》。

「日本」新聞

なきなぞと口には云《い》ふて
止《やみ》なまし
心にとはゞ何と答へむ

五日（月）　十、二十二日　夜至暁雨。

晴《はれ》。赤堀《あかほり》氏来話《らいわ》。

㋫艸間仁応《くさまにんのう》氏、生寺に後嗣《あとつぎ》を入れて、妹女に配し、自《みずから》は新発田町長徳寺《しばたちょうちょうとくじ》に入ることと決し

西行　西方に行くこと。

後藤　後藤祐護（一八三七〜一九〇五）のこと。現、兵・姫路市船津町にある真宗大谷派西勝寺の住職。改革運動に賛同。当時、新法主の随行者。＊

還返　たちかえること。

稲葉昌丸　一八六五〜一九四四。満之の友人。改革運動を主唱。＊

上野広宣　現、北海道松前郡松前町江良にある真宗大谷派西教寺の僧か。

伝命　ここでは法主の命令を伝えること。

「日本」新聞　明治二二年に、陸羯南により発刊された国粋主義を代表する新聞。

なき〜へむ　不詳。

夜至暁雨　「夜より暁に至るまで雨」と訓むか。

艸間仁応　草間仁応（?〜一九四三）のこと。満之の友人。改革運動に賛同。＊

生寺　生まれた寺の意か。

妹女　不詳。

新発〜徳寺　現、新・新発田市大栄町にある真宗大谷派長徳寺のこと。

たるを報ず。

六日(火)　十、二十三日

晴《はれ》。前七時、五十四度、昨亦同《また》。二階書籍類整頓《せいとん》の為《ため》前半日消《しょうす》。後一時半、石八氏を訪《とぶら》ひ、岡崎《おかざき》の大要を話す。昨今は、昨年臥病《がびょう》の始《はじめ》なり。㋫舎弟、加賀《かが》に行くの報。

七日(水)　十、二十四日

晴《はれ》。前七時、五十度、少寒。下、某家《なにがし》、年忌仏事参勤《さんきん》。

偶《ぐう》 感《かん》
よき事《こと》は面白からでみな人の
このむところはあく事《じ》なりけり
勝負ごと人のうはさや色や酒
朝寐《あさね》やけんくわ詐欺《うそ》や陰謀《かたりや》

八日(木)　十、二十五日

晴《はれ》、風。〇下、某家《なにがし》、年忌仏事参勤《さんきん》。㋫村上専精《むらかみせんしょう》氏、碧南婦人会へ出演日限に付《つき》。〇伏見屋村《ふしみやむら》、鈴木《すずき》要造の招致により、神有村《かみありむら》花火往観。

五十四度　摂氏約一二、二度。
前半日　一日の前半の意か。
五十度　摂氏一〇度。
下　下之切の略。現、碧南市大浜地区南部のこと。
朝寐　朝寝に同じ。
神有村　現、碧南市旭地区にあった村名のこと。
往観　往って観るの意か。

○夜、腹痛、食傷なり。昨日、刈谷《かりや》加藤新右衛門、黒田岩吉二氏来話《らいわ》。

九日(金)　十、二十六日

晴《はれ》。○腹痛不治。小山《おやま》氏来泊。
○前、西山村《にしやまむら》小笠原市右衛門葬式参勤《さんきん》。帰後就臥
○後、赤堀《あかほり》氏に受診、比麻斯油《ひましゆ》投与。
○夜、水瀉《すいしゃ》的便通六回。

十日(土)　十、二十七日

晴。㋫大日本仏教青年会《だいにほんぶっきょうせいねんかい》、仏教徒国民同盟会《ぶっきょうとこくみんどうめいかい》の件に付《つき》。
㋫村上専精《むらかみせんしょう》氏宛《あて》、碧南婦人会演説日限に付《つき》。
㋫舎弟宛《あて》。鈴木鍵次郎来問《らいもん》。終日平臥

十一日(日)　十、二十八日　終日在臥

晴《はれ》。小山《おやま》氏辞去。母上千代子《ちよこ》を連れ、大野行《おおのゆき》。
㋫本願寺々務所《ほんがんじじむしょ》、書留便。
温度 昨今四十五度前後　学師教師《がくしきょうし》(大助教《だいじょきょう》)辞令書、及達書《およびたっしょ》(文曰《いわく》「其許《そこもと》儀今般特

加藤～衛門　現、愛・刈谷市の豪商のことか。真宗大谷派両堂再建事業の関係者。
黒田岩吉　不詳。
西山村　現、碧南市旭地区内の西山のこと。
小笠～衛門　不詳。西方寺門徒か。
就臥　からだを横にするの意か。
比麻斯油　ひまし油のこと。
大日～年会　明治二五年、寺田福寿を中心に東京帝国大学、哲学館等の学生で結成された会。＊
仏教～盟会　仏教各宗信徒で組織された会。『政教時報』を刊行。＊
鈴木鍵次郎　伏見屋(碧南市新川地区内の地名)の人。
千代子　清沢ちよ(一八七九～?)のこと。満之の妻やすの妹。＊
四十五度　摂氏約七、二度。
大助教　真宗大谷派の僧職(教師)の一三階級(大賛教・中賛教・少賛教・大助教・中助教・少助教を各正権に分かち、最下に准助教をおく)のうちの一つ。
達書　命令を伝える書状のこと。
其許　其処許のこと。

典を以学師《もってがくし》の称号を授与し教師《きょうし》に補し堂班《どうはん》を復旧せらる」）在中。
除名とけ学師《がくし》と共に大助教《だいじょきょう》
これでやうやくもとの杢阿弥《もくあみ》

十二日（月）　十、二十九日　後六時至十一時離褥

晴《はれ》。㋫月見《つきみ》氏、十日夕、本山より学師《がくし》の称号を授けられ、堂班《どうはん》を復せらるの通牒《つうちょう》云々《うんぬん》。独り至尊《しそん》をして社稷《しゃしょく》を云々《うんぬん》。

曇《くもり》、三時後　雨。㋫今川《いまがわ》氏、石翁か如何《いか》に底気味《そこきみ》悪く云々《うんぬん》。
㋫清川《きよかわ》氏、石川《いしかわ》の狸《たぬき》か如何《いか》に化けんとするも云々《うんぬん》。

夜、組内《そない》集会、出席者、等正寺《とうしょうじ》、蓮成寺《れんじょうじ》、本伝寺《ほんでんじ》、光輪寺《こうりんじ》、安泉寺《あんせんじ》、等覚坊《とうかくぼう》、精界寺《せいかいじ》、平等寺《びょうどうじ》、西方寺《さいほうじ》の九ヶ寺なりき。

十三日（火）　十一月、朔日《ついたち》　夜来雨。本日離床

雨、漸晴《ぜんせい》又雨。㋫清川《きよかわ》氏宛《あて》、月見《つきみ》氏来書逓送《らいしょていそう》、及寸楮《およびすんちょ》（東上時来過待在云々《うんぬん》）。

去年本月四日晩来就臥至十三日離褥。病様不同なれとも離褥日を同《おなじ》うす、一奇と謂《い》ふべし。

杢阿弥　木阿弥に同じ。
後六～離褥　「後六時より十一時に至るまで褥〔しとね〕を離る」と訓むか。
石翁　石川舜台（一八四二～一九三一）。当時、真宗大谷派主席参務。
組内　現、真宗大谷派岡崎教区第一四組に属する寺院のこと。以下、九ヶ寺は真宗大谷派の寺院。
等正寺　現、碧南市平七町の同派東正寺のこと。
蓮成寺　同・鷲林町の同派寺院。
本伝寺　同・築山町の同派寺院。
光輪寺　同・棚尾本町の同派寺院。
安泉寺　同・棚尾本町の同派安専寺のこと。
等覚坊　同・荒子町の同派等覚寺のこと。
精界寺　同・住吉町の同派寺院。
平等寺　同・前浜町の同派寺院。
西方寺　同・浜寺町の同派寺院。満之の自坊。
東上～待在　「東上の時よりこのかた過ごし、待ちて在り」と訓むか。
去年～離褥　「去年本月四日晩よりこのかた就臥し、十三日に至りて褥〔しとね〕を離る」と訓むか。
病様　病のあり方の意か。
一奇　一つのめずらしいことの意か。

十四日(水)　十一、二日

晴《はれ》、風寒《ふうかん》。四十四度至四十八度。

㋫藤堂融《とうどうとおる》氏、大審院撿事正《だいしんいんけんじせい》より名古屋控訴院撿事長《なごやこうそいんけんじちょう》に転任の報。

〇同、各国公認教要略《かっこくこうにんきょうようりゃく》寄贈。

夜、東正寺《とうしょうじ》に於《お》いて、組内《そない》集会、精界寺《せいかいじ》を除くの外、皆出席、碧南仏教会規約議定《ぎてい》。

十五日(木)　十一、三日

晴《はれ》、暮時《くれどき》雨。下之切《しものきり》与平旧里《きゅうり》、年回《ねんかい》仏事参勤《さんきん》。

後、佐藤政蔵《さとうせいぞう》氏、高木晃敬《たかぎこうきょう》氏、茂七及《および》絹川屋《きぬがわや》主人順次来話《らいわ》。

㋫星川《ほしかわ》氏、議制局《ぎせいきょく》開会等概況を報し、三河《みかわ》全国寺院の団結必要を説く。

十六日(金)　十一、四日　㋫村上《むらかみ》氏、日限再照《さいしょう》。

晴《はれ》、風颯《さつ》寒。久沓《くぐつ》亀蔦市十仏事参勤《さんきん》。上野広宣老人、鶴崎西光寺《つるがさきさいこうじ》に転す。

後、加藤千代吉氏来話《らいわ》、刈谷町字正木町《かりやちょうあざまさきちょう》(小間物業)安心談《あんじんだん》を聞かんとて来《きた》れるなり。

十七日(土)　十一、五日

晴《はれ》。㋫村上《むらかみ》氏宛《あて》、一月一日来錫を乞《こ》ふ旨を返報す。

四十～八度　「四十四度より四十八度に至る」と訓むか。摂氏約六、七度～摂氏約八、九度。

撿事正　検事正のこと。

撿事長　検事長のこと。

各国～要略　葦原林元著『各国公認教要略』(明治三一年一一月)のこと。

東正寺　現、碧南市平七町にある真宗大谷派の寺院のこと。

碧南仏教会　不詳。

下之切与平　現、碧南市大浜地区南部在住の西方寺門徒。

絹川屋主人　鈴木与右衛門(?～一九二五)のこと。西方寺の大世話方。絹川屋は旅館の屋号。

星川　星川制意。現、愛・高浜市本郷町にある真宗大谷派専修坊住職。改革運動に賛同。当時、議制局賛衆。

議制局　真宗大谷派の議会のこと。

颯　風がさっと吹くさまのこと。

久沓～市十　久沓(現、碧南市新川地区内の地名)在住の西方寺門徒。

鶴崎西光寺　鶴ケ崎(現、碧南市新川地区内の地名)にある真宗大谷派の寺院のこと。西方寺の分家。

加藤千代吉　不詳。

刈谷～木町　現、愛・刈谷市の地名か。

女人講《にょにんこう》仏事。初瀬《はつせ》庄作仏事参勤《さんきん》。

占部傑《うらべたかし》氏来話《らいわ》、二諦教報《にたいきょうほう》へ寄書《きしょ》を(来《きたる》 廿五《にじゅう》日迄《まで》に)委嘱す。

㋫井上《いのうえ》　豊忠《ぶんちゅう》　氏、復旧一条《いちじょう》に付き。

十八日(日)　十一、六日

晴《はれ》。中安《なかやす》仏事、三経。杉浦幸作《すぎうらこうさく》仏事、報恩講及《ほうおんこうおよび》御祥月　参勤《さんきん》。

㋫在加賀《かが》舎弟、金沢《かなざわ》には美味口に適するものあり云々《うんぬん》。

十九日(月)　十一、七日

晴《はれ》。町内下高畑《たかはた》　某《なにがし》仏事、三経。海徳寺《かいとくじ》裏某《なにがし》、葬式。田尻《たじり》、日取《ひどり》　参勤《さんきん》。

佐藤政蔵《さとうせいぞう》、伊藤満作二氏来話《らいわ》、加寿《かず》貰受希望の義に付《つき》。

佐藤庄蔵《さとうしょうぞう》氏に立寄《たちよ》り、岡崎《復職》、名古屋《浄念寺》事件等談話。

二十日(火)　十一、八日

曇《くもり》。千福《せんぶく》日取《ひどり》、父上参勤《さんきん》。久沓《くぐつ》　某《なにがし》仏事、三経二座　参勤《さんきん》。

女人講　ここでは真宗門徒の女性によって構成された集まりの意か。

初瀬庄作　西方寺門徒。

占部傑　?～一九三六。占部観順の孫。

中安　中安は屋号。姓は磯貝。西方寺門前の豪農・薬種商。西方寺門徒。

杉浦幸作　明治二九年～三〇年、大浜町長を務めた。西方寺門徒。

町内下高畑　大浜町下之切の高畑(現、碧南市大浜地区南部にある地名)のこと。

海徳寺裏某　海徳寺(現、碧南市音羽町)は浄土宗の寺院。ここでは、海徳寺の裏に住む某の意。

田尻　現、碧南市新川地区内の地名のこと。ここでは田尻に住む西方寺門徒の家々のことを指す。

伊藤満作　不詳。

加寿　清沢かづ(一八七三～一九四六)のこと。満之の妻やすの妹。＊

佐藤庄蔵　東本願寺両堂再建志貴野製瓦場の瓦棟梁。＊

浄念寺　現、名古屋市中区丸の内にある真宗大谷派の寺院のこと。＊

千福　現、碧南市新川地区内の千福に住む西方寺門徒の家々。

二座　法事を二回勤めること。

浜家太七　浜家(現、碧南市大浜中

二十一日(水)　十一、九日
晴《はれ》。浜家《はまけ》太七仏事参勤《さんきん》。㋫月見《つきみ》氏。㋫清川《きよかわ》氏宛《あて》、復職受否云々《うんぬん》、月見《つきみ》氏書転致《てんち》等。
西山《にしやま》日取《ひどり》参勤《さんきん》、池源《いけげん》。

二十二日(木)　十一、十日
曇《くもり》、初雪。天王《てんのう》弥曾右衛門、乙羽《おとは》七兵衛仏事参勤《さんきん》。

二十三日(金)　十一、十一日
晴《はれ》。三十四度氷結。東松江《ひがしまつえ》、村松《むらまつ》さく仏事、略三、二座。及《および》日取《ひどり》四軒参勤《さんきん》。
㋫舎弟宛《あて》、三十日頃帰浜希望之《の》旨通信、㋫吉田賢竜《よしだけんりょう》氏、写真一葉添《そう》。

二十四日(土)　十一、十二日
晴《はれ》。棚尾《たなお》中道《なかみち》某《なにがし》仏事、三経。橋甚仏事、大上、小三。赤土《あかど》清六、葬式参勤《さんきん》。
㋫清川《きよかわ》氏、前便の返。月末来訪云々《うんぬん》。㋓学士会《がくしかい》名簿。

二十五日(日)　十一、十三日
晴《はれ》。㋫占部傑《うらべたかし》氏宛《あて》、二諦教報《にたいきょうほう》原稿。生死巌頭《しょうじがんとう》。

区内の地名)在住の西方寺門徒。
受否　受けるか否かの意か。
転致　中継ぎを通してとどけること。
西山　現、碧南市新川地区内の西山に住む西方寺門徒の家々。
池源　現、碧南市新川地区在住の名士藤井氏の屋号。西方寺門徒。
天王～衛門　天王(現、碧南市新川地区内の地名)在住の西方寺門徒。
乙羽七兵衛　現、碧南市大浜地区内の音羽在住の西方寺門徒。
三十四度　摂氏約一、一度。
東松江　現、碧南市新川地区内の東松江に住む西方寺門徒の家々。
村松さく　西方寺門徒。
略三　浄土三部経を略式で読誦するの意か。
帰浜　大浜に帰るの意か。
中道某　中道(現、碧南市棚尾地区内の地名)在住の西方寺門徒。
橋甚　西方寺門徒。橋甚は屋号か。
大上　『無量寿経』上巻を読誦。
小三　『阿弥陀経』を三度読誦。
赤土清六　赤土(現、碧南市大浜地区内の地名)在住の西方寺門徒。
学士会名簿　東京帝国大学出身者による学士会の名簿のこと。＊
生死巌頭　満之の論稿。『全集(岩波)』第六巻所収。

西松江《にしまつえ》日取《ひどり》 参勤《さんきん》。四軒（両半《りょうはん》、福庄、山庄《やましょう》、及《および》宿）。

二十六日（月） 十一、十四日

曇《くもり》。荒子《あらこ》村某《なにがし》仏事、三経。辻《つじ》日取《ひどり》 参勤《さんきん》。㋫舎弟、当分不能帰云々《うんぬん》。
㋫清川《きよかわ》氏、月見《つきみ》出書「珍妙なる辺《あたり》より云々《うんぬん》。」
㋫月見《つきみ》氏宛《あて》、清川《きよかわ》兄意見を可とす云々《うんぬん》。

二十七日（火） 十一、十五日

雨。払暁《ふつぎょう》喀痰《かくたん》帯血。棚尾《たなお》茂七方仏事。照光寺報恩講《しょうこうじほうおんこう》、結願日中《けちがんにっちゅう》 参勤《さんきん》。

二十八日（水） 十一、十六日

晴《はれ》。鶴ケ崎《つるがさき》重兵衛《じゅうべえ》仏事、三経二座。及《および》西光寺報恩講《さいこうじほうおんこう》、結願日中《けちがんにっちゅう》 参勤《さんきん》。

二十九日（木） 十一、十七日

晴《はれ》。鶴ケ崎《つるがさき》岡本勝三郎仏事、観経　三経 御正当《ごしょうとう》連師四百回忌、及《および》年回。赤土《あかど》関右衛門仏事、三経一座 参勤《さんきん》。

西松江 現、碧南市新川地区内西松江に住む西方寺門徒の家々。
両半 両半は屋号。佐藤半一郎のことか。西方寺門徒。＊
福庄 西方寺門徒。福庄は屋号か。
山庄 山庄は屋号。名士佐藤一族のこと。西方寺門徒。
宿 日取の年度当番の家のこと。
荒子村 現、碧南市旭地区内にあった村名のこと。
辻 現、碧南市新川地区内の辻に住む西方寺門徒の家々。
当分不能帰 「当分帰ることあたわず」と訓むか。
月見出書 月見覚了からの手紙に出るの意か。
喀痰帯血 咳とともに吐き出した痰に血を含んでいるの意か。
照光寺 現、碧南市天神町にある真宗大谷派の寺院のこと。
鶴ヶ～兵衛 鶴ヶ崎（現、碧南市新川地区内の地名）在住の西方寺門徒。
西光寺 現、碧南市浅間町にある真宗大谷派の寺院。西方寺の分家。
鶴ヶ～三郎 鶴ヶ崎（現、碧南市新川地区内の地名）在住の西方寺門徒。
観経 『観無量寿経』を読誦。
連師 蓮如（一四一五～一四九九）のこと。本願寺第八世。

㊇村上専精《むらかみせんしょう》氏宛《あて》、来会《らいかい》日刻照問《しょうもん》。
㊇清川《きよかわ》氏宛《あて》、右同断《どうだん》。
（以上二件）朝
㊇村上《むらかみ》氏宛《あて》、三十一日中来着《らいちゃく》希望云々《うんぬん》。——夜

三十日(金)　十一、十八日
晴《はれ》。前、船渠主《せんきょしゅ》万利氏仏事、報恩講《ほうおんこう》、上人忌《しょうにんき》。下由助仏事、年回《ねんかい》参勤《さんきん》。

三十一日(土)　十一、十九日　前七時、四十度
晴《はれ》。中赤土《あかど》仲間講《なかまこう》仏事、年回《ねんかい》参勤《さんきん》。

赤土～衛門　赤土(現、碧南市大浜地区の地名)在住の西方寺門徒、鈴木関右衛門のこと。
日刻　日時の意か。
船渠主万利　船大工の万利氏のことか。
上人忌　蓮如上人四〇〇回忌のこと。
下由助　下之切(現、碧南市大浜地区南部)在住の西方寺門徒。
四十度　摂氏約四、四度。
中赤土　中之切(現、碧南市大浜中区)の地名赤土のこと。
仲間講　同年代または同一目的の仲間による講のこと。

明治卅二《さんじゅう》己亥《きがい》年一月

一日(日)　十一、二十日

晴《はれ》。晨朝《じんちょう》勤行、漢音小経《かんのんしょうきょう》 登高座《とうこうざ》 調声《ちょうしょう》 正信偈《しょうしんげ》 六首引《ろくしゅびき》 如例唯緩誦　祠堂小経《しどうしょうきょう》 無之《これなし》。

荘厳《しょうごん》

中尊前《ちゅうそんぜん》 双蠟燭《ろうそく》。金灯籠《きんとうろう》。御鏡《おかがみ》餅三つ重ね一双。

祖師前　双蠟燭《ろうそく》。金灯籠《きんとうろう》。御鏡《おかがみ》餅三つ重ね一双。

御代前　片蠟燭《ろうそく》。御鏡《おかがみ》餅一双。

両余間　片蠟燭《ろうそく》。御鏡《おかがみ》餅総供二つ重ね一双。或《あるい》は南間には歴代前《れきだいぜん》各一箇宛《いっこずつ》。

開基前《かいきぜん》 片灯燭。餅二つ重ね一台。

年賀名刺配送、石八。千賀。赤堀《あかほり》。三島。都築。酒井。町長。分署長。郵便局長。古居。金八。片山《かたやま》庄蔵。竹四郎。稲吉。両佐藤。岡文。所助。永坂茂三郎。妙福寺《みょうふくじ》。安。片山《かたやま》富太郎。光。本。清。称。海。林。法。常。諸寺院◎

本日、村上専精《むらかみせんしょう》氏碧南婦人会へ演説の為《ため》出席し付《つき》、古居氏の宿に往訪《おうほう》し、終《つい》に一泊す。(午前中、下之切《しものきり》、某《なにがし》仏事　三経一座　参勤《さんきん》。

二日(月)　十一、廿一《にじゅう》日　本日、報恩講初逮夜《ほうおんこうしょたいや》、素絹《そけん》 五条《ごじょう》。

晴《はれ》。前九時、古居氏より帰寺《きじ》。宗三郎、門前湯屋　仏事、六首引及《ろくしゅびきおよび》大上一巻読誦。

明治　「明」の前に二丁の空白あり。

漢音小経　『阿弥陀経』を漢音で読誦すること。

登高座　法要の作法の一つ。＊儀

六首引　和讃六首を頌すること。

如例唯緩誦　「例の如く唯だ緩く誦するのみ」と訓むか。

荘厳　修正会と報恩講における西方寺本堂の荘厳のこと。＊儀

年賀〜配送　「石八」から「諸寺院」までは年賀名刺配送記録。＊

出席し　「出席に」の意か。

素絹　素絹製の法衣のこと。＊儀

宗三郎　西方寺門徒か。

門前湯屋　不詳。

午後、村上氏《むらかみ》、清川氏《きよかわ》来訪、共に一泊。

三日(火)　十一、廿《にじゅう》二日

晴《はれ》。晨朝《じんちょう》、道服《どうふく》五条《ごじょう》。日中《にっちゅう》、素絹《そけん》五条《ごじょう》差貫《さしぬき》、式文《しきもん》歎徳文《たんどくもん》、式間念仏《しきあいねんぶつ》附伽陀《かだ》五章。逮夜《たいや》、素絹《そけん》五条《ごじょう》。(但晨朝《ただしじんちょう》に余は臥養の為《ため》欠仕。)

前九時発、村上氏《むらかみ》辞去。

逮夜後《たいや》、下之切某《しものきりなにがし》仏事、三経一座及《および》上巻小経《しょうきょう》。(父上、三経三座。)

四日(水)　十一、廿《にじゅう》三日

晴《はれ》。晨朝《じんちょう》、道五(欠仕)。日中《にっちゅう》、素五　式文《しきもん》　式間念仏《しきあいねんぶつ》無カダ四章。逮夜《たいや》、素五。西光《さいこう》寺《じ》、照光寺《しょうこうじ》参詣《さんけい》。

前九時発、清川氏《きよかわ》北行《ほっこう》之為《のため》辞去。

後四時、舎弟帰来《きらい》、意外。好調。

夜、年賀箋《せん》、文、恭賀新正《きょうがしんせい》。九十葉認発。

五日(木)　十一、二十四日　中逮夜《ちゅうたいや》

晴《はれ》、風寒《ふうかん》。後四時、四十五度。本日、斬髪《ざんぱつ》。

差貫　法衣の一種である袴。素絹の下に着用する。＊儀

式文　覚如(一二七〇～一三五一)の『報恩講私記』を読むこと。＊儀

歎徳文　存覚(一二九〇～一三七三)の『歎徳文』を読むこと。＊儀

式間念仏　報恩講の式文を読む時、一段ごとに挟んで誦する念仏をいう。＊儀

伽陀　式間伽陀のこと。報恩講の式文を読む時、一段ごとに挟んで誦する伽陀をいう。＊儀

臥養　横になって養生するの意か。

欠仕　勤行に出ないの意か。

道　道服のこと。＊儀

五　五条のこと。＊儀

素　素絹のこと。＊儀

北行　北のほうへ行くこと。

認発　認めて発送するの意か。

四十五度　摂氏約七、二度。

晨朝《じんちょう》、如昨日。日中《にっちゅう》、如昨日。但《ただし》、嘆徳文《たんどくもん》 式間無念仏《しきあいむねんぶつ》 伽陀《かだ》二章。逮夜《たいや》、素、五、差貫《さしぬき》。安泉老。照光参詣《さんけい》。

六日(金) 十一、廿《にじゅう》五日

曇《くもり》、時雨《しぐれ》湿寒。晨朝《じんちょう》、如昨日。日中《にっちゅう》、素、五、差貫《さしぬき》。式《しき》 嘆徳文《たんどくもん》 式間念仏《しきあいねんぶつ》 伽陀《かだ》五章。
逮夜《たいや》、素、五、西光寺《さいこうじ》参詣《さんけい》。

七日(土) 十一、廿《にじゅう》六日

曇《くもり》。前八時、三十七度氷結。
晨朝《じんちょう》、如昨日。日中《にっちゅう》、素、五、式文《しきもん》 伽陀《かだ》四章。逮夜《たいや》、素、五、安泉若参詣《さんけい》。
本日は払暁《ふつぎょう》 咯痰《かくたん》少交血の為《ため》に晨朝日中《じんちょうにっちゅう》共に欠勤。
年賀箋《せん》十〇葉発。
佐藤政蔵《さとうせいぞう》氏来話《らいわ》、結納百金云々《ひゃっきんうんぬん》。

八日(日) 廿《にじゅう》七日

晴《はれ》。晨朝《じんちょう》、如昨日。日中《にっちゅう》、素、五、嘆徳文《たんどくもん》 伽陀《かだ》二章。大逮夜 念讃 八淘、素、差貫《さしぬき》、出退《しゅったい》案内 浄顕、西光、照光、参詣《さんけい》。

安泉老　現、碧南市棚尾本町にある真宗大谷派安専寺の老院(年長の院主)の意か。安専寺は西方寺の末寺。
照光　照光寺の人の意か。
如昨日　「昨日の如し」と訓むか。
三十七度　摂氏約二、七度。
安泉若　前出、安専寺の若院(若い院主)の意か。
少交血　「少しく血を交う」と訓むか。
十〇葉　十何葉の意か。
百金　多額の金銭のこと。
念讃　念仏と和讃のこと。
八淘　声明における節譜構成の一つ。
出退　勤行の出仕・退出。＊儀
浄顕　現、愛・半田市または西尾市にある真宗大谷派浄顕寺の人の意か。もしくは、碧南市西山町の真宗大谷派浄賢寺の人の意か。
西光　西光寺の人の意か。
国松辰五郎　一八三八〜一九二二。明治三五年〜四〇年の間に二期、大浜町長を務める。
結讃　儀式でよまれる何種かの和讃のうち、締めくくるものの意か。
片山　片山庄蔵、あるいは片山富太郎のことか。
亀山　現、碧南市新川地区の亀山竹四郎(一八六八〜一九四三)のこと。

八日、廿《にじゅう》七日
本日、余は日中《にっちゅう》のみ出勤、調声相《ちょうしょうあい》勤む。
佐藤《さとう》庄蔵《しょうぞう》、国松《くにまつ》辰五郎《たつごろう》、杉浦幸七参氏会合、連師《れんし》四百回忌等件相談。

九日(月)　廿《にじゅう》八日
晴《はれ》。晨朝《じんちょう》如昨日、欠勤、素五。日中《にっちゅう》、伽陀《かだ》七章、式《しき》嘆徳文《たんどくもん》、法服七条《しちじょう》、西光寺《さいこうじ》参詣《けい》。出退《しゅったい》案内。

日中《にっちゅう》出勤、調声相《ちょうしょうあい》勤む、念讃八淘《やつゆり》。(舎弟結讃調声《ちょうしょう》。)(松本円明氏余間へ出仕。)

佐藤庄蔵《さとうしょうぞう》、古居、片山《かたやま》、亀山《かめやま》、鈴木《すずき》要造、国松《くにまつ》辰五郎《たつごろう》、幸七、会議。

右は連師《れんし》四百回忌法要等に関して相談せるなり。

旧碧南地方部より、銀盃《ぎんぱい》壱個、一貫斎製寄贈。

右に付《つき》、前掲古居乃至《ないし》幸七外、清沢最天《きよさわさいてん》、鈴木《すずき》与右エ門、岡田《おかだ》庄兵衛《しょうべえ》、小笠原《おがさわら》習成《しゅうせい》列席。

本日、外陣《げじん》出仕者十二名。□《セイ》来寺、平等寺《びょうどうじ》、山田兄弟、加藤智聞《かとうちもん》、了哲、恵海、広宣《こうせん》、教証、亮寛、履善《りぜん》、及《および》佐藤某《なにがし》(松本円明氏随行。)

西方寺門徒。改革運動に賛同。＊
幸七　杉浦幸七のことか。
旧碧南地方部　不詳。
一貫斎　国友一貫斎(一七七八～一八四〇)のことか。
清沢最天　一八四五～一九二五。西方寺の親戚。現、碧南市浅間町にある西光寺第三代住職。
鈴木与右エ門　鈴木与右衛門(?～一九二五)のこと。西方寺の大世話方。絹川屋(旅館)の主人。
岡田庄兵衛　天王(碧南市新川地区の地名)在住の人。改革運動に賛同。
小笠原習成　現、碧南市大浜地区内赤土の人。改革運動に賛同。
山田兄弟　山田〔佐々木〕月樵(一八七五～一九二六)と山田惟孝(一八八一～一九四二)の兄弟のことか。
加藤智聞　一八四九～一九二〇。西方寺の末寺で現、碧南市新川地区の真宗大谷派光専寺(当時、天王講堂)の第二代住職。改革運動に賛同。＊
恵海　山田恵海か。改革運動に賛同。
広宣　原子広宣。満之の侍者。＊
教証　不詳。
亮寛　不詳。
履善　清水履善。現、碧南市鷲林町にある真宗大谷派蓮成寺の役僧。
佐藤某　不詳。

十日(火)　廿《にじゅう》九日

朝、雨。十時後 晴。本日 午後、役僧《やくそう》及《および》御堂番《みどうばん》等へ精進落《おと》しの酒飯饗応《しゅはんきょうおう》あり。

(世話掛《かかり》杉浦幸七サクマイ)

政教時報《せいきょうじほう》十部、仏教青年会《ぶっきょうせいねんかい》寄贈、去る七日、到来。

成岩《なら》石原孝吉《わいしはらこうきち》子来報《しらいほう》。(八日)

十一日(水)　卅《さんじゅう》日

晴《はれ》。赤堀《あかほり》氏来話《らいわ》、午前。同氏来診、政子《まさこ》、千代子《ちよこ》。

和讃講《わさんこう》、報恩講及前住上人忌《ほうおんこうおよびぜんじゅうしょうにん》 仏事参勤《さんきん》、宿、鍋勘《なべかん》。

後九時、㋢小林《こばやし》康什、「トシビヤウキワルイ」。

十二日(木)　十二月、朔日《ついたち》

雨。両親及《および》かぎ子、大野光明寺行《おおのこうみょうじゆき》。

舎弟、三河別院行《みかわべついんゆき》、和田円什《わだえんじゅう》、太田《おおた》祐慶等、三河《みかわ》有力家会合。護法会組織。

道場山樅山《どうじょうやまもみやま》市十郎仏事、報恩講《ほうおんこう》、前住上人《ぜんじゅうしょうにん》忌。樅山《もみやま》金造仏事、報恩講《ほうおんこう》、□年忌(略三《りゃくさん》) 参勤《さんきん》。

浜家《はまけ》源兵衛仏事、年忌 参勤《さんきん》。

御堂番　本堂係。寺の行事の際に、準備を中心になって行う男衆のこと。
サクマイ　大勢の人を迎えるために、工夫して手際よく進める準備のこと。
政教時報　仏教徒国民同盟会の機関誌『政教時報』第一号のこと。＊
成岩　現、愛・半田市成岩のこと。
政子　清沢まさ(一八七七～一九〇五)のこと。満之の妻やすの従妹。
和讃講　碧南地方における真宗門徒の集まりのひとつ。
鍋勘　西方寺の北にある金物店の屋号。
かぎ子　清沢かぎ(一八八五～?)のこと。満之の妻やすの妹。＊
和田円什　一八四九～一九三五。当時、真宗大谷派准参務。三河別院創建の功労者。
太田祐慶　満之の知人。現、愛・安城市河野町にある真宗大谷派宗円寺の僧。
護法会　不詳。
道場～十郎　道場山(現、碧南市新川地区内の地名)在住の西方寺門徒。
樅山金造　現、碧南市新川地区の人。改革運動に賛同。西方寺門徒。
□　一字不明。
浜家～兵衛　浜家(現、碧南市大浜中区内の地名)在住の西方寺門徒。

後五時、養父上大野《おおの》より帰寺《きじ》。
〃十二時、舎弟帰寺《きじ》。

十三日(金)　二日

曇《くもり》。前九時、大井清一子《おおいせいいちし》来訪。松本円明氏来遊《らいゆう》。

十四日(土)　三日

風、晴《はれ》、凜寒《りんかん》。後二時半、大井清一子《おおいせいいちし》辞去。

十五日(日)　四日　午後、四二度下

風、雪。二階下へ移居《いきょ》。石八氏来訪、吉治《きちじ》氏快進、長文長談《ちょうだん》等に堪ゆ云々《うんぬん》」可慶《よろこぶべし》々々《よろこぶべし》。

降雪粉飛《ふんぴ》中、浜家《はまけ》中八仏事、年忌 三経 参勤《さんきん》。㋫五十川賢造。

十六日(月)　五日

雪、昨日の量に及ばざるも、寒威《かんい》の身に徹すること却《かえっ》て甚《はなはだ》し。㋩石川吉治《いしかわきちじ》氏、順快《じゅんかい》を報し、併《あわ》せて内地雑居《ないちざっきょ》準備演説を慫慂《しょうよう》す。

養父上　清沢厳照(一八四二～一九〇八)のこと。満之の義父。当時、西方寺住職。

〃　繰返しの符号。「後」のこと。

凜寒　厳しい寒さのこと。

四二度　摂氏約五、六度。

快進　病気がよくなっていくの意か。

粉飛　乱れ飛ぶこと。

浜家中八　屋号か。浜家(現、碧南市大浜中区内の地名、西方寺周辺)在住の西方寺門徒。

五十川賢造　満之の従弟。満之の母たきの妹ゆきの子。

順快　病気が順調に回復すること。

十七日(火)　六日

雪、積高二寸余《あまり》。前十時、三十三度。仏教来。

㋫石川吉治《いしかわきちじ》氏宛《あて》。㋫五十川賢蔵氏宛《あて》、美濃不破郡《みのふわぐん》青葉村。

夜、赤堀《あかほり》氏来遊《らいゆう》、囲碁《いご》。

十八日(水)　七日　前九時、三十八度

曇《くもり》、積雪未消。㋫経世書院宛《けいせいしょいんあて》、教海日記講求申込《きょうかいにっきこうきゅうもうしこみ》(特別製)郵券《ゆうけん》二十二銭封入。

後、晴《はれ》。㋩清水良秀《しみずりょうしゅう》氏、㋩同上氏宛《あて》、四月に入り身体好調ならば、演説招聘《しょうへい》に応すへきを答ふ。

㋫松宮全之助《まつみやぜんのすけ》氏宛《あて》、投菓礼信。

㋫福永茂三郎氏、在清国杭州府忠清港日本本願寺別院《しんこくこうしゅうふちゅうしんこうにほんほんがんじべついん》内。

㋫月見《つきみ》氏、時信。本日、法賢《ほうけん》、千代《ちよ》、やを平臥《へいが》、寒傷感冒等。

棚尾某《たなおなにがし》仏事、開山《かいさん》忌　先住忌　参勤《さんきん》。

上之切《かみのきり》仏久仏事、蓮師《れんし》忌(上、小)参勤《さんきん》。㋩大井清一《おおいせいいち》氏、着京報。

十九日(木)　八日

晴《はれ》。庄七大野《おおの》に使《つかわ》す。無尽灯来《むじんとうきたる》。

積高　積もった高さのこと。
三十三度　摂氏約〇、五六度。
仏教　『仏教』第一四六号(仏教学会)。
五十川賢蔵　満之の従弟。満之の母たきの妹ゆきの子。
美濃～葉村　現、岐・大垣市榎戸町のこと。
囲棋　碁を打つこと。
未消　「未だ消えず」と訓むか。
経世書院　当時、東京浅草にあった出版社のこと。
教海日記　経世書院出版の日記帳。
松宮全之助　一八六一～一九一九。満之の妹、志やうの夫。名古屋監督判事。
投菓礼信　お菓子を送られたことへの礼の手紙の意か。
福永茂三郎　当時、大谷勝信に随行し、中国杭州に在住。当地の日文学堂創設に尽力した。
清国～別院　真宗大谷派中国開教の一貫で、明治三一年一一月に創設された杭州日文学堂のこと。
時信　時事についての手紙の意か。
法賢　藤分法賢(一八六八～一九四二)のこと。＊
千代　清沢ちよ(一八七九～?)のこと。満之の妻やすの妹。＊

堀方某《ほりかたなにがし》仏事、三経　参勤《さんきん》。

二十日(金)　九日

好晴《こうせい》。浜家《はまけ》安兵衛仏事、開山《かいさん》忌　前住《ぜんじゅう》忌及《および》蓮師《れんし》忌　参勤《さんきん》。三経　伽陀四章　論偈　念仏　掛和讃一首　如来悲　回向。

㋫月見《つきみ》氏宛《あて》、前便之《の》返。

かぎ子、庄七、大野《おおの》より帰寺《きじ》。学士《がくし》会月報《かいげっぽう》来《きたる》。

二十一日(土)　十日

晴《はれ》、風寒《ふうかん》。蓮師《れんし》四百回忌執行一件に付《つき》世話方同行《どうぎょう》集会。

下高畑某《たかはたなにがし》仏事、開山《かいさん》忌及蓮師《およびれんし》四百回忌（三経　伽陀《かだ》五章）参勤《さんきん》。道《ドウ》服　七条　三首引。

後四時、三十八度。

鶴《つる》ケ《が》崎片山庄蔵《さきかたやましょうぞう》火災。

二十二日

晴《はれ》。㋫稲葉《いなば》氏、時信。母上大野《おおの》より帰寺《きじ》。

やを　清沢やを(一八八二～一九二二)のこと。満之の妻やすの従妹。
寒傷感冒　寒さによる風邪の意か。
仏久　不詳。
上　『無量寿経』上巻を読誦。
小　『阿弥陀経』を読誦。
着京　京都に着くの意か。
無尽灯　『無尽灯』第三巻第一号のこと。
堀方　現、碧南市新川地区内の地名のこと。
浜家安兵衛　浜家(現、碧南市大浜中区内の地名)在住の西方寺門徒。
論偈　世親の『浄土論』に出る偈のことか。＊儀
掛和讃　和讃をいくつか選んで読むこと。＊儀
下高畑　下之切(現、碧南市大浜地区南部)の高畑の略。
三十八度　摂氏三、三度。

二十三日(月)　十二日

晴《はれ》。㋫稲葉《いなば》氏宛《あて》。屋寿病臥《やすびょうが》。

二十四日(火)　十三日

晴《はれ》。㋩経世書院宛《けいせいしょいんあて》、十八日書着否《ちゃくひ》尋問。　御逮夜《おたいや》、偈艸読《げそうどく》、念讃　三淘《みつゆり》、順六首、先に関無学師《かんむがくし》の滅《メツ》を聞き、昨は勝伯の死を読み、今(教学報知《きょうがくほうち》上に)由利滴水師の寂を見る。可惜々々《おしむべしおしむべし》。屋寿《やす》、赤堀《あかほり》師に受診。

二十五日(水)　十四日

晴《はれ》。別日中《べつにっちゅう》、文類草読《もんるいそうどく》 和讃《わさん》十二首(或《あるい》は十八首、本山)(念仏間に二首(或《あるい》は三首)宛《ずつ》。(其《その》中一首宛《ずつ》別調声《ちょうしょう》、余は総和音。)　元祖大師祥月命日なる故なり。逮夜《たいや》、偈行《げぎょう》、念五　讃三　但《ただし》軽読。

㋫月見《つきみ》氏、前便の返、㋩野々山照界《ののやましょうかい》氏、三為会《さんいかい》大会承引謝辞。

教海日記《きょうかいにっき》到達。

屋寿　清沢やす(一八六八～一九〇二)のこと。満之の妻。＊

偈　親鸞「正信念仏偈」のこと。＊儀

艸読　草四句目下で読むこと。＊儀

順　順次に読むの意か。

着否　着いていることと着いていないこと。

関無学師　無学文奕(一八一九～一八九八)のこと。臨済宗の僧。

勝伯　勝海舟(一八二三～一八九九)のこと。政治家。

教学報知　教学報知社発行の新聞。現、『中外日報』。＊

由利滴水　由理宜牧(一八二二～一八九九)のこと。臨済宗の僧。

別日中　特別に行う日中のこと。

元祖大師　法然(一一三三～一二一二)のこと。

草読　草四句目下で読むこと。＊儀

軽読　やや急いで読む意か。

二月廿《にじゅう》五日　偶坐案定《ぐうざあんてい》

善悪の標準は有限無限の一致にあり。即ち有限が上《かみ》は無限大と一致し、下《しも》は無限小と一致するか最高の善なり。前者は上求菩提の智慧なり。後者は下化衆生の慈悲なり。智慧《ちえ》や慈悲やは畢竟《ひっきょう》一致の最勝なるものなり。故に若《も》し、智慧《ちえ》や慈悲やの如く見《みゆ》るものにして、一致を破壊するものは実は愚痴や、害毒やなり。要するに一致の存《そん》する所が、善の存《そん》する所なり。故に和合は善也《なり》。不和は悪なり。仁義礼智信《じんぎれいちしん》は皆和合の幾形式なり。仁は慈悲の類《たぐい》なり。義は以《もっ》て和合せしむるの本《もと》なり。（同等異等の間に於《お》けるものなり。）礼は以《もっ》て和合を表せしむるの形状なり。（同等異等の間に於《お》けるものなり。）智《ち》は智慧《ちえ》なり。信は前後の和合せるものなり。（人を信すると云《い》ふ場合は、彼我相対の上に現《あら》はるゝなり。）

一致は又は調和と云《い》ふ。快楽は感器《かんき》と刺戟《しげき》の調和なり。故に快楽を生するものは善なり。然《しか》れとも身体の一機関に快楽を盛《さかん》にするか為《ため》に、他の部分を戕害《しょうがい》するは、大調和を破りて小調和を致せるなり。此《かく》の如きは善にあらず。故に快楽も適度（適当）ならさる可《べ》からす。

布施は己の多を減して、他の少を補ひ、以《もっ》て己他《こた》を調和するにあり。持戒《じかい》は以《もっ》て和合を破らしめさるにあり。（己他《こた》の和合、又は自体内、彼此部合《ひしぶごう》の和合

偶坐案定　向かい合って座り、考え定めること。
上求菩提　「上に菩提を求め」と訓む。
下化衆生　「下に衆生を化す」と訓む。
異等　異なった等級の意か。
戕害　きずつけ損なうこと。
己他　自己と他者のこと。
部合　部分と全体のこと。

を破らしめさるなり。）忍辱《にんにく》は以《もっ》て和合せしむるの要素なり。精進は以《もっ》て和合を求めしむるの元気なり。禅定《ぜんじょう》は以《もっ》て智慧《ちえ》を生せしむるか為《ため》なり。智慧《ちえ》は以《もっ》て菩提を求むるの能力なり。

　煩悩は不調和の現象なり。又不調和を惹起《じゃっき》するの元素なり。貪欲《とんよく》は不相当の欲なり。真恚は不和の源なり。愚痴は調和に反する心情なり。

真は智力《ちりょく》上の調和なり。（論理的調和なり。）

善は意志上の調和なり。（実行《道義》的調和なり。）

美は情感上の調和なり。（形象的調和なり。）

世の所謂《いわゆる》善は真善美を皆善と称するなり。其物《そのもの》自身善なるあり、善なるもの為《ため》にするに於《おい》て善なるあり。（善なる目的を達する為《ため》になるものは、亦《また》善と名《なづ》けらる丶なり。）

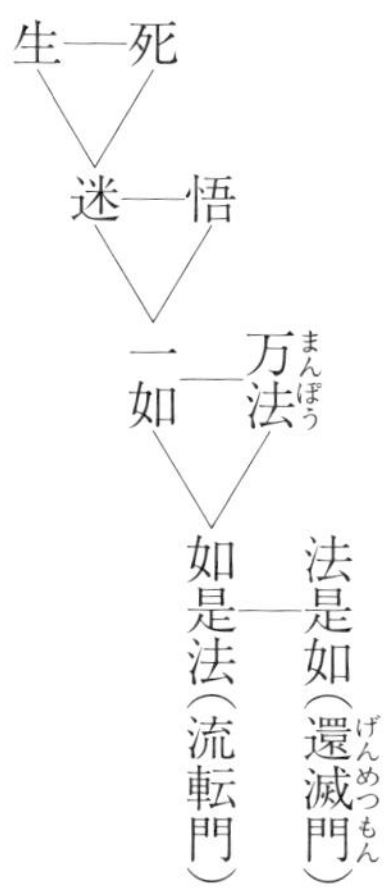

真恚　瞋恚のこと。

なり。）　次に五行分の空白あり。

法是如　万法は是れ一如であるの意か。

如是法　一如は是れ万法であるの意か。

諂諛する勿《なか》れ、追従する勿《なか》れ。然《しか》れとも人《ひと》問ふことあらは、之《これ》に答ふべし。人《ひと》命することあらば、之《これ》に順《したが》ふべし。答ふるも、順《したが》ふも、唯《ただ》無邪気に之《これ》を為《な》せよ。求むる心あるなかれ、貢《カタブ》る心あるなかれ。然《しか》るに、若《も》し人の問ふことあるも、答ふるを嫌ひ、人の命することあるも、順《したが》ふを悪《にく》むは、是《こ》れやがて恭順《モデスチイ》を失《しっ》し礼義《ヂセンシイ》を欠くにあらずや。汝《なんじ》が修養は正《まさ》に恭順と礼義《れいぎ》の為《ため》にあらずや。而《しか》して、今却《かえっ》て之《これ》を欠失《けっしつ》して得たりとするか。思之《これをおもえ》々々《これをおもえ》。」

請ふ勿《なか》れ、求むる勿《なか》れ、汝《なんじ》何の不足かある。若《も》し不足ありと思はゞ是《こ》れ汝《なんじ》の不信にあらずや。天汝《なんじ》が為に必要なるものを汝《なんじ》に賦与したるにあらずや。若《も》し其《その》賦与に於《おい》て不充分なるも、汝《なんじ》は決して天命已外《いがい》に満足を得ること能《あた》はさるにあらずや。蓋《けだ》し汝《なんじ》が自分に於《おい》て、不足ありと思ひて煩悩《ぼんのう》せば、汝《なんじ》は愈《いよいよ》修養を進めて、天命に安んずべきことを学ばざる可《べ》からず。之《これ》を人に請ひ、之《これ》を他に求むるが如きは卑なり、陋《ろう》なり、天命を侮辱せんとするものなり。天命は侮辱を受くることなきも、汝《なんじ》の苦悩を如何《いかん》せん。」

恭順を学び、礼義《れいぎ》を学ぶは、修養の大義なり。故に人の問ふ所、之《これ》に答へ、人の命する所、之《これ》に順《したが》ふべし。然《しか》れとも注意せよ。恭順や、礼義《れいぎ》やは善事《ぜんじ》に就《つい》

諂諛　諂諛のこと。
カタブ　「タカブ」の意か。
モデスチイ　【英】modesty のこと。
ヂセンシイ　【英】decency のこと。
已外　以外に同じ。

て之《こ》れ有り、悪事に就《つい》ては之《こ》れあることなきを。故に知るべし。善悪先《ま》つ定まりて、而《しか》して恭順や、礼義《れいぎ》やの存《そん》することを。」

善とは何そや、悪とは何そや。天道に安んずるが善なり。之《これ》に安んぜさるが悪なり。天道《他力》何《いず》れの処《ところ》にか在る。自分の稟受《ひんじゅ》に於《おい》て之《これ》を見る。自分の稟受《ひんじゅ》は天命の表顕《ひょうけん》なり。之《これ》を尊び、之《これ》を重んじ以《もっ》て天恩《てんおん》《報恩》を感謝せよ。然《しか》るを自分の内に足るを求むることを為《な》さずして、外物《がいぶつ》《貪慾の源》を追ひ、他人に従ひ《瞋恚の源》、以《もっ》て己を充《みた》さんとす、顚倒《てんどう》にあらずや。」

人の問に答へ、人の命に順《したが》ふを以《もっ》て恭順とし、礼義《れいぎ》とす。善事《ぜんじ》に就《つい》て之《これ》を云《い》ふなり。悪事に就《つい》ては之《これ》を云《い》はず。故に善悪の別ありて始めて道徳あり。善悪の別なき所には道徳あることなし。故に道徳や不道徳やは、知識の上に於《おい》て存立するものなり。形式の上に於《おい》て存立するものにあらさるなり。故に曰《いわ》く、徳は知識《ヴーチユー。イズ。ノーレヂ》なりと。」

身の勤労あり、心の勤労あり、共に天賦の能力に基《もとづ》きて作働するなり。故に汗身奔走も天命を奉するなり。沈思冥想《めいそう》も天命を奉するなり。然《しか》れとも、身労

稟受　天からうけること。

貪慾　貪欲に同じ。

ヴー〜レヂ　【英】Virtue is knowledge. のこと。

作働　はたらくの意か。

汗身　身体に汗をかくの意か。

冥想　瞑想に同じ。

身労　身の勤労のこと。

は無識なり、心労は有識なり。故に心労を根本とし、身労を枝末《しまつ》とするなり。或《あるい》は謂《い》ふべし、身労も、心労も共に道徳の上に発動すべし。天命を知るの知識の上に活動すべしと。」

又曰《いわ》く、道徳の為《ため》には身心を忘るべし。（況《いわ》んや財物毀誉《きよ》等おや。）身心の為《ため》に道徳を忘るべからずと。」

天命を知らす、自分の内に足ることを知らさるか故に、外物を追ふなり、他人に従ふなり。而《しか》して満足を得ず、充足を得ず、是《ここ》に於《おい》てか苦悶あり、煩悩あり。然《しか》るを其《その》本に返らずして、煩悩苦悶《くもん》を排除せんとす、奏効する能《あた》はさるや当然なり。」

彼《か》の愚痴の徒は曰《いわ》く。我《われ》一個にては不充分なり。故に相寄《あいより》て互《たがい》に相補填《あいほてん》すべしと。果《はた》して然《しか》るか。我《われ》一人に一個の能力あり、以《もっ》て不充分とす。十人相《あい》合して十個の能力あり、以《もっ》て充分とすべき乎《か》。一人に対する一個の能力と、十人に対する十個の能力と、比例上に於《おい》て幾何《いくらか》の増減かある。然《しか》るに甲に在りては不充分たり、乙にありては充分たりと云《い》ふ。何たる数理ぞや。協合《きょうごう》の要《よう》は決して

無識　天命を知るという知識が無いの意か。

有識　天命を知るという知識が有るの意か。

枝末　枝葉末節のこと。

不足を満足せしむる為《ため》にあらざるなり。充足せるものを集めて大成するを目的とするなり。」

集めて大成するとは、重《おも》に利便を増進し、勢力を増大するを云《い》ふなり。是《こ》れ充足者の幸楽を増長するものなり。然《しか》れとも彼《か》の愚痴者の会合は寧《むし》ろ幸楽を減殺するなり。（競争と云ふ猛烈なる元素を加ふるか故也。）是《こ》れ協合は必す道徳の基礎に立たさる可からさる所以なり。」

利便や、勢力や、幸楽や、敢《あえ》て棄《す》つるを要せずと雖《いえ》とも、而《しか》も之《これ》を道徳に比すれは第二位に列するものなり。何《な》んとなれは、道徳なき所には実の利便、勢力、幸楽ある能《あた》はざればなり。」

或《あるい》は謂《い》ふ可《べ》し。真の利便は道徳なり。何《な》んとなれは、道徳は自家にありて、直《ただち》に充足するか故に。」

真の勢力は道徳なり。何《な》んとなれは、道徳は充足の力なるか故に。」

幸楽　幸せと楽しみの意か。

協合　協合のこと。多くの人の心が和すること。

真の幸楽は道徳なり。何《な》んとなれは、能《よ》く不足の痛苦を除却《じょきゃく》するか故に。」
先《ま》つ道徳なる真の利便、真の勢力、真の幸楽ありて、而《しか》して後に、此《こ》の利便、勢力、幸楽を増進長大《ちょうだい》するか為《ため》に協合《きょうごう》の必要ありと雖《いえ》とも、未《いま》た道徳の根本なく、利便、勢力、幸楽、其物《そのもの》の存立せさる所には、増進長大《ちょうだい》等の事ある能《あた》はさるなり。故に道徳ありて、而して後、社会あり。社会ありて、而して後、道徳あるにあらさるなり。」

是《ここ》に於《おい》てか、道徳に進歩の階級あることを知る可《べ》く、社会に文野《ぶんや》あることを知る可《べ》きなり。道徳纔《ワヅカ》に立《りつ》し、人《ひと》各自《みずか》ら独立の勢力なることを認むるや、是《こ》れ道徳の萌芽《ほうが》にして、此《この》微力を不知不識《しらずしらず》にも協合《きょうごう》して、社会を成せるは、極めて幼稚の社会なり。然《しか》るに人《ひと》各其《その》自信力を増進し、種々の発動方面に於《おい》て、漸次堅緻《けんち》なる条件を確立するに至れは、次第に高等の社会に進歩せるものなり。（憲法抔《など》は、彼《か》の条件の顕著なるもの也《なり》。）而《しか》して、完全なる社会は如何《いか》なるものなるへきやと云《い》ふに、道徳の進長其極《そのきわみ》に達し、人々各充分の独立を自覚し、而《しか》して万多《ばんた》相寄りて、恭順礼義《れいぎ》の円満無碍《むげ》なるものを、任運無功用《にんうんむくゆう》的に発現するものたるへきなり。」

除却　取り除くこと。
文野　文化の開けていることと開けていないこと。
進長　増進長大の意か。
万多　非常に多くあること。
無功用　意図的な努力をはなれた自然のはたらきのこと。

同一社会の内の各個人は、皆平等に道徳上に進歩せるにはあらす。一社会の根拠たる道徳の平準《アヴェレージ》は何処《どこ》に求むべきかと云《い》ふに、其《その》社会の主動力を把持《はじ》せる部分の人士《じんし》の道徳を以《もっ》て、其《その》社会の道徳の程度と見傚すべきなり。而《しか》して、同一社会の内、或者《あるもの》は、其《その》社会の平準《average》道徳よりは進歩し、或者《あるもの》は、之《これ》より退却せる位地《いち》に在ること当然なり。是《こ》れ他なし、各個人の道徳の進歩は亦《また》各個人の特殊なる事情に関係するものなればなり。」

完全の社会には、各個人が皆悉《ことごと》く道徳進歩の完全を要すと雖《いえ》とも、其《それ》より下等の社会にありては一社会の各個人の道徳は、種々の進歩の階級にあり。其《その》各個人の道徳進歩は、天稟《遺伝と経験?》と修養とによりて差等《さとう》あるなり。天稟《てんぴん》に属するものは、吾人《ごじん》の如何《いかん》ともし能《あた》はさる所なり。吾人《ごじん》の最も要《よう》とすべきは修養の事に属す。修養は人生の第一義たるものなり。」

修養の方法如何《いかん》。曰《いわ》く、須《すべから》く自己を省察すべし。自己を省察して、天道を知見すべし。天道を知見せば、自己に在るものに不足を感することなかるべし。自己に在るものに不足を感ぜざれは、他にあるものを求めさるべし。他にあるものを求めされば、他と争ふことなかるべし。自己に充分して、求めず、争は

平準　ものごとの均一をはかることでできた一定の水準。
アヴ〜ージ　【英】average のこと。
見傚す　見做すの意か。傚は倣うこと。

ず、天下之より強勝なるものなし、之より広大なるものなし。」

自と云《い》ひ、己と云《い》ひ、外物《がいぶつ》と云《い》ひ、他人と云《い》ふ。其《その》何たるを精究《せいきゅう》すべし。（外物《がいぶつ》他人、ストア学者は之《これ》を称して「エクステルナルス」と云《い》ふ。）他人は而も妻子眷属も亦他人たるを知らさる可からず。知り易《やす》し。外物《がいぶつ》は雑多なり。禽獣《きんじゅう》虫魚《ちゅうぎょ》艸木《そうもく》瓦礫《がれき》のみを云《い》ふにあらさるなり。居家《きょか》も外物《がいぶつ》なり。衣食も外物《がいぶつ》なり。乃至《ないし》身体髪膚《はっぷ》も亦《また》外物《がいぶつ》なり。妄念《もうねん》妄想も外物《がいぶつ》なり。然《しか》らは何物か是れ自己なるや。嗚呼《ああ》何物か是《こ》れ自己なるや。曰《いわ》く、天道を知るの心、是《こ》れ自己なり。天道を知るの心を知るの心、是《こ》れ自己なり。天道と自己の関係を知見して、自家充足を知るの心、是《こ》れ自己なり。自家充足を知りて、天命に順《じゅん》し、天恩《てんおん》に報するの心、是《こ》れ自己なり。」

自家充足を知りて、（物を求めず、人と争はず）天命に順《じゅん》し、天恩《てんおん》を報する（故に身労心労を厭《いと》はず）の心、是《こ》れ自己なり。自己豈《あに》外物《がいぶつ》他人に追従すべきものならんや。自己を知るものは、勇猛精進、独立自由人界の独立なり。天道へ対して独立なるにあらず。の大義を発揚すべきなり。」

強勝　強くすぐれるの意か。

エク〜ルス　【英】externals のこと。

艸木　草木のこと。

居家　すみかのこと。

此《かく》の如き自己は、外物《がいぶつ》他人の為《ため》に傷害せらる〻ものにあらさるなり。傷害せらるべしと憂慮するは、妄念妄想なり。妄念《もうねん》妄想は、之《これ》を退治せざる可《べ》からず。是《こ》れ修養の必要なる所以《ゆえん》なり。」

自己が外物《がいぶつ》他人の為《ため》に傷害せられさるが如く、他人も亦外物《またがいぶつ》他人の為《ため》に傷害せらる〻ことなきものなり。故に、吾人《ごじん》が自《みずか》らに対する他人の為《な》せる罵詈、讒謗、毀誉、褒貶に頓着《とんちゃく》せさるべしと共に、他人に対して、無効なる悪口凌辱を加ふべからさるなり。」

吾人《ごじん》は他人に追従、迎合せざると同時に、他人を評隲《ひょうしつ》罵謗せざるべきなり。」

評隲　批評すること。
罵謗　ののしり、そしるの意か。

四月五日記

独立自由の障碍《しょうがい》を為《な》す所の大害物《がいぶつ》は、物質的関係、特に身体の維持是《これ》なりとす。如何《いかん》せは可《か》なるか。曰《いわ》く、凡《すべ》て物質的事物は、我已外《いがい》のものなり、所謂外《いわゆるがい》物《ぶつ》なり。何時《なんどき》にても之《これ》を抛棄《ほうき》すべし。身体と雖《いえ》とも、亦《また》何ぞ異ならん。独立者は常に生死巌頭《しょうじがんとう》に立在すべきなり。殺戮《さつりく》餓死固《もと》より覚悟の事たるべきなり。既に殺戮《さつりく》餓死を覚悟す。若《も》し衣食あらは之《これ》を受用《じゅよう》すべし。尽《つき》れは従容就死《しゅうし》すべきなり。

而《しか》して、若《も》し妻子眷属《けんぞく》あるものは、先《ま》つ彼等《かれら》の衣食を先とすべし。即《すなわ》ち、我《われ》有る所のものは我を措《お》いて、先《ま》つ彼等《かれら》に給与すべし。其《その》残る所を以《もっ》て我を被養すべきなり。只我《ただわれ》死せは彼等《かれら》如何《いか》にして被養を得んと苦慮すること勿《なか》れ。此《これ》には天道の大命《たいめい》を確信せは足れり。天道は決して彼等《かれら》を捨てさるべし。彼等《かれら》は如何《いか》にかして被養の道を得るに至るべし。若《も》し、彼等《かれら》到底之《これ》を得ざらんか、是《こ》れ天道彼等《かれら》に死を命するなり。彼等之《かれらこれ》を甘受すべきなり。瑣氏《そし》曰《い》はく、我、「セサリー」に行きて不在なりしとき、天(人の慈愛を用《もっ》て)彼等《かれら》を被養しき、今、我若《も》し遠き邦《くに》に行かんに、天豈亦彼等《あにまたかれら》を被養せさらんやと。

独立者の身口意《しんくい》に発動する所のものは、皆自由の行為と謂《いい》つべきや。曰《い》はく、

害物　さまたげになること。

立在　たっていることの意か。

就死　死に就くこと。

被養　養われるの意か。

瑣氏　Sōkratēs (469-399 B.C.) のこと。古代ギリシアの哲学者。＊**我、～んや**　本書六四頁の「What then～them?」の文章を満之自身が訳したもの。

セサリー　Thessalia のこと。ギリシア、バルカン半島中部エーゲ海に面する地域のこと。

自由なるべきものに対する所、自由の範囲に止《とど》まる所のものは、自由なり。其《その》標準は自己の内心的経験に徴せざるべからず。然《しか》れども、若《も》し少しく贅弁《ぜいべん》せは、所謂《いわゆる》発動にして、全く他人及外物《およびがいぶつ》に関係せさるものは固《もと》より自由なり。若《も》し他人及外物《およびがいぶつ》に関係する所のものも、其《その》発動たるや、服従的にあらすして、而《しか》も一の外他的障碍《しょうがい》を感せさるもの、よしや外他的障碍《しょうがい》あるか如く見ゆるも、其之《そのこれ》に遭ふや、直《ただち》に自由的に之《これ》を排除、或《あるいは》逃避する場合（例せは物を所有せんとするに、他人之《これ》を奪取せんとするときは、快く進んで之《これ》を附与するが如き）は是《こ》れ自由の行為たるに妨けなきなきなり。喚言せは、障碍或《しょうがいあるい》は違背に遇《あ》ふて、失望、悲歎《ひたん》、煩悶《はんもん》、悩苦《のうく》に陥落するか如きは、皆《み》な是《こ》れ奴隷的所作たるなり。

以上四葉半四月五日記

◎

従件《主我に従属すべきもの》（エピクテト氏の所謂《いわゆる》エクステルナルス）に三種の別あり

(一)、忘念
(二)、他人
(三)、外物《がいぶつ》

是《これ》なり。就中《なかんずく》、忘念は外物《がいぶつ》他人に追従するを其《その》性質とす。故に之《これ》を対除せさる可《べ》からさるなり。

外他　外物他人のこと。

なき～なり　「なきなり」の意か。

喚言　換言の意か。

忘念　「妄念」の意か。

対除　むきあってのぞくの意か。

忘念の因 ｛外物《がいぶつ》／他人｝

而《しか》して外物《がいぶつ》他人の内に於《おい》て、他人に服従するの忘念は、畢竟外物《ひっきょうがいぶつ》を追求するの念慮《ねんりょ》あるか為《ため》なり。

故に忘念の根源は外物を追求するにありと知るべし。

今此《この》根源を外除せんとせは、先《ま》つ外物《がいぶつ》の何たるやを考究すべし。外物《がいぶつ》はは畢《ひっ》竟吾人《きょうごじん》に無関係《インヂフエレント》のものたるべきなり。吾人《ごじん》は之《これ》を収用するを妨けず。然《しか》れとも、之《これ》を執着し、之《これ》に服従せらるべきものにあらず。吾人《ごじん》は却《かえっ》て外物《がいぶつ》を服従せざる可《べ》からず。

他人は外物《がいぶつ》を所有するものにあらず。（他人も外物《がいぶつ》には無関係たるべきなり。） 吾人《ごじん》は若《も》し外物《がいぶつ》を服従し（即《すなわ》ち、外物《がいぶつ》に牽制《けんせい》せらるゝの念慮《ねんりょ》を刈除《かいじょ》し）了せば、決して他人に服従《圧服の意》すべき必要なきなり。他人も亦《また》、吾人《ごじん》を服従《圧服の意》すべき必（煩悩を生する従順なり。）要なきなり。故に他人と我人とは同等の位置に住すべきなり。（他人の命に順応するは自由の行為なり。順応は煩悩なき従順なり。）

之《これ》を要するに

｛忘念は――伏滅《ふくめつ》せらるべきものなり。
　外物《がいぶつ》は――無関係たるべきものなり。

外除　関係ないこととして除くの意か。

外物はは　「外物は」の意か。

インヂフェレント　【英】indifferent のこと。

刈除　草などを刈り取って除くこと。

我人　私個人の意か。

伏滅　根絶すること。

一他人は——同等たるべきものなり。

右四月五日記

◎

補注

用語解説

三頁

黙忍堂　「黙忍堂」とは『臘扇記』だけにみえる語である。「黙忍」とは「黙して忍ぶ」の意であろう。この言葉は『臘扇記 第一号』裏表紙に記される「山谷養生印曰　百戦百勝不如一忍　万言万当不如一黙　無可簡択眼界平　不蔵秋毫心地直」（本書七一頁）に基づいていると思われる。「堂」とは建物をあらわし、雅号に添える語である。つまり「黙忍堂」とは西方寺という場において「臘扇」という名の日記を記す満之の心境もしくは課題が示されているといえよう。当時の満之を取り巻く状況については「臘扇記といういとなみ」を参考。

臘扇記　『臘扇記』の書誌については凡例を参照。「臘扇」とは「臘月（一二月）の扇子」の意で、時期に合わない無用の事物の譬えである。この日記を作成する満之自身の立場を表現している。満之は当時、「臘扇」という号を名のっている。その号を日記の名称としたのである。『臘扇記』は、『病床雑誌』（第一号～第三号）『徒然雑誌第一号』に引き続き記された。このことについては「臘扇記といういとなみ」を参照。『臘扇記』における日誌の記事は明治三一（一八九八）年八月一五日から明治三二（一八九九）年一月二五日までであり、その後に、二月二五日付けの「偶坐案定」と「四月五日記」と題される文章が置かれる。日記の最後の記事は、「教海日記到達。」（本書一〇六頁）となっている。満之が購入した『教海日記』（経世書院）の内容は確認できないが、その購入を期に日誌の記述は『教海日記』に移ったものと思われる。少し「臘扇」という号について触れておきたい。満之は晩年の日記で生涯に使用した号について次のように記している。「実厳談話中大浜は風の多き所なりと云々。仍て記念の為浜風の号を作製す。以為く病発予の如きものは蓋し所謂幽霊の浜風に擬するも亦可ならんか。／予往年已来転用せる号名を回顧するに建峰（住名古屋時）骸骨

（在京都時）石水（在須磨時）臘扇（住東京時）の四あり、而して今浜風の一能く之を総合するを感ず。／臘扇の号は在大浜時に作製せりと雖ども当時未だ大浜に安住するの意なかりし也。其此意を確立したるは、実に昨秋帰郷の時にあり、是に於てか大浜の地を表示せる一号ある亦可な〔ら〕んか、而もかくの如き、号名を思求したること一再ならざりしが、今遇然にも之を得たる蓋し天真に由るものか。」（『明治三十六年当用日記抄』明治三六（一九〇三）年四月二六日、『全集（岩波）』八・四四九〜四五〇）。すなわち、建峰、骸骨、石水、臘扇、浜風である。これらの号は、その当時の満之自身の課題を表現したものであり、思想的いとなみとも深い関係を有している。ちなみに満之が「臘扇」と名のる時期は、明治三一（一八九八）年八月一五日〜明治三五（一九〇二）年一一月五日である。

徒然雑誌続　『徒然雑誌』は、明治三一（一八九八）年三月一六日より同年八月一四日までの半年間の日記である。内題に「明治三十一年三月十六日起／徒然雑誌　第一号／病床雑誌第三号続」とあり、『病床雑誌〔第一号〕』『病床雑誌　第弐号』『病床雑誌　第参号』に引き続き記された。内題には「第一号」とあるが、第二号は作成されなかった。「徒然」とは、「何もすることがなくて手持ちぶさたであること。無為に時を過ごすこと。退屈であること。また、そのさま。つれづれ」などの意味である。ちなみにこの日記を記している四月に改革運動を切り上げ『教界時言』を廃刊、五月に京都白川村を引き払い「断然家族を挙げて、大浜町西方寺に投」（『全集（岩波）』八・四四二）じるのである。

白川会　真宗大谷派の宗門改革運動を推進した白川党の解散後、白川党の主要メンバーによって結成された会。ちなみに『徒然雑誌　第一号』の四月三日の記事には「一日来之協議終結于時午後二時　議決要領如左」（『全集（岩波）』八・三〇六）とあり、そのなかに「㈡毎夏一会」「㈤会旨秘密／㈥入退要条」などとあり、このときに発足した会と思われる。また口絵の「白川会会員」の写真の右余白に「明治三十一年四月撮写」と記されるが、この六名が集まったのは、京都・教界時言社において運動方針が協議されたときであり、四月一日から三日の間に撮影されたものと思われる（『徒然雑誌　第一号』）。撮影当時、この六名は僧籍除名処分をうけていたので俗服である。同じメンバーが僧服で撮影した白川党の写真はよく知られている（『全集（岩波）』第七巻口絵）。白川会という名称が、満之の日記の記述として最初に現れるのは、明治三一（一八九八）年七月九日の記事においてである。明治三一（一八九八）年八月五日に最初の会合が開かれているが、その時のメンバーは日記の記述から清沢満之、石川成章、今川覚神、稲葉昌丸、草間仁応、井上豊忠、月見覚了、（占部観順、占部公順）であったと考えられる。

四頁

二諦教報　同誌の奥付には「発行　毎月一五日一回」「編集兼発行人　山本喜代松　愛知県額田郡福岡町字福岡丁百七十九番戸」「発行所　二諦教報社　愛知県額田郡福岡町」「申込所　二諦教報社支部　愛知県幡豆郡西尾町字本町」とある。申込所は占部観順の自坊唯法寺と思われる。『臘扇記』の記述によれば、満之は『二諦教報』に少なくとも二つの論稿を寄稿している。それは「宗義の研究」と「生死巌頭」である。前者は、その存在が確認されていない。後者は、『全集（岩波）』第六巻に収録されており、その記名は「清沢臘扇」である。

無尽灯　ここでは『無尽灯』第三巻第八号のこと。『無尽灯』は、明治二八（一八九五）年一一月二〇日、真宗大学の有志によって教学振興のために創立された無尽灯社が発刊した機関誌である。ちなみに創刊号には「編輯者　上杉文秀」「発行者兼印刷者　藤分法賢」とある。

言志四録　岩村藩士、儒学者である佐藤一斎《さとういっさい》（一七七二～一八五九）による『言志録』、『言志後録』、『言志晩録』、『言志耋《てつ》録』の四書の総称。総一一三三条。満之は佐藤一斎の名をよく口に出したと伝えられる（『全集（法蔵館）』Ⅷ・二七七参照）。

五頁

養生〜気。　江戸時代の本草学者、儒学者である貝原益軒（一六三〇～一七一四）の『和漢名数大全』（全三冊、弘化四（一八四七）年）収録の第二冊『続和漢名数大全』（第八七丁右）からの抜粋。本書は西方寺の満之の蔵書に現存している。ちなみに益軒の『養生訓』（巻第二・五四項）には「思寡くして神を養い、慾寡くして精を養い、飲食を寡くして胃を養い、言寡くして気を養うべし。是養生の四寡なり。」とある。ここでは「飲食を寡くして胃を養い」を省いて「三寡」としている。

三為会　真宗大谷派宗門改革運動の結果として、真宗京都中学校革新団一同に真宗東京中学への転学が命ぜられた。このことを契機として、「三省会」の会員であった桜部公馨、渡辺徹到、野々山照界、大渓専、舟橋水哉、山田月樵、多田鼎（以上、真宗大学生）、大原善俊、大河内了知、山田文昭、水頭嶺雲、岡本春岳、泉慧嶽、池浦恵秀（以上、真宗中学生）の一四名が創立員となり、発足した会。明治三一（一八九八）年八月二三、二四日に最初の夏期大会が小山敬専寺で開催された。

三為説口演　三為会における満之の講演。その筆録「三為の説」は『法話新誌』に掲載された（『全集（岩波）』第七巻所収）。

殺身〜財気　前出『続和漢名数大全』の「第十養生」の項に引用される『月令広義』の語（第八七丁右）。「身を殺す四つの忌みはばかるべきことは飲酒と色情と財産と気力である。」の意か。ちなみに『全集（法蔵館）』以前は「殺身四鬼」として掲載されていた。

六頁

月令〜力也　前出『続和漢名数大全』第八七丁右からの抜粋。『月令広義』は明の馮応京が編集した二五巻の書のこと。これは先に秦の呂不韋が集めた一二ヶ月の年中行事の書を解説したもの。引用文の大意は「ここに忌みはばかれている気とは、多弁や忿恚（いかり）や争闘（あらそい）などにわけもなく気力を用いることである。」である。

棚尾新橋碑銘　満之が架橋の由来について草した棚尾橋架橋碑（石碑）の銘のこと。現在は光輪寺（愛知県碧南市棚尾）の境内にある（『全集（岩波）』九・三三四〜三三五参照）。

七頁

至心〜己也　親鸞の曾孫、本願寺三世である覚如（一二七〇〜一三五一）が作成した親鸞の徳を称讃する書『報恩講私記』一巻の「しかるに、祖師〔親鸞〕聖人、至心信楽己を忘れて、速やかに無行不成の願海に帰し、憶念称名、精有《いさみ》りて、鎮《とこしな》えに不断無辺の光益《こうやく》に関《あずか》る。」（『聖典』七四〇頁）からの抜粋。

一〇頁

宗　義　親鸞が「広本六軸」つまり『教行信証』の中で明らかにした浄土真宗の根本的見解であって一定不易とされる。満之は、親鸞の建立した宗義と末学の討究による宗学とを混同してはならないと主張した。「貫練会を論す」（『教界時言』『全集（岩波）』第七巻所収）など参照。

本　典　本典とは、浄土真宗の立教開宗の根本聖典の意味で、『顕浄土真実教行証文類』（『教行信証』）の呼称。満之のまとまった『教行信証』研究としては「在床懺悔録」（『全集（岩波）』第二巻所収）がある。

一一頁

村上氏一条　明治三一（一八九八）年八月三〇日付月見覚了宛書簡（『全集（岩波）』九・一六八）および同年九月一日付月見覚了宛書簡（『全集（岩波）』九・一六九～一七〇）によれば、村上専精が吉田賢竜との問題によって寺務所へ辞表を提出したが、それを却下した事件。

新法～一条　明治三一（一八九八）年八月二三日、当法主現如（大谷光瑩）の子で新法主である大谷光演と、大谷瑩誠（能浄院）、大谷瑩亮（浄暁院）、前法主厳如《ごんにょ》（大谷光勝）の子である大谷勝信（慧日院）の三名の連枝が京都の東本願寺を脱出し、光演と瑩亮の二名は東京に、勝信と瑩誠の二名は上海に向った事件のこと。光演と瑩亮は東京、勝信は中国、瑩誠は台湾にとそれぞれの地における開教を表明していた。これについて八月三〇日に入手した『教学報知』で知った満之は、当時寺務所長であった石川舜台の画策との噂もあったが、「随分壮快なる一挙賛成の事」（八月三〇日付、月見覚了宛『全集（岩波）』九・一六八）と受けとめ、九月五日には西方寺において「大谷派一大事報告演説」（本書一一頁）を行い、四名の行動に対する賛意を表明した。

その後、満之が九月一〇日に名古屋経由で京都へ行き、さらに一八日に上京したことについて、西村見暁は「新事態に対処して同志の処置を相談せれられたものではないかと思う。そこへ十六日、新法主側近の葦原氏から「スグノボレ」という電報がとゞいた。そこで先生は一旦大浜の寺へ帰り、十八日の夜行で月見氏と一緒に東京へ上られた。」（西村見暁『清沢満之先生』二四二頁）と推測している。この上京がエピクテタスとの新たな出会いをもたらすのである。

ちなみに大谷勝信は明治三一年一一月一日、杭州城内忠清港に入り杭州日文館を興した。「杭州には別院を建設する計画もあつた。〔…〕建築をするまでには至らなかつた。」（『東本願寺上海開教六十年史』八三頁）とあり、明治三二年一月一八日の記事に勝信の随行であった福永茂三郎からの封書に「在清国杭州府忠清港日本本願寺別院内」（本書一〇四頁）とあるのはこのことを意味すると思われる。

関連記事〔八月二八日、九月一日、九月四日、九月五日、九月二一日、九月二二日、一二月二日、一二月三日〕

【参考文献】『東本願寺上海開教六十年史』東本願寺上海別院　一九三七年

大谷～演説　この演説会については、『教学報知』が次のように報じている。「四師遠征に関する三河の演説会　本月五日大浜町西方寺に於いて、大谷派四師遠征顛末の報告演説会を開く。弁士は清沢学士にして、諄々説き去り説き来りて、感涙胸に溢れけん。覚えず泣声以て一席を了す。満堂の聴衆亦た袖を絞りて、四師の壮図に感佩し、有志相議りて、東京、支那台湾の三方へ布教翼賛の喜捨金を送らんとて、直ちに集金に取り掛れり。〔明治三十一年九月九日・『教学報知』第八十八号〕」（『全集（法蔵館）』Ⅷ・二〇〇～二〇一）

関連記事〔九月一日〕

徳風雑誌　現、愛知県知立市新地町にある真宗大谷派称念寺の第二一代住職伊勢祖住が刊行した雑誌『徳風』のこと。

一七頁

星ヶ岡茶寮　「星岡茶寮」は、明治一七（一八八四）年に岩倉具視らの援助をうけて開設され、当時の政財界の重鎮たちをもてなしたといわれる料亭。

二二頁

エピクテト　ジョージ・ロング（George Long, 1801-1879）訳 "The Discourses of Epictetus" のこと。日記の記事によると満之は、九月一九日より一〇日間、沢柳政太郎宅に寄寓するが、その沢柳の書架にあったのがこの英訳書である。満之はこの抜き書きを九月二七日よりはじめている。満之はすでに明治二二（一八八九）年の「西洋哲学史試稿」「西洋哲学史講義」のなかでエピクテタスのストア主義の思想を紹介しており、また明治二五（一八九二）年には人見忠次郎にエピクテタスに関する独訳本の購入を依頼している。さらに『当用日記（明治三五年）』のなかの往時回想において「卅一年九月東上、沢柳氏に寄宿し、同氏蔵書中より、エピクテタス氏教訓書を借来す。」（『全集（岩波）』八・四四一～四四二）と記している。満之は、エピクテタスの『語録』を予の三部経の一つにあげ、また「西洋第一の書」と題していたと伝えられる（『全集（法蔵館）』Ⅷ・一七九参照）。イースタン・ブッディスト協会のウェイン・ヨコヤマ（Wayne Yokoyama）氏は“Editing Epictetus —— Kiyozawa Manshi's Rōsenki and Long's Discourses of Epictetus”（『花園大学文学部研究紀要』第三〇号　一九九八年三月）で、ロング訳と満之の『臘扇記』の引用箇所との関係について綿密な検討を行っている。ちなみに暁烏敏が『語録』にあわせて愛読したと伝えるローレストンの『教訓』は、T. W. Rolleston “The Teaching of Epictetus,” Being the ‘Encheiridion of Epictetus’ with Selections from the ‘Dissertations’ and ‘Fragments’, London: Walter Scott (The Scott Library) のことである。なお、安富信哉は「明治卅五年五月十一日本郷区本郷大和屋ヨリ購入／清沢満之所蔵」の書入れのある本書が大谷大学図書館に蔵されていることを指摘している。

本証寺　現、愛知県安城市野寺町野寺にある真宗大谷派本証寺のこと。雲竜山と号す。全国に末寺二〇〇余を有し、勝鬘寺、上宮寺とともに三河三カ寺の一と称される。住職であった小山（清沢）厳秀は満之の養父清沢厳照の弟。『臘扇記』には「野寺一件」などと出てくる。

二四頁

原　稿　『無尽灯』に連載の「仏教の効果は消極的なるか」（『全集（岩波）』第六巻）の原稿のこと。この論文は『無尽灯』第三巻の第九号から第一二号まで四回にわたって連載された。

二五頁

架橋碑文清書　棚尾橋架橋の由来について満之が草した棚尾橋架橋碑（石碑）の銘のこと。架橋碑は建立当初、堤防付近にあったと思われるが、護岸工事などによって移設され、現在は光輪寺（碧南市棚尾）の境内にある。なお、本稿の草稿と思われるものが『徒然雑誌 第一号』の六月二五日と二六日の記事の間に書かれている（『全集（岩波）』九・三三五に収録）。

二六頁

御一代聞書　『蓮如上人御一代記聞書』二巻は蓮如（一四一五～一四九九）の言行を中心に収録したもの。ここに示される「第四十三紙表面」という丁数は『真宗法要』もしくは『真宗宝典』に記された『真宗法要』の該当箇所を示すと思われる。ちなみに「四十三紙」には第一六～一九条までが掲載されている。

三一頁

野寺事件　愛知県安城市野寺町にある真宗大谷派本証寺の小山厳秀（満之の義父清沢厳照の実弟）が住職を退職し、佐々木秀鳳（上宮寺住職）が本証寺住職を兼務する特命があった（『病床雑誌』明治三一年一月二七日記事など参照）ことに関わる事件のこと。満之は小山厳秀や本証寺門信徒らの相談を受けていたと思われる。補注、本証寺の項も参照。

関連記事〔一〇月一五日、一〇月一八日、一〇月三一日、一一月二日、一一月六日、一一月七日、一一月八日、一一月二六日〕

占部　占部観順（一八二四～一九一〇）異安心事件のことか。占部は、一八九七年に真宗大学学監となったが、蓮如の『御文』の「たのむたすけたまへ」について論争があったとき、明治三一（一八九八）年の真宗大谷派の夏安居で信順説を主張したため、異義として取り調べを受け、学監免職・嗣講休職となった。翌年返答書を提出するが、擯斥。のち興正派に帰順し、三河に一乗寺を創立した。『全集（岩波）』九・一七八～一七九に関連の書簡がある。占部の学監就任については教界時言社のメンバーも関与していたようである。この事件の背景には改革派と真宗大谷派の学事施設である高倉学寮を中心とする保守派との対立構造があった。満之はこの事件に対しても占部観順や白川会のメンバーらと連絡をとりながら対応していることが窺われる。

関連記事〔一〇月一七日、一〇月二五日、一〇月二七日、一〇月二八日、一一月一八日、一二月二日、一二月三日」

【参考文献】畑辺初代「占部観順異安心調理事件」『大谷大学大学院研究紀要』第五号

巣　鴨　東京巣鴨監獄教誨師事件のこと。明治三一（一八九八）年九月四日に警視庁巣鴨監獄署長有馬四郎助が浅草本願寺の輪番であった大草慧実に対して、キリスト教の教誨師留岡幸助を採用するため大谷派からの四名の教誨師を一名を残し退職させる旨を通達したことから起こった問題。真宗大谷派は参務石川舜台が中心となって対応した。その後、おおきな社会的反響を巻き起こし、明治三二（一八九九）年三月には帝国会議で問題とされ、同年五月に留岡が免職、大谷派から二名がその後を襲うことで落着する。この事件に対して満之は一〇月一七日付の月見覚了宛の書簡において次のように述べている。「［前略］監獄問題に付いては、石翁〔石川舜台〕の手腕は随分えらきものと存居候。しかし其の根本が宗教的道徳的ならずして寧ろ政治的制度的なるには感心仕らず。国家に対しては、宗教家は飽迄宗教的道徳的に進み度、政治的制度的にては何程天下を動かし効果を収め得んも、宗教の精神には殆んど利害の疑はしきを覚へ候。しかしまあ遣り出したるものゆゑ、うまく遣り遂げ呉れ度と思居候、（此中へ自ら廻き込まる、事は、当時御断りの覚悟に候）。仏教青年会よりの激文〔ママ〕（及び近角兄よりの書もあり候へ共）に対しては未だ何とも返辞致さず候、（もー少し観察したる上、必要あらば回答もすべく候へ共、其の節は貴命の如く田舎漢の盲想ともせらる、を免れざるべくと存候）。／東洋教学院より同じく主意書及び賛成依頼状来り候へ共、此も打遣りに致居候。精しき規則を見ねば賛否も致し難く、無責任の（顧問員とか名誉員とか）面洒しは先づ止めてもらひ度存居候。／清川兄は、大兄よりの御注意もあり、郷里の方も推察よりは軽かりし由にて、差当り今の儘にて堪へ難きにもあらざれば、兎も角来年になりての事にする様通報有之、沢〔沢柳政太郎〕、岡〔岡田良平〕二氏へは直ちに急がぬ（本年中は移動し難き）旨伝報致置候。」（『全集（岩波）』九・一七八〜一七九）

関連記事〔一〇月一七日、一〇月一九日、一〇月二一日〕

【参考文献】『巣鴨監獄教誨師紛擾顚末』社会評論　一九八九　『教誨百年』浄土真宗本願寺派本願寺・真宗大谷派本願寺　一九七四

三二頁

社会評論　『社会評論』は、安藤正純を編集代表者として発刊された機関誌である。ここにいう号外とは、巣鴨監獄事件に関して出された『社会評論』第三号に掲載された一〇月一八日付の「全国の仏徒に檄する書」(『巣鴨監獄教誨師紛擾顚末』七二～七五頁)のことか。

学士会月報　明治二一(一八八八)年一月創刊の『学士会月報』第一二八号(明治三一(一八九八)年一〇月一五日発行　学士会)のこと。学士会とは、帝国大学出身の学士を中心に組織している会であるが、ここでは東京帝国大学のことを指す。

独生～独来　浄土三部経の一、『無量寿経』下巻の三毒段にある「人、世間の愛欲の中にありて、独り生じ独り死し独り去り独り来りて、行に当り苦楽の地に至り趣く。身、自らこれを当《う》くるに、有《たれ》も代わる者なし。」(『聖典』六〇頁)からの引用。

三四頁

哲学雑誌　明治三一(一八九八)年一〇月一〇日発行の『哲学雑誌』第一三巻第一四〇号のこと。『哲学雑誌』は、明治一七(一八八四)年に設立された哲学会の機関誌として明治二〇(一八八七)年より発行。満之も会の設立に関わり、改題前の『哲学会雑誌』に論文を投稿している。ちなみに哲学会は、明治一九(一八八六)年には役員を定め、会長加藤弘之、副会長外山正一とした。

三七頁

飛　檄　織田得能の檄文のこと。この問題については、「明治三十一年十一月に、巣鴨監獄教誨師問題で、仏教徒国民同盟会や仏教青年会などと共に、東本願寺の独裁者石川舜台と大喧嘩をして、宗制により学階も住職も公職も、一切剝脱〔ママ〕せられてしまった。巣鴨監獄事件というのは、こうである。これまで監獄教誨は、仏教宗派の専売特許であったのを、キリスト教の教誨師にも、教誨を許すということに、政府の方針が決まった。このことを石川舜台が承知したということは、実にけしからぬというのが巣鴨監獄事件である。反対者の論拠は、仏教徒に比べてキリスト教徒の数はものの数ではない、それを許すとは実にけしからぬというのである。欧州視察もして世界の情勢もわかっている石川舜台の方では、社会の大勢上から判断して、これはやむをえない、という考えであったらしい。ともかくも石川は彼を処罰してしまったのである。そして得能は『王法為本』という小冊子を発行して、石川のやり方に当たりちらしたのである。」（常光浩然『明治の仏教者　上』春秋社　一九六八）とある。織田の檄文に対する処分については「其方儀本年十月二十二日同月下浣《げかん》並十一月一日附ヲ以テ印刷物ヲ衆人ニ配布シタル所為ハ宗制寺法第八十九條及賞罰例細則第四十三條ニ該当スルヲ以テ除名ニ処ス（十一月十日）」（『宗報第二号附録』）とある。また織田はこの問題に関わって『王法為本論』（光融館　一八九七）を著している。

請求　信順　蓮如の『御文』に出る「たのむたすけたまへ」について請求《しょうぐ》説と信順説があること。請求説とは、蓮如の『御文』の「たすけたまへ」は仏体に向かって「助けてくだされ」と請い求めることであるとする立場のこと。信順派とは「たすけたまへ」は仏の勅命に信《まか》せ順うことであるとする立場である。占部観順は、信順説を主張した。この論争は単にアカデミックなものではなく「宗学の伝統的評価をめぐる二つの潮流の対決」（畑辺初代「占部観順異安心調理事件」四〇頁）であったと思われる。

四一頁

念々称名常懺悔　善導の『般舟讃』の語。「念々に称名して常に懺悔すべし」と訓む。「一切の善業は廻して生ずる利あれども　願往生　専ら弥陀の号を念ずるに如かず　無量楽　念念に称名して常に懺悔す　願往生　人能く仏を念ずれば仏還憶したまふ　無量楽　凡聖相知り境相照らす　願往生」（『真聖全』第一巻七〇七頁　原漢文）からの引用。

自信教人信　善導『往生礼讃偈』の「仏世はなはだ値い難し、人信慧あること難し。たまたま希有の法を聞くこと、これまた最も難しとす。自ら信じ人を教えて信ぜしむ、難きが中に転た更難し。大悲、弘く普く化する、真に仏恩を報ずるに成る」（『聖典』二四七頁）からの引用。ちなみに満之はこの語を、明治三三（一九〇〇）年の真宗大学東京移転開校式に引用して「本学は他の学校とは異りまして宗教学校なること殊に仏教の中に於て浄土真宗の学場であります　即ち我々が信奉する本願他力の宗義に基きまして我々に於て最大事件なる自己の信念の確立の上に其信仰を他に伝へる即ち自信教人信の誠を尽すべき人物を養成するのが本学の特質であります」（『全集（岩波）』七・三六四）と述べている。

四四頁

宗報第一号　真宗大谷派の機関誌の『宗報』第一号（明治三一（一八九八）年一〇月二三日）のこと。この月、それまでの『常葉』から『宗報』と改題された。

歎異抄　『歎異抄』は親鸞没後三〇年頃になった親鸞の語録を含む書。弟子唯円の編といわれ、親鸞の没後におこってきた異義に対し親鸞の真意をつたえようとしたもの。満之は若き日より『歎異抄』に親しんでいた。またみずからの信仰の確立に資した「予の三部経」の一にあげており、『歎異抄』が明治以後多く読まれるようになったのは満之の影響によるとされる。

念仏～のみ　『歎異抄』第二章の「親鸞におきては、ただ念仏して、弥陀にたすけられまいらすべしと、よきひとのおおせをかぶりて、信ずるほかに別の子細なきなり。念仏は、まことに浄土にうまるるたねにてやはんべるらん、また、地獄におつべき業にてやはんべるらん。総じてもって存知せざるなり。たとい、法然聖人にすかされまいらせて、念仏して地獄におちたりとも、さらに後悔すべからずそうろう。」（『聖典』六二七頁）の要旨。

四六頁

伝光録　瑩山紹瑾《けいざんじょうきん》（一二六八～一三二五）の『伝光録』のこと。釈尊より達磨大師を経てわが国永平寺の道元、懐奘両禅師にいたる五三代の古徳を伝統順に列挙しその悟語を例示し禅師が評唱《ひょうしょう》を加えたもの。

人々～好日　『伝光録』に出る第一〇祖脇尊者《きょうそんじゃ》の語。「人々皆道器なり、日々皆好日なり。」と訓むか。『伝光録』には「人人悉ク道器ナリ。日日是好日ナリ。」（『大正蔵』八二巻三五七―a）とある。また、道元（一二〇〇～一二五三）の語録『正法眼蔵随聞記』巻五第八節には、「人々皆な仏法の器なり、かならず非器なりと思うことなかれ、依行せば必ず証を得べきなり。」とある。

四七頁

東京大派末寺同志会　明治三一(一八九八)年一〇月三一日に東京府下一三五ケ寺の真宗大谷派の末寺諸氏が浅草本願寺に集まり、監獄問題に関して討議し結成された会。一二名の委員を選出し、同会設立の一切と、監獄問題の運動を一任。委員を中心に主義・綱領を定め、事務所を浅草松葉町の真竜寺内に置き、発足した。主義・綱領は、本書同頁の通り。

檄　文　飛檄の内容については以下の通り。「飛檄／夫れ宗教の事たる神聖にして区々たる俗吏の容喙を容《ゆ》るさず、若し恣《ほしいまま》に其意に一任せんか、政教の関係の上に甚だしき乱階を造り、弊や遂に底止するところを知らざるに至らん、這回の巣鴨監獄教誨師事件の如き、実に其乱階の第一歩にして、教界の一大事なり、若し当局者の為すが儘に放任して顧みるところなからんか、其権利は侵害せられ、其の職責は蹂躙〔ママ〕せられ、徒《いたずら》に刀筆の吏が頤《い》使《し》するところとなるに至らん、此の如くんば教家の面目夫れ将た何を以てか全ふするを得ん、然れとも吾曹は温良柔軟を以て徳とし、和合恭謙を以て多しとするもの、私かに当局者が自から其非を反省し、適法の行動を為すあるの日を待つこと茲に幾旬、漸く国民輿論の声は高く、新聞に、雑誌に、演説に、談話に、質問に、請願に、今や全国至るところとして此声を聞かざるなきに至るも、尚且当局者は言を左右にして恬として之を顧みざるは何ぞや、我曹不敬未だ国家に貢献し仏教に報酬するところなしと雖、一片愛国護法の赤心奚《いか》んか人後に落ちんや、乃こゝに東京大派末寺同志会を組織し厳護法城の門を開て広く天下の公論に訴へ、速かに其責任の所在を明かにせしめんと欲す、而して此の如き事の起る所以、畢竟政府が宗教に対する制度明かならず、政治家が宗教家に対する態度定まらざるに因するを以て、進ては政府に迫りて、宗教制度を確立し、以て政教の関係を明かにせしめんと欲す、吾曹豈《あに》争を好むものならんや、蓋し止むを得ざればなり、敢て檄す、」(『巣鴨監獄教誨師紛擾顛末』明治三二(一八九九)年一二月六日　社会評論社　九三〜九四頁参照)

王法為本　「王法を本と為す」と訓む。王法は王が定めた法の意で、国家の理念、法律、秩序の総称のこと。

蓮如の「ことに、まず王法をもって本とし、仁義をさきとして、世間通途の義に順じて、当流安心をば内心にふかくたくわえて、外相に法流のすがたを他宗他家にみえぬようにふるまうべし。」（『御文』第三帖第一二通『聖典』八一二頁）などによる説。

五〇頁

同会報　台湾協会の会報『台湾協会会報』創刊号（明治三一（一八九八）年一〇月）のこと。当時、台湾に関する総合的な情報を提供した唯一の雑誌とされる。

道何〜也。　文中の《道不遠於人、遠於人非道。》は、「子曰く、道は人に遠からず。人の道を為して人に遠きは、もって道と為す可からず。」（『中庸』第一三章　原漢文）の取意、もしくは関連する文か。

五六頁

報恩講　祖師親鸞の命日に報恩のために行う仏事。覚如が『報恩講私記』を著して形式をととのえ、大谷の廟堂では御報恩念仏会と称して七日間行われた。のち、勤式作法が定められて御正忌、報恩講として末寺道場にも普及した。真宗大谷派東本願寺では一一月二一日から二八日の七日間営まれているが、末寺では御正忌より前に予修し、これを引上会、御取越などという。

六五頁

仏教、第　号　『仏教』は、『能潤会雑誌』『能潤新報』の後継雑誌として第一号が明治二二（一八八九）年三月に「仏教学会」から発行された。満之は「他力信仰の発得」（『仏教』第一五一号明治三二（一八九九）年六月発行。『全集（岩波）』六巻）などを寄稿している。

七〇頁

僧問〜曰有　『従容録』（『大正蔵』第四八巻二三八—b）もしくは『無門関』（『大正蔵』第四八巻二九二—c）に出る「趙州狗子」と呼ばれる公案によると思われる。ちなみに『従容録』には「挙す。僧、趙州《じょうしゅう》に問ふ、狗子に還《かえ》って仏性有りや也《また》無しや。〔…〕州云く、有。〔…〕僧云く、既に有り。甚麼《なん》としてか却って這箇《しゃこ》の皮袋に撞入《どうにゅう》するや。〔…〕州云く、他《た》の知って故《ことさら》に犯すが為なり。〔…〕又僧有り問ふ、狗子に還って仏性有りや也《また》無しや。〔…〕州曰く、無。〔…〕僧云く、一切衆生皆仏性有り。狗子什《な》麼《ん》としてか却って無なる。〔…〕州云く、伊《かれ》に業識《ごっしき》の在り有るが為なり。〔…〕」（『従容録』第一八則　原漢文）とある。『従容録』六巻は、万松行秀の編になる中国宋時代の禅の公案集。一二二三年成立。その第一八則に趙州狗子という仏性に関する公案が挙げられている。趙州は、趙州従諗《じゅうしん》（七七八～八九七）のこと、中国唐末の禅僧である。この公案の大意は「僧が趙州に質問した。『犬にも仏性がありますか』。趙州が言った。『有る』。僧が言った。『仏性があるなら、どうしてあんな皮袋に入っているのです』。趙州が言った。『かれは承知してわざとしているのだ』。別の僧が質問した。『犬にも仏性がありますか』。趙州が言った。『無い』。僧が言った。『一切衆生みな仏性あり、と言います。犬にはどうして無いのです』。趙州が言った。『前世の行為が悪すぎて、成仏できないのだ』。」である。この公案は道元『正法眼蔵』「仏性」（『大正蔵』第八二巻九九c～一〇〇b）にも取り上げられる。趙州のいうところの有無は物のあるなしをいうのではなく、存在を超えた仏性の実態を示したもの（『禅学大辞典』上巻五五四頁参照）。

其仏～往生　『無量寿経』下巻「東方偈」の文。「その仏の本願の力、名《みな》を聞きて往生せんと欲え」（『聖典』四九頁）と訓む。

七一頁

山谷～地直　前出『続和漢名数大全』第八六丁右、「山谷養生四印　山谷送張叔和詩　四印蓋忍黙平直也　百戦百勝　不如一忍　万言万当　不如一黙　無可簡択　眼界平　不蔵秋毫　心地直」からの抜粋。山谷は宋代の詩人・書家として有名で山谷道人と号した黄庭堅《こうていけん》（一〇四五～一一〇五）のことか。引用文の大意は「すべての戦いで勝つよりもひとたび忍ぶことのほうがすぐれている。たくさんの言葉で言い当てるよりもひとたびの沈黙のほうがすぐれている。簡ぶところがなければ平等に見ることができる。うちに少しも隠したものがなければ心境はまっすぐである。」である。

七三頁

明治～講演　明治二九（一八九六）年七月の静岡県浜名郡新居町で開催された、大日本仏教青年会の第四回夏期講習会における講演のこと。その筆録は「宗教と道徳の関係」（『全集（岩波）』第二巻所収）。

七六頁

八宗綱要　鎌倉時代の華厳宗の代表的学僧凝然《ぎょうねん》（一二四〇～一三二一）が著した仏教概説書。二巻。最初に仏教の基本について叙述し、ついで奈良・平安時代の宗派である倶舎宗・成実宗・律宗・法相宗・三論宗・天台宗・華厳宗・真言宗の八宗について、宗名の由来、拠り所となっている経論、インド・中国・日本に渡る歴史、および教理の要点についての概説。最後に鎌倉時代の宗派である禅宗と浄土宗について短い説明が加えられている。（岩波『仏教辞典』「八宗綱要」の項参照）

伝通縁起　凝然の『三国仏法伝通縁起』のこと。各宗伝播の事歴をインド・中国・日本の三国に亘って記したもので、上巻は、インドにおける仏法伝通の概略と中国の毘曇・成実・戒律・三論・涅槃・地論・浄土・禅・摂論・天台・華厳・法相・真言の十三宗について、中巻と下巻とには三論・法相・華厳・倶舎・成実・律・天台・真言の日本八宗における流伝などを記す。

七七頁

偉人～山人　東京日本橋・裳華房から明治三一（一八九八）年一〇月に発行された『偉人史叢　第二輯第二巻　蜀山人　全』のこと。蜀山人を担当したのは鶴見吐香。蜀山人については補注「人物解説」を参照。

七九頁

三河仏教同志会　会の結成については以下のようにある。「〇三河国同志会の設立。　先日三河国安城駅の安城館に於て、同国有志大会の結果、標題の如き団体を組織し、事務所を岡崎町に置けり、同会は同志の僧侶を以て組織し、仏教本来の目的を発揮し、仏教徒の一致力を鞏固にし、社会の安寧に資せんとするを目的とす、其目的を達せんが為め、政府をして仏教を公認教たらしむる事、政府をして速に宗教に対する処置を明了ならしむる事、仏教の繁栄を妨げんとする不正の行為をなすものある時は、自衛上之を排斥する事等の実行を期し、各地団体と気脈を通じ、同一方針を以て進行する決心なりと、」（『巣鴨監獄教誨師紛擾顛末』明治三二（一八九九）年一二月六日　社会評論社　一二九頁参照）。

八五頁

安心決定鈔　『安心決定鈔』二巻は、著者不明。蓮如

が重視した聖教。満之は『安心決定鈔』に早くから注目し、明治二三（一八九〇）年の『聖教抜萃』（『全集（岩波）』第九巻所収）に書写している。また明治二八（一八九五）年頃執筆の『在床懺悔録』においても「機法一体衆生ノ三業ト仏ノ三業ト云々（安心決定鈔？ヲ見ルベシ）」（『全集（岩波）』二・一三）「他力真宗ノ信者ハ称名念仏ヲ以テ其行トス　而シテ信既ニ他力回向ノ仏心ナレハ行モ亦随テ他力回向ノ仏行タルコト勿論ナリ　朝ナ〳〵仏ト共ニ起キタナ〳〵仏ト共ニ伏ス云々（安心決定鈔？）」（『全集（岩波）』二・一七）と引用している。また多田鼎は「三十一年の八月、三河小山の敬専寺に開かれたる三為会には、先生病を推して来りたまひぬ。先生時に、「朝な〳〵仏とともに起き、夕な〳〵仏を抱きて臥す」の御語を、余に対する法話の間に宣べらる。予問うて曰く、先生、そは何の御語ぞや。先生曰く、『安心決定鈔』の御語なるを知らざるかと。余乃ち家に帰りて、直ちに此の書を拝読す。たふとさ身にしみぬ。四十余年来繙けども見あかぬと中祖の宣へる『安心決定鈔』は、余実に先生に導かれて之を知れるなり。」（『全集（法蔵館）』Ⅷ・一八五）というエピソードを伝えている。

朝な〜伏す　原文は「あさなあさな、仏とともにおき、ゆうなゆうな、仏をいだきてふす」（『聖典』九五三頁）。もと中国の傅大士《ふだいし》（四九七〜五六九）の言葉。

臨済録　臨済《りんざい》義玄《ぎげん》（？〜八六七）の著書『鎮州臨済慧照禅師語録』のこと。臨済の生涯の言行を凝縮し「上堂・示衆・勘弁・行録」の四軸に集約している。

有一〜出入　『臨済録』上堂　三の「上堂云く、赤肉団上に一無位の真人有り。常に汝等諸人の面門より出入す。未だ証拠せざる者は、看よ看よ。」（『大正蔵』第四七巻四九六―C）からの引用だが、満之は『臨済録』の「一無位真人」を「一無為真人」と読みかえている。「無為」とは「さまざまな原因や条件によって生成されたものでないこと」を示し、そして「真人」とは仏の異名である。典拠の文の大意は、「臨済義玄禅師が法堂の須弥壇に上がって、おっしゃった。我々の肉体に、唯一の位の無い真実の人がいる。いつも、皆さまの感覚器官より出たり、入ったりしている。まだ、気づいていない者は、気づけ、気づけ。」である。

八七頁

御　跡　御門跡の略か。門跡とは寺格のこと、明治四（一八七一）年門跡の制は廃されたが、明治一八（一八八五）年私称が許されると東本願寺などが請により門跡号を許された。ここでは当時、東本願寺第二二世大谷光瑩（一八五二～一九二三、法名現如）のこと。

九一頁

大日本仏教青年会　明治二五（一八九二）年に、東京帝国大学、第一高等中学校、東京専門学校、慶応義塾、哲学館、その他官私立諸学校に在席する学生仏教徒数十名が東京駒込真浄寺に結集し、東都仏教青年大会が開かれ、大日本仏教青年会が結成された。福沢諭吉、大内青巒、島地黙雷等の後援があったという。会の中心的事業は釈尊誕生会と夏期講習会の開催である。とくに夏期講習会は「毎年便宜の地に於て夏期講習会を開くこと」とあり、二週間にわたり高僧名士などを招いて講義を聞き、主張演説、茶話会、遠足なども適宜行っている。

満之も夏期講習会の講師として招かれている。明治三一（一八九八）年七月の夏期講習会に招かれ、七月一三日「読阿含談緒言」、一四日「蜱肆経略説」、一五日「無常論」、一八日満講「無常経文」を講じている（『徒然雑誌』『全集（岩波）』八・三二八～三二九）。ちなみに明治三一年前後の夏期講習会を挙げれば次の通り。

第五回　明治二九（一八九六）年七月一三日より二週間
　東西連合　遠州新居町竜谷寺

第六回　明治三〇（一八九七）年七月六日より二週間
　松島瑞巌寺

第七回　明治三一（一八九八）年七月一〇日より二週間
　東西連合　尾張知多郡常滑町正住院

第八回　明治三二（一八九九）年七月一二日より二週間
　東西連合　越前敦賀万象閣

また関西における学生仏教青年会の連合組織である関西仏教青年会は、明治三一（一八九八）年二月、当時の第三高等学校、京都帝国大学、西本願寺大学林・文学寮、真宗京都中学校、東本願寺高倉大学寮など、京都の官私立諸学校に在席する学生仏教徒が中心となって創立されている。

【参考文献】竜渓章雄「明治期の仏教青年会運動（上）—

大日本仏教青年会を中心として―」『真宗学七五・七六村上速水教授定年退職記念特集号　親鸞教義の研究』竜谷大学真宗学会　一九八七

仏教徒国民同盟会　仏教徒国民同盟のことか。この同盟によって『政教時報』が発行される。その創刊号によれば「僧侶を除き仏教各宗信徒及び通仏教的道徳の感化を受けたるもの」によって組織されたとある。発行所は「東京市本郷区森川町一番地」と記す。

九四頁

浄念寺　清沢厳照の四女清沢かづの嫁ぎ先となる真宗大谷派の寺院。「名古屋事件」とは清沢かづと土方現輝の婚約のこと。清沢かづは、明治三五(一九〇二)年に、浄念寺第一八世土方現輝の後妻として入籍。

九五頁

学士会名簿　学士会とは、帝国大学出身の学士を中心に組織している会であるが、ここでは東京帝国大学のことを指す。ここではその名簿のこと。

九八頁

年賀〜配送　「石八」より「諸寺院」までの年賀を配送した相手については以下の通り。「石八」…西方寺隣家の石川八郎治(一八四四〜一九一八)のこと。西方寺門徒。「千賀」…大浜町長を務めた近藤又左衛門(一八五九〜一九二六)の雅号「仙霞」のことか。「赤堀」…赤堀孝太郎(一八六七〜一九二三)のこと。西方寺門前に在住の医師。「三島」…三島安平のことか。西方寺門徒。明治初期に大浜村の代表者を務めた。「都築」…不詳。「酒井」…不詳。「町長」…不詳。「分署長」…不詳。「郵便局長」…不詳。「古居」…現、愛知県碧南市鶴ヶ崎在住の古居七兵衛のことか。「金八」…金八は屋号。貿易商の岡本八右衛門(一八四七〜一九一六)のこと。「片山庄蔵」…現、碧南市新川地区の名士。改革運動に賛同。「竹四郎」…現、碧南市新川地区在住の亀山竹四郎(一八六八〜一九四三)のこと。西方寺門徒。改革運動に賛同。「稲吉」…改革運動に賛同した加藤稲吉(?〜一九〇四)のことか。「両佐藤」…両半(屋号)の佐藤半一郎のことか。あるいは二名の佐藤の意か。「岡文」…改革運動に賛同した現、碧南市新川地区在住の岡田文助のことか。「所助」…現、愛知県半田市亀崎在住の水口所助のことか。「永坂茂三郎」…一八七三年～一九六六年。明治三四年～三五年に棚尾村収入役を務めた。「妙福寺」…現、碧南市志貴町にある浄土宗西山深草派の寺院。「安」…現、碧南市棚尾本町にある真宗大谷派安専寺のことか。「片山富太郎」…新川村（現、碧南市新川地区）収入役を務めた。砂糖商。改革運動に賛同。「光」…現、碧南市棚尾本町にある真宗大谷派光輪寺のことか。「本」…現、碧南市築山町にある真宗大谷派本伝寺のことか。「清」…現、碧南市築山町にある浄土宗鎮西派清浄院のことか。「称」…現、碧南市築山町にある時宗称名寺のことか。「海」…現、碧南市音羽町にある浄土宗西山深草派海徳寺のことか。「林」…現、碧南市本郷町にある曹洞宗林泉寺のことか。「法」…現、碧南市道場山町にある浄土真宗本願寺派法林寺のことか。「常」…現、碧南市伏見町にある真宗大谷派常瑞寺のことか。あるいは、現、碧南市本郷町にある浄土宗鎮西派常行院のことか。

一〇二頁

政教時報　『政教時報』は、明治三二（一八九九）年一月一日、仏教徒国民同盟によって創刊された。満之の「心霊の諸徳」（『全集（岩波）』第七巻所収）などが掲載された。

一〇六頁

教学報知　ここでは明治三二（一八九九）年一月二三日発行『教学報知』第一五一号（三頁）に出る「由理滴水師の示寂」の記事のこと。『教学報知』は、真渓正遵（涙骨）（一八六九～一九五六）が仏教の振起拡張と宗教界の革新を志し、京都の山科に教学報知新聞社を創立して、明治三〇（一八九七）年に創刊された新聞。明治三五（一九〇二）年に『中外日報』と改称。

『臘扇記』に出る儀式等

・『臘扇記』に出る儀式等について、装束、声明、儀式・行事、荘厳の順に説明する。
・『臘扇記』に出る儀式に関連する語句は太字で示し、本文中の頁を〔　〕で示した。

〈西方寺について〉

愛知県碧南市大浜にある真宗大谷派の寺院。寺伝では、念雅が親鸞に帰依して光照寺を開創し、明応五（一四九六）年、念法のとき大浜に移り西方寺と改称したという。満之は明治二一（一八八八）年に入寺した。西方寺は三河地方随一の大坊で、当時の寺格は別格由緒であり、そこでなされる儀式も格式高いものである。

〈満之の情況について〉

当時、住職清沢厳照が健在で、さらに改革運動で奔走していた満之の代わりに、今川覚神の推挙により、藤分法賢が明治三〇（一九八八）年六月に婿養子となり寺役を手伝っていた。また、結核を病んで帰寺した満之自身が法要などに参勤することは少なかったようである。先述のように、西方寺は大坊で、葬儀や法事など関わる仏事はかなり多くあったが、満之自身が携わった記事は極めて少ない。

《装　束》

七条〔一〇一頁〕　七条袈裟のこと。真宗大谷派の定める衣体（装束）のうち、袈裟の一。正装として重要な法要式で用いられる。七条と示されるだけで自ずから服装構成が決まる。

五条〔一一、八三、八四、九八、九九頁〕・**五**〔八四、九九、一〇〇、一〇一頁〕　五条袈裟のこと。真宗大谷派の定める衣体のうち、袈裟の一。主に法要などの儀式で用いられる。

墨〔八三頁〕　墨袈裟《すみげさ》のこと。真宗大谷派の定める衣体のうち、袈裟の一。袈裟の色は黒色に限る。外陣出仕あるいは外陣参詣の場合などに用いられる。

素絹《そけん》〔九八、九九頁〕・**素**〔九九、一〇〇、一〇一頁〕　裳附《もつけ》のこと。真宗大谷派の定める衣体のうち、衣の一。裳附は、従来白が本儀であるから素絹という名称で用いられた。

道服〔八三、八四、九九頁〕・**道**〔九九頁〕 色直綴《いろじきとつ》のこと。真宗大谷派の定める衣体のうち、衣の一。

黒衣《こくえ》〔一一頁〕・**黒**〔八三、八四頁〕 直綴のこと。真宗大谷派の定める衣体のうち、衣の一。黒一色で仕立てられているので黒衣という。

差貫《さしぬき》〔九九、一〇〇頁〕 真宗大谷派の定める衣体のうち、袴の一。裳附の下に着用する。

《声　明》

調声《ちょうしょう》〔一一、九八、一〇一、一〇六頁〕 勤行の調子を定めて発声することであり、調声者は勤行の音程を導き調子を調える役目をもつ。

三経〔八七、九四、九五、九六、九八、九九、一〇三、一〇五頁〕 浄土三部経のこと。『仏説無量寿経』（**大**〔九五、九八頁〕、**上**〔八七、九五、九八、九九、一〇四頁〕・**下**〔八七頁〕巻）（『大経』）、『仏説観無量寿経』（『**観経**』〔九六頁〕）、『仏説阿弥陀経』（『**小経**』〔一一、九八、九九頁〕、**小**〔九五、一〇四頁〕）のこと。年忌法事などで読誦する。

漢音小経〔九八頁〕 漢音で『仏説阿弥陀経』を読誦すること。

正信偈〔一一、八三、八四、九八頁〕・**偈**〔一〇六頁〕 正信念仏偈のこと。親鸞の『教行信証』「行巻」の末に出る偈文。勤行における正信偈の諷誦《ふうじゅ》には九種あり、法要に応じて定められる。

文類〔八四、一〇六頁〕 文類偈のこと。親鸞の『浄土文類聚鈔』に出る念仏正信偈のこと。勤行においては、正信念仏偈と混同しないように、文類偈と略称される。文類偈の諷誦には五種あり、法要に応じて定められる。

行〔八四、一〇六頁〕 ここでは行四句目下のこと。正信偈及び文類偈の諷誦の一。法要の逮夜・日中などに勤められる。『臘扇記』本文中では、**行正信偈**〔八四頁〕、**偈行**〔一〇六頁〕と表され、これは正信偈を行四句目下で勤めることを意味する。

艸読《そうどく》〔一〇六頁〕・**草読**〔一〇六頁〕 草四句目下のこと。正信偈及び文類偈の諷誦の一。法要の逮夜・日中などに勤められる。『臘扇記』本文中では、**偈艸読**〔一〇六頁〕、

文類草読〔一〇六頁〕と表され、偈艸読は正信偈を草四句目下で勤めること、文類草読は文類偈を草四句目下で勤めることを意味する。

念仏〔九九、一〇〇、一〇五、一〇六頁〕・**念**〔八四、一〇〇、一〇一、一〇六頁〕　声明における念仏の種類は大きく分けて二種類あり、南無阿弥陀仏の六字を全部称える六字完称念仏と経後や偈文の後に用いられる短念仏とがある。六字完称念仏は、主に和讃と共に用いられ、初重・二重・三重と次第に音程を上げてゆく勤行に用いられる。淘の数には、二淘・**三淘**〔一一、八三、八四、一〇六頁〕・五三淘・**五**〔八四、一〇六頁〕淘・**八淘**〔一〇〇、一〇一頁〕・十淘・十二淘の七種類があり、法要の軽重に応じて用いられる。（淘については別述。）『臘扇記』本文中で**念五**〔八四、一〇六頁〕や**念讃三淘**〔一〇六頁〕、**念讃八淘**〔一〇〇、一〇一頁〕と表されているのは、念仏および和讃の淘を表している。例えば、念讃八淘は、念仏・和讃共に八淘で勤めることを意味する。**念五　讃三**〔八四、一〇六頁〕は、念仏を五淘、和讃を三淘で勤めること、もしくは念仏・和讃共に五淘、且つ和讃を三首勤めることを意味すると思われる。短念仏は、称え方に七種類あり、それぞれ用途に応じて称えられる。

淘《ゆり》〔一一、八三、八四、一〇〇、一〇一、一〇六頁〕　念仏・和讃・回向などには、節譜が付され、声明では、その節譜の種類や組み合わせにより、音の長短・高低・遅速などの変化をつけていく。淘とは、全体を通した節譜構成の種類を意味し、淘の数が増えるほどに節譜の数が増え、より複雑となり、法要もより重いものとなる。

式間《しきあい》**念仏**〔九九、一〇〇頁〕　念仏のうち短念仏の一。式間念仏は、『報恩講私記』（『式文』）を拝読する間に称える念仏である。

和讃〔八四、一〇五、一〇六頁〕・**讃**〔八四、一〇〇、一〇一、一〇六頁〕　三帖和讃（『浄土和讃』・『高僧和讃』・『正像末和讃』）を声明における和讃として用いる。四句をもって一首とする。正信偈・文類偈を勤める時に、**六首引**〔九八頁〕（**六首**〔一一、八三、八四、一〇六頁〕）や**三首引**〔一一頁〕（**三首**〔一〇六頁〕）と表されるときは、六字完称念仏と共に用いられ、初重・二重・三重と次第に音程を上げてゆく勤行に用いられる。また、主に経後などでは、懸和讃《かけわさん》として、和讃を二首(二首目は添《そえ》として一句目を略し、二句目の頭を調声とする)用いる。

結讃〔一〇一頁〕 六首引や三首引などで複数和讃を用いる場合の最後の和讃。『臘扇記』本文中では「**舎弟結讃調声**」〔一〇一頁〕と表されているが、これは巡讃で勤める最後の和讃(結讃)の調声を舎弟が勤めたことを意味する。巡讃とは、六首引または三首引の和讃の各句頭を内陣出仕者が巡回に独唱することである。

掛和讃〔一〇五頁〕 和讃をいくつか選び勤めること。

回向〔八四、一〇五頁〕 回向文のこと。真宗大谷派の声明では、**我説彼尊功徳事**〔八三頁〕(出典=竜樹『十二礼』)、**世尊我一心**〔八四頁〕(出典=天親『浄土論』)、**願以此功徳**〔八四頁〕(出典=善導『観経疏』「玄義分」)の三種の回向文があり、用法に応じて使いわける。

偈〔一〇五頁〕 経論釈から抜粋された偈のこと。真宗大谷派の声明では、嘆仏偈(出典=『大経』上巻)、三誓偈(出典=『大経』上巻)、東方偈(出典=『大経』下巻)、願生偈(出典=『浄土論』)、勧衆偈(出典=『観経疏』「玄義分」)の五種の偈文が用いられる。『臘扇記』本文中では、**論偈**〔一〇五頁〕として願生偈が勤められている。

伽陀〔九九、一〇〇、一〇一、一〇五頁〕・**カダ**〔九九頁〕 伽陀は偈頌のことで、一二種あり、用法に応じて用いる。一般には八淘で勤める。

御伝鈔《ごでんしょう》〔八三頁〕 『御伝鈔』は通称で、正式名称は『本願寺聖人伝絵』。覚如撰。真宗大谷派で用いられる拝読文の一。報恩講や御正忌などにおいて拝読される。

式文《しきもん》〔九九頁〕・**式**〔一〇〇、一〇一頁〕 『式文』は通称で、正式名称は『報恩講私記』。覚如撰。真宗大谷派で用いられる拝読文の一。報恩講や御正忌などにおいて拝読される。

歎徳文《たんどくもん》〔九九頁〕・**嘆徳文**〔一〇〇、一〇一頁〕 『歎徳文』のこと。存覚撰。真宗大谷派で用いられる拝読文の一。報恩講や御正忌などにおいて拝読される。

登高座《とうこうざ》〔九八頁〕 法要中の作法の一。

《儀式・行事》

晨《じん》**〔昃〕朝**《ちょう》〔一一、八四、八六、九八、九九、一〇〇、一〇一頁〕 晨朝のこと。**朝事**〔二六頁〕ともいう。朝に勤める勤行・法要。一日（一昼夜）を六つに分けた六時（晨朝、日中、日没、初夜、中夜、後夜）の一つ。

日中《にっちゅう》〔一一、八四、九六、九九、一〇〇、一〇一、一〇六頁〕昼に勤める勤行・法要。一日（一昼夜）を六つに分けた六時（晨朝、日中、日没、初夜、中夜、後夜）の一つ。

逮夜《たいや》〔六、一一、三一、四三、八三、八四、九八、九九、一〇〇、一〇六頁〕本来逮夜とは、葬儀の前夜をさす。現在では、命日や忌日及びその他法要の前夜や、さらに広義をとり夜に限らず昼に逮夜として勤められることも多い。法要日程のうち、逮夜にあたる法要として勤められる。また満座の前の逮夜を**大逮夜**〔一〇〇頁〕と称する。

日中省略無行〔一一頁〕**兼日中**〔八四頁〕のこと。晨朝に日中の勤行を兼ねて勤めること。

連〔蓮〕師四百回忌〔九六、一〇一、一〇五頁〕蓮如四〇〇回忌法要のこと。明治三一（一八九八）年は、蓮如の四〇〇回忌にあたり、東本願寺において四月一八日～二五日の日程で蓮如四〇〇回忌法要が執り行われた。このような御遠忌法要が営まれる場合、一般的に末寺は、東本願寺での法要後、翌年以降にそれぞれ御遠忌法要を執り行うことが多い。『臘扇記』本文中にも、西方寺で執り行う蓮如四〇〇回忌法要の相談を行っていることが記されている。〔一〇一、一〇五頁〕

報恩講〔五六、八三、九四、九六、九七、九八、一〇二頁〕祖師親鸞の報恩を謝する仏事。真宗大谷派東本願寺では、毎年一一月二一日～二八日の七日間営まれる。末寺においてもそれぞれ執り行い、また在家でも営まれている。『臘扇記』の本文中では、西方寺にて明治三一年一月二日～九日の日程で報恩講が執り行われた様子が記録されている〔九八～一〇一頁〕。また、他寺での**報恩講**〔九六頁〕に参勤した様子や在家**報恩講**〔九四、九七、一〇二頁〕を執り行った様子も記されている。

日取〔八六、九四、九五、九六頁〕在家で行われる報恩講のこと。

旧盆〔八頁〕・**盆**〔八、一一頁〕盂蘭盆会《うらぼんえ》のこと。陰暦の七月一三日～一五日を中心に行われる仏事。

讃題〔六、四三頁〕説教の際、始めに読み上げる聖典の一説のこと。**無讃題**〔六頁〕は、説教の際、讃題のないこと。

出退〔一〇〇、一〇一頁〕　勤行に出仕することと退出することと。

参勤〔四四、四六、八七、九〇、九一、九三、九四、九五、九六、九七、九八、一〇二、一〇三、一〇四、一〇五頁〕　参列して勤行すること。

御内仏《おないぶつ》〔八三、八四頁〕　本堂に安置した本尊に対して、庫裏《くり》に奉安してある仏壇を御内仏と称する。

〈その他在家仏事として〉

『臘扇記』本文中には、その他在家仏事として、満之が**葬式**〔三一、九一、九四、九五頁〕、**年忌**〔五〇、九〇、一〇二、一〇三頁〕（**年回**〔九三、九六、九七頁〕）、**御祥月**〔九四頁〕法要に参勤し、また**六日講**〔一一頁〕、**女人講**〔九四頁〕、**仲間講**〔九七頁〕、**和讃講**〔一〇二頁〕といった講に参勤していることが記されている。

《荘　厳》

〇明治三二（一八九九）年一月一日の記事〔九八頁〕には、西方寺本堂の荘厳が示されている。これは修正会の荘厳と思われる。

中尊前　内陣における本尊の前の荘厳のこと。内陣本間の中央正面。須弥壇上に宮殿を設け本尊を安置する。

祖師前　内陣における親鸞御影前の荘厳のこと。外陣より内陣に向かって本間右側。

御代前　内陣における東本願寺前法主の御影前の荘厳のこと。外陣より内陣に向かって本間左側。

両余間　内陣に隣接する左右の二つの部屋のこと。ここではその壇場の荘厳のこと。

南　間　南余間のこと。

歴代前　東本願寺歴代の御影前の荘厳のこと。

開基前　西方寺開基の前の荘厳のこと。

金灯籠　中尊前と祖師前に吊す金属製の灯籠のこと。

※西方寺本堂の間取りは次図参照。

・西方寺本堂の配置（現在の間取り・各尊奉安の位置を参照に作成。）

（御簾の間）

（北余間）**歴代前**（蓮如上人・西方寺歴代の前）

内陣（本間）
- **祖師前**（親鸞聖人の前）
- **中尊前**（本尊の前）
- **御代前**（東本願寺前代の前）

（南余間）**歴代前**（七祖・聖徳太子の前）

（落間）　**開基前**（西方寺開基の前）

外陣

・西方寺境内地図（天保一二（一八四二）年頃）

東西平均四二間（約75.6m）
南北平均二六間（約46.8m）

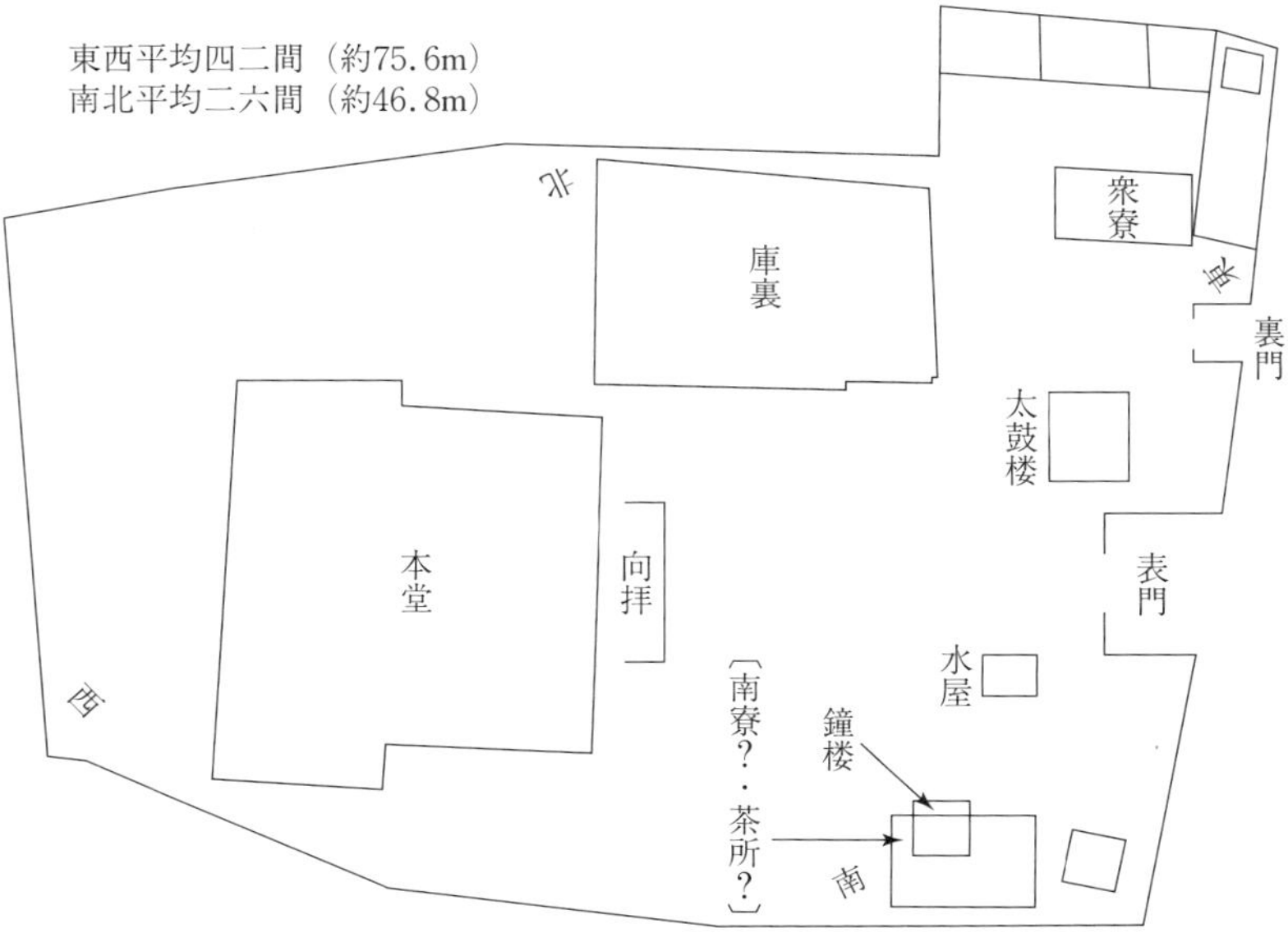

人物解説

赤堀孝太郎《あかほりこうたろう》（一八六七～一九二三）　西方寺門前に在住の医師。しばしば西方寺の清沢家に往診した。名古屋市南区に生まれる。姓は森岡。愛知医学校を卒業。碧南市の医師赤堀家の養子となり九代目を継ぐ。明治三四（一九〇一）年に満之、石川八郎治らと大浜同志会を結成。雑誌『同志の友』に松濤の号で漢詩などを寄稿した。

暁烏敏《あけがらすはや》（一八七七～一九五四）　真宗大谷派の僧。満之の知人。石川県白山市北安田にある真宗大谷派明達寺に生まれる。明治二〇（一八八七）年京都大谷尋常中学に入学、終生の師となる満之に出遇う。明治二九（一八九六）年、真宗大学本科在学中に真宗大谷派本山事務改革運動（以下、改革運動）に賛同。明治三三（一九〇〇）年満之のもとで多田鼎・佐々木月樵らと浩々洞を開設。雑誌『精神界』の編輯に携わる。満之の影響のもと、明治三六（一九〇三）年雑誌『精神界』に「歎異抄を読む」の連載を開始し、各地へ盛んに講演・布教を行った。同年、満之の死後は浩々洞代表を務めたが、明治三九（一九〇六）年「罪悪も如来の恩寵なり」とする恩寵主義の生活に陥り、明治四三（一九一〇）年自坊で始めた夏期講習会で異安心と批難され、新進宗教家の名声を失っていった。大正三（一九一四）年「己れこそ悪魔なり」の覚醒を得て恩寵主義を打ち破り、大正九（一九二〇）年から更正の告白書『更正の前後』などを刊行する。当時の宗教文学と思想界に光彩を放った。昭和二六（一九五一）年には宗務総長を務める。著書に『歎異鈔講話』『更正の前後』等。当時、真宗大学学生。

浅井秀玄《あさいしゅうげん》（一八五九～一九一五）　真宗大谷派の僧。富山県砺波市鹿島にある真宗大谷派祥雲寺に生まれる。宮地義天、池原雅寿、細川千巌に師事。明治二〇（一八八七）年五月東本願寺高倉学寮に入る。明治二一（一八八八）年真宗大学の創始にともない、真宗大学専門部の学生となる。明治二五(一八九二)年五月、富山県高岡市金屋町にある真宗大谷派最勝寺に入寺、第一六代住職となる。同年七月真宗大学卒業。明治三〇(一八九七)年五月真宗東京中学教員に命ぜられる。明治三六(一九〇三)年四月真宗大学教授となり、仏教教理史を講じた。当時、真宗東京中学の教員として、宗乗と余乗を担当していた。

旭野《あさの》慧憲(生没年不詳)　満之の妻やすの妹、清沢ちよと結婚。明治三一(一八九八)年東京帝国大学を卒業。当時、真宗東京中学の教員として、漢文と英語を担当していた。臘扇記清沢満之近親系図参照。

葦原林元《あしはらりんげん》(生没年不詳)　明治二九(一八九六)年真宗大学研究科在学中に改革運動に賛同。著書に『各国公認教要略』がある。当時、新法主大谷光演の側近。

池原《いけはら》雅寿《がじゅ》(一八五〇～一九二四)　真宗大谷派の学僧。富山県魚津市新角川にある真宗大谷派長円寺に生まれる。慶応三(一八六七)年東本願寺の高倉学寮で宮地義天に師事して宗学を学び、性相学などを洪現、佐伯旭雅に学んだ。明治二二(一八八九)年真宗大学寮教授。明治二六(一八九三)年夏安居で「大乗法苑義林章断障章」を講じた他、計四回の夏安居講義を務めた。明治三〇(一八九七)年真宗大学教授、明治三一(一八九八)年嗣講、明治四〇(一九〇七)年真宗大谷派講師。大正一一(一九二二)年侍董寮に出仕し、同年大谷大学名誉教授。宗学の研鑽に努め、特に『御文』の研究にすぐれた業績を残した。著書に『往生論註講録』『最要鈔講義』『執持鈔講録』『浄土真要鈔講録』等がある。当時、真宗大学教授、真宗大谷派嗣講。

石川《いしかわ》市郎(?～一九一九)　本証寺門徒。明治二七(一八九四)年、碧南市天王町に私費で説教場(後、尼寺法城寺)を建てる。石川市郎の世話で小山(旧姓、清沢)厳秀が西方寺より本証寺へ入寺し、第二一代住職となる。

石川吉治《いしかわきちじ》(?～一九四一)　愛知県碧南市にある九重味

酬で有名な石川八郎右衛門家の第九代。西方寺隣家。後に、石川八郎治を襲名。明治三九(一九〇六)年大浜町長となる。

石川舜台《いしかわしゅんたい》(一八四二〜一九三一)　真宗大谷派の僧。石川県金沢市菊川にある真宗大谷派永順寺に生まれる。文久二(一八六二)年東本願寺高倉学寮に入る。明治四(一八七一)年本山寺務所開設と同時に渥美契縁らと共に最高職である議事に就任し、宗政改革にあたる。明治五(一八七二)年現如の欧米宗教事情視察に同行。明治三〇(一八九七)年主席参務に就き、台湾・華中への布教や、政府宗教法案反対、巣鴨監獄教誨師事件解決などに敏腕を奮っていた。明治三四(一九〇一)年真宗大学の東京移転開校を実施。後に寺務総長(今の宗務総長)を務める。著書に『真宗安心論』『仏教社会観序説』『真宗安心之根本義』『教示章解』等がある。当時、真宗大谷派主席参務。

石川八郎治《いしかわはちろうじ》(一八四四〜一九一八)　西方寺門徒。愛知県碧南市にある九重味醂で有名な石川八郎右衛門家の第八代。西方寺隣家。本名を信順《のぶより》という。代々襲名の八郎右衛門を八郎治とした。大浜に郷学校を創設。その後、学校幹事や愛知県の学務委員になった。明治一二(一八七九)年に大浜戸長や県会議員を務める。明治一九(一八八六)年に私立英学会を設立し、満之の指導を受けた。明治二五(一八九二)年に碧海郡酒類醸造組合を組織。富岡鉄斎に絵を学び三碧と号した。

石原孝吉《いしはらこうきち》(生没年不詳)　医師。著書に『掌中医範』(大島櫟と共編)がある。

稲葉栄寿《いなばえいじゅ》(一八六四〜?)　石川県に生まれる。姓は桜井。明治二八(一八九五)年真宗大学研究科卒業。明治三〇(一八九七)年岐阜県にある真宗大谷派光慶寺に入寺。稲葉姓を名のる。明治四〇(一九〇七)年擬講。昭和二(一九二七)年嗣講。昭和九(一九三四)年夏安居で「観心覚夢鈔」を講義。大正二(一九一三)年から大谷大学学監を務めた。著書に『観心覚夢鈔解義』、編書に『三分紀行』がある。当時、真宗東京中学の教員として、宗乗と余乗を担当していた。

稲葉昌丸《いなばまさまる》（一八六五〜一九四四）　真宗大谷派の学僧。満之の友人。大阪府大阪市北区相生町にある真宗大谷派徳竜寺に生まれる。明治八（一八七五）年大谷派育英教校に入学。明治一四（一八八一）年東京留学を命じられ東京大学予備門を経て、明治一八（一八八五）年東京帝国大学理科大学に入学。明治二二（一八八九）年京都府尋常中学校教諭兼校長に就任。明治二九（一八九六）年得度。同年、満之らとともに教学の独立を主張し、さらに教界時言社を設立して改革運動を主唱した。明治三〇（一八九七）年二月には大谷派内の静謐を妨げたとして宗制寺法に基づき除名、学師の名籍を除かれ、教導職も免ぜられる。同年九月から改革運動の資金を集めるため山口高等学校教員として教鞭をとる。明治三一（一八九八）年四月除名処分を解かれる。明治三三（一九〇〇）年真宗京都中学校校長に就任。後、寺務総長（今の宗務総長）。大谷大学学長を歴任。著書に『蓮如上人行実』（編）『蓮如上人遺文』『諸版対校五帖御文定本』（編）等がある。当時、山口高等学校教員。

井上豊忠《いのうえぶんちゅう》（生没年不詳）　真宗大谷派の僧。満之の友人。明治二五（一八九二）年一〇月、満之・稲葉昌丸らと共に教学の独立を主張し、東本願寺に献策する。明治二九（一八九六）年清川円誠・月見覚了らと役職を辞し、満之・稲葉らと京都白川村に籠居。さらに教界時言社を設立して改革運動を主唱。翌年二月には大谷派内の静謐を妨げたとして宗制寺法に基づき除名され、教導職も免職となる。明治三一（一八九八）年四月、除名処分を解かれる。

今川覚神《いまがわかくしん》（一八六〇〜一九三六）　満之の友人。改革運動を主唱。石川県小松市今江町にある真宗大谷派願勝寺に生まれる。真宗大谷派の英才教育機関である育英教校、師範教校に学ぶ。明治一四（一八八一）年本山より東京留学を命じられ、数学塾同人社英学科を経て、東京帝国大学理学部に入学。明治二〇（一八八七）年卒業、直ちに第一高等中学校嘱託に就任。翌年第四高等中学校嘱託教授を併任。明治二四（一八九一）年教授に進む。傍ら共立尋常中学校の設立に際し、校長として尽瘁。その後校長を内山行貫に譲り専ら教諭の任に当る。明治二六（一八九三）年高等中学校を辞し、大谷尋常中学校の専任教員となり、さらに満之・稲葉昌丸と真宗大谷派学制改革を行う。明治二九（一八九六）年清川円誠・月見覚了らと役職を辞し、満之・稲葉らと京都白川村に籠居。さらに教界時言社を設立して改革運動を主唱。改革運動の資金を集めるため熊本県にある済々黌高校の教頭に就任する。明治三〇（一八九七）年二月には大谷派内の静謐を妨げたとして宗制寺法に基づき除名、学師の名籍を除かれる。明治三一（一八九八）年四月、本山より僧籍を復活。また明治四一（一九〇八）年明治専門学校（現、九州工業大学）の創立に参画して理事となり、同校教授となる。昭和八（一九三三）年眼病のため辞職。昭和一一（一九三六）年福岡県赤坂で入寂。長女総は、暁烏敏に嫁す。

上田万年《うえだかずとし》（一八六七～一九三七）　満之の東京帝国大学時代の後輩。国語学者。東京帝国大学教授。近代国語学の基礎を築いた。著書に『国語のため』『大日本国語辞典』（共編）等がある。

占部観順《うらべかんじゅん》（一八二四～一九一〇）　真宗大谷派・興正派の学僧。満之の知人。大阪府西淀川区中島にある真宗大谷派了願寺に生まれる。後に、愛知県西尾市にある真宗大谷派唯法寺に入り、占部姓を名のる。明治二一（一八八八）年一等学師補。明治二四（一八九一）年真宗大谷派嗣講、明治三〇（一八九七）年真宗大学学監となったが、「たのむたすけたまへ」について信順説を主張したため、異義として取り調べを受け、同年学監免職・嗣講休職となった。翌年返答書を提出するが、明治三二（一八九九）年擯斥処分。後に興正派に帰順し、愛知県三河に一乗寺を創立した。著書に『安心評義弁金剛針』『観経正宗分散善義講録』『観念法門講録』『改悔文集説』『教行信証分科』『正信偈大意二十題襭英』『正信偈大意分科』『真宗三部経科本』『選択集閑古録』『二種深信略述』『破塵問対』等がある。当時、『御文』「たのむたすけたまへ」について信順説を主張。異義の疑いで取り調べを受けていた。

占部公順《うらべこうじゅん》（?～一九〇三）　愛知県西尾市にある真宗大谷派唯法寺の僧。占部観順の子。真宗大谷派両堂再建事業に参画。明治一八（一八八五）年六月三河志貴野村工作支場係法中、明治二〇（一八八七）年四月九日再建用務係兼製瓦係、同年一二月二九日在国再建用務係を務める。

大井清一《おおいせいいち》（生没年不詳）　満之の従甥。東京帝国大学卒業。工学士。臘扇記清沢満之近親系図参照。

大草慧実《おおくさえじつ》（一八五八～一九一二）　真宗大谷派の僧。慈善事業家。京都市下京区五条通西洞院西入平屋町にある真宗大谷派長覚寺に生まれる。明治七（一八七四）年から東本願寺で堂衆を務める。明治三〇（一八九七）年神田に免囚保護場を設立するなど教誨事業を進め、翌年の巣鴨監獄教誨師事件ではキリスト教勢力に対して仏教側有利に導いた。明治三四（一九〇一）年からは浅草に貧民救済の無料宿泊所を創設、明治四四（一九一一）年には浅草別院内に大谷派慈善協会を誕生させて大谷派社会事業のリーダーとなった。著書に“Principal Teaching of the True Sect of Pureland”がある。当時、真宗大谷派浅草別院輪番。

大島櫟《おおしまれき》（生没年不詳）　医師。満之の知人。著書に『医語新字典：独羅和訳』（興津磐と共編）『日独羅医語新字典』『掌中医範』（石原孝吉と共編）、『臨床薬譜』等がある。

太田秀穂《おおたしゅうほ》（一八七五～一九五〇）　倫理学者。茨城県生まれ。明治三一（一八九八）年東京帝国大学文科大学哲学科卒業。明治三二（一八九九）年新潟県第二師範教頭。明治三三（一九〇〇）年山梨師範校長。明治三八（一九〇五）年高田師範校長。明治四四（一九一一）年長野師範校長。大正元（一九一二）年朝鮮総督府視学官。大正八（一九一九）年台湾総督府視学官兼台湾総督府師範校長。大正一二（一九二三）年多摩少年院院長（初代）。昭和九（一九三四）年同退職。各地の師範学校校長を永年つとめ、後年、特殊教育の草分けとしてもその軌跡を残した。論文に「天才と勉教」（『哲学雑誌』一三一、一三二号）「西洋哲学者の経済思想」(『哲学雑誌』一三七号)、訳書に Sidgwick, Henry (1838-1900) 著『倫理学説批判』(山辺知春との共訳)がある。

大谷瑩誠《おおたにえいじょう》(一八七八～一九四八)　真宗大谷派の僧。教育者。諡、能浄院。東本願寺第二二世大谷光瑩の子。明治三〇(一八九七)年真宗京都中学卒業。明治三一(一八九八)年八月大谷派寺務総長石川舜台の計画によって大谷勝信とともに中国上海へ渡航。台湾南支布教総監に就く。明治三四(一九〇一)年辞任してイギリスへ留学し、明治三七(一九〇四)年帰国。明治四一(一九〇八)年四月寺務総長に就任。八月に辞任したが、一一月に再任。他方、京都大学文学部選科で内藤湖南に師事して東洋学を修めた。大正三(一九一四)年寺務総長を辞任。大正一三(一九二四)年から二年間フランスへ留学、中国古文書とくに敦煌古文献の研究に従事した。昭和一九(一九四四)年大谷大学学長に就任したが昭和二三(一九四八)年執務中に急逝。東洋学、インド学への造詣が深く、ことに中国通で知られた。

大谷瑩亮《おおたにえいりょう》(一八八〇～一九三六)　真宗大谷派の僧。諡、浄暁院。東本願寺第二二世大谷光瑩の子。明治三一(一八九八)年新法主大谷光演とともに上京。明治三四(一九〇一)年ドイツへ留学。明治四一(一九〇八)年財団法人大谷奨学会理事長に就任した。明治四四(一九一一)年真宗大谷大学学監事務取扱となる。

大谷光瑩《おおたにこうえい》(一八五二～一九二三)　真宗大谷派の僧。東本願寺第二二世。号、現如。東本願寺第二一世大谷光勝の五男。明治五(一八七二)年石川舜台ら宗政改革派とヨーロッパ宗教事情視察に赴き、政府派遣の岩倉欧米視察団ともヨーロッパで交流。明治二二(一八八九)年大谷光勝の隠退により、三八歳で東本願寺第二二世を継職。継職時は東本願寺両堂再建事業が進行中であり、また維新政府への献金、北海道開拓・開教事業以来の負債が重なり、財政困難のさなかであった。そのため、負債償却への協力を国内諸地域門徒に要請した。明治二八(一八九五)年四月両堂再建竣工し、遷仏・遷座法要を盛大に執行。その後、海外布教・仏骨奉迎・宗教法案問題等で負債が増え、財務整理を巡っての宗政混乱の解決に苦労した。明治四〇(一九〇七)年病気のため寺務全般を大谷光演に委ねたが、翌年には病をおして本山統理にあたり、親鸞六五〇回忌の催行を願い尽力した。同年隠退して法主を大谷光演に譲り、明治四四(一九一一)年執行の親鸞六五〇回忌法要には前法主として臨んだ。日清・日露戦争の際には忠君愛国に励むよう門末に義勇奉公を勧め、戦時教学の素型を作ることになった。著書に『現如上人御作文』がある。

大谷光演《おおたにこうえん》(一八七五〜一九四三)　真宗大谷派の僧。東本願寺第二三世。諱、光演。号、彰如・句仏・愚峯など。諡、無量徳院。東本願寺第二二世大谷光瑩の子。明治三一(一八九八)年修学と関東門徒教化のためとして、突然京都本山を離れ大谷瑩亮と共に東京浅草別院に移る。石川舜台寺務総長による寺務改革の一端をなす施策であったが、当時は新法主本山脱出事件と騒がれた。明治三三(一九〇〇)年仏舎利奉迎の使者としてタイに赴く。明治三七(一九〇四)年法主大谷光瑩から寺務全般を委任され、管長事務統理と寺務改正を担当。明治四一(一九〇八)年二二世大谷光瑩の病気隠退によって二三世法主を継職、本山財政困難の中で自ら地方各地に幾度も巡錫して門徒に懇志を督励し、明治四四(一九一一)年親鸞六五〇回忌法要執行にまで導いた。同年九月には相続講再興を企図し、相続講講員に物故者が増えたことを理由に新規加入を組織的に勧め、本山財政の根本的再建を図ろうとした。しかし財政事情は好転せず、朝鮮・中国・カナダなどへの海外投資事業や投機活動に勢力を注いだが失敗、法主を大谷光暢に譲って隠退した。同年大谷光暢の限定相続が決定、昭和元(一九二六)年一二月には京都地裁による相続財産の破産宣告がなされた。この間、大谷光演は東本願寺当局と対立状態に陥り、大谷派の僧籍を一時期失うこともあった。なお光演は一方では書画・俳句を得意とする風流人としても著名で、俳句は特に正岡子規・高浜虚子・河東碧梧桐に私淑したという。著書に『彰如様御作文』『夢の跡』『我は我』『句仏句集』がある。

大谷勝信《おおたにしょうしん》(一八七八〜一九五一)　真宗大谷派の僧。諱、厳量・勝信。諡、慧日院。東本願寺第二一世大谷光勝の九男。明治三一（一八九八）年大谷派寺務総長石川舜台の計画によって、大谷瑩誠とともに中国上海へ渡航。杭州・南京・蘇州に東本願寺による日文学堂を創設。明治三四（一九〇一）年アメリカへ留学。明治三七（一九〇四）年兄大谷光瑩から新法主大谷光演への事務委嘱に伴い寺務改正総裁に就任し、一二月から明治四一（一九〇八）年四月まで寺務総長（今の宗務総長）を務めた。昭和五（一九三〇）年真宗大学院を宗学院としたことに伴って院長に就任した。

岡田哲蔵《おかだてつぞう》（一八六九～一九四五）　英文学者。千葉県に生まれる。明治三一（一八九八）年東京帝国大学文科大学哲学科選科卒業。明治三四（一九〇一）年より青山学院で英語、心理学、哲学、英文学を講じるとともに子弟の啓蒙につとめ教育者としても活躍。明治三五（一九〇二）年～昭和四（一九二九）年には陸軍大学校教官も務め、昭和七（一九三二）年青山学院を辞したのち早稲田大学、日本女子高等学院（昭和女子大）などの講師を務めた。英詩文をよくし、“My Fragments”（六合雑誌社）“My Environs”（六合雑誌社）“Eastern Reflection”（London Eastern Press）などは日本より欧米の読書界により多く知られた。また、最初の『万葉集』の英訳として有名な“Three Hundred Manyo Poems”（静観荘）がある。著書に『静観と思想』『世界大戦の英詩』『知られざる傑作』『思想と文学の諸相』『英詩文の片影』『本田庸一伝』がある。

岡田良平《おかだりょうへい》（一八六四～一九三四）　満之の東京帝国大学時代の友人（同級生）。静岡県掛川の出身で、父は二宮尊徳の弟子であり、大日本信用組合報徳社の社長であった良一郎である。東京帝国大学文科大学哲学科を卒業後、大学院に進み、第一高等中学校教授、山口高等中学校長などを経て、明治二六（一八九三）年に文部省に入る。明治四〇（一九〇七）年京都帝国大学総長、明治四一（一九〇八）年文部次官、後に文部大臣などを歴任し、沢柳と共に教育界の双璧と見なされていた。教育行政の重要人物。当時、文部官僚。

織田得能《おだとくのう》（一八六〇～一九一一）　真宗大谷派の学僧。仏教学者。福井県福井市波寄町にある真宗大谷派翫香寺に生まれる。姓は生田。幼名は貞。明治一二（一八七九）年福井県師範学校を卒業し、福井中学の助教諭となる。東本願寺の高倉学寮で宗学を学び、池原雅寿に師事して唯識学・倶舎論を学び、河内高貴寺で四分律、大乗律を研究する。明治二一（一八八八）年シャム王国（現在のタイ）へ赴く。明治二四（一八九一）年三月、東京都浅草松清町にある真宗大谷派宗恩寺に入寺、織田千代子と結婚し、織田姓を名のる。明治三二（一八九九）年四月から『仏教大辞典』編纂に着手。十数年かけて編纂したが完成間近で死去。大正一三（一九二四）年嗣講を、昭和二四（一九四九）年講師を追贈される。著書に『仏教大辞典』『法華経講義』『王法為本論』『大乗起信論義記講義』『原人論和解』等がある。当時、巣鴨監獄教誨師事件に対する石川舜台、および真宗大谷派の対応を批判（明治三一（一八九八）年一〇月二二日）。同年一一月一〇日除名処分を受ける。

小原一朧（生没年不詳）　明治二九（一八九六）年に真宗大学研究科に在学中、改革運動に賛同。当時、真宗東京中学教員であり、宗乗・余乗を担当していた。

春日円城《かすがえんじょう》（生没年不詳）　文学士。明治二九（一八九六）年に東本願寺からの留学生として東京帝国大学在学中に、改革運動に賛同。当時、真宗京都中学教員であり、主幹の任にあった。

堅木原《かたぎはら》**友太郎**（？～一九一一）　碧南市棚尾在住の医師。明治九（一八七六）年市古廉造について漢学修業。明治一〇（一八七七）年蜜蜂義塾にて医学内外科の修業。明治一六（一八八三）年開業試験合格。明治二三（一八九〇）年上京し順天堂医院、赤十字病院などで研究し、碧南市棚尾で開業した医師であり、文化人でもある。四九歳で没す。

加藤智聞《かとうちもん》（一八四九～一九二〇）　教育者。新川学校長。改革運動に賛同。碧南市新川地区にある真宗大谷派光専寺の第二代住職。光専寺は西方寺の末寺。碧南市新川地区の天王にあり、当時はまだ寺院ではなく「天王講堂」と呼ばれていた。

蕪城賢順《かぶらぎけんじゅん》（生没年不詳）　真宗大谷派の僧。明治二九（一八九六）年に真宗大学本科在学中、改革運動に賛同。明治三〇（一八九六）年早稲田大学に入学。上海輪番、上海仏教青年会日本語学校校長、帯広大谷高女校長等を歴任。

清川円誠《きよかわえんじょう》（一八六三～？）　真宗大谷派の学僧。明治八（一八七五）年得度。明治二二（一八八九）年に国民英学会に入学する。明治二七（一八九四）年真宗大学教授に就任。明治二九（一八九六）年には満之らとともに教界時言社を設立して、改革運動を主唱。翌年事務を非議し、派内の静謐を妨げたとして宗制寺法により除名され、のちに許される。明治三三（一九〇〇）年南京宗文学堂長。帰国後北海道布教に従事し、明治三九（一九〇六）年には北海女学校（札幌大谷高校）の初代校長となる。

清沢《きよざわ》**かぎ**（一八八五～？）　満之の妻やすの妹。清沢厳照の六女。明治四一（一九〇八）年、秋田市旭北栄町にある真宗大谷派順応寺の原子広宣（満之の侍者）に嫁す。満之の臨終時には看護にあたった。臘扇記清沢満之近親系図参照。

清沢《きよざわ》**かづ**（一八七三～一九四六）　満之の妻やすの妹。清沢厳照の四女で、明治三五（一九〇二）年に名古屋市中区丸の内にある真宗大谷派浄念寺の土方現輝に嫁す。臘扇記清沢満之近親系図参照。

清沢厳照《きよざわごんしょう》（一八四二～一九〇八）　満之の養父。清沢達照の子。嘉永九（安政三、一八五六）年西方寺住職となる。臘扇記清沢満之近親系図参照。

清沢《きよざわ》**ちよ**（一八七九～？）　満之の妻やすの妹。清沢厳照の五女。滋賀県の旭野慧憲（真宗東京中学教員）に嫁す。臘扇記清沢満之近親系図参照。

清沢《きよざわ》**はる**（一八四七～一九一五）　満之の妻やすの母。大

阪本泉寺の若松郎祐の次女。清沢厳照の妻。臘扇記清沢満之近親系図参照。

清沢《きよざわ》やす（一八六七～一九〇二） 満之の妻。西方寺住職、清沢厳照の次女。明治二一（一八八八）年八月七日（当時二一歳）、徳永〔清沢〕満之と結婚。満之とのあいだに四人の子どもをもうけた。明治三五（一九〇二）年西方寺にて死去。臘扇記清沢満之近親系図参照。

草間仁応《くさまにんのう》（一八六八～一九四三） 真宗大谷派の学僧。満之の友人。新潟県長岡市にある真宗大谷派安養寺に生まれる。真宗大学本科に学び、明治二九（一八九六）年真宗大学研究科に在学中、改革運動に賛同。明治三二（一八九九）年四月、新潟県新発田市にある真宗大谷派長徳寺の関根のりこと結婚し入寺。関根姓を名のる。同年九月、真宗大学主幹に就任。明治三五（一九〇二）年真宗大学生による排斥運動により真宗大学主幹を辞任。大正一四（一九二五）年宗務宗政の臨時改正掛に任命された。昭和一一（一九三六）年から昭和一三（一九三八）年まで大谷派宗務総長をつとめた後、昭和一六（一九四一）年大谷大学学長に就任。昭和一七（一九四二）年講師となった。

楠　竜造《くすのきりゅうぞう》（生没年不詳） 明治二九（一八九六）年に真宗大学本科在学中、改革運動に賛同。著書に『宗教管見』『他力の信仰』『他力宗教論』『人生問題』『竜樹の仏教観』『仏説阿弥陀経達意』等がある。当時、関西仏教青年会委員。

瑩山紹瑾《けいざんじょうきん》（一二六八～一三二五） 鎌倉後期の曹洞宗の僧。曹洞宗本山、総持寺の開山であり、瑩山派の祖。諡、常済大師。著書に『伝光録』、『瑩山和尚清規』、『坐禅用心記』等がある。

後藤祐護《ごとうゆうご》（一八三七～一九〇五） 真宗大谷派の僧。兵庫県姫路市船津町にある真宗大谷派西勝寺の住職。諡、唯称院。広瀬淡窓に漢籍を習い、父祐秀に宗学を学んだ。廃仏毀釈のとき護法につとめ、真俗二諦の相依を説いて社会活動を行った。改革運動に賛同。満之が岡崎で新法主大谷光演に拝謁した際、新法主三河国御下向の随行者を務めていた。ちなみに、随行長は当時、主席参務であった石川舜台。

小林《こばやし》とし子（一八六五～?）　満之の妻やすの姉。清沢厳照の長女。愛知県常滑市大野にある光明寺の小林康什に嫁す。臘扇記清沢満之近親系図参照。

境野黄洋《さかいのこうよう》（一八七一～一九三三）　真宗大谷派の僧。仏教史学者。諱、哲海。号、黄洋。宮城県仙台市太白区境野に生まれる。宮城中学校から仙台の曹洞宗専門支校へ進み、仏教を学ぶ。明治二二（一八八九）年井上円了著『真理金針』に共感し、哲学館へ入学。明治二七（一八九四）年仏教革新を目指して古河老川らと経緯会結成に参加し、機関誌『仏教』に論説を発表。明治三二（一八九九）年哲学館講師。同年経緯会解散。仏教清徒同志会の中心として機関誌『新仏教』を発刊して新仏教運動を展開。大正七（一九一八）年東洋大学学長。後、駒澤大学で仏教史学担当の教授として迎えられる。著書に『支那仏教史研究』等がある。

佐々木月樵《ささきげっしょう》（一八七五～一九二六）　真宗大谷派の学僧。仏教学者。満之の知人。諡、真教院。愛知県安城市古井町にある真宗大谷派願力寺に生まれる。姓は山田。はやく豊後の漢学塾咸宜園に学び、明治二一（一八八八）年東本願寺の三河教校に入学。明治二五（一八九二）年京都へ出て、翌年京都府立尋常中学校に入学。明治二七（一八九四）年には京都第一中学寮に入り、同級生多田鼎、暁烏敏に出遇う。明治二九（一八九六）年に同中学寮を卒業。満之らの改革運動に賛同。明治三一（一八九八）年愛知県岡崎市上佐々木町にある真宗大谷派上宮寺に入寺、佐々木姓を名のる。明治三三（一九〇〇）年真宗大学卒業。同年一〇月満之のもとで暁烏敏、多田鼎らと浩々洞を開設。翌年雑誌『精神界』発刊に尽力した。また満之の紹介で東京に移転した真宗大学の講師を務めるが、明治三五（一九〇二）年清沢学長辞任にともなって退職。明治三九（一九〇六）年真宗大学研究院を卒業。すぐに同大学教授となり仏教基礎学と真宗教学の研究に従事。明治四四

（一九一一）年真宗大学京都移転に反対して教授を辞職したが、翌年教授に復職。大正七（一九一八）年嗣講。大正一〇（一九二一）年沢柳政太郎らと欧米に教育・宗教を視察、広い視野を得て翌年に帰国。大正一三（一九二四）年大谷大学学長に就任するが、翌年同大学学長辞任。昭和元（一九二六）年三月五日大谷派最高学階の講師を贈られ、その翌日に没した。著書に『竜樹の中観及其哲学』『唯識二十論の対訳研究』『支那浄土教史』『大乗仏教々理史』『真宗概論』『佐々木月樵全集』等がある。当時、真宗大学学生。

佐藤庄蔵《さとうしょうぞう》（生没年不詳）　東本願寺両堂再建志貴野製瓦場の瓦棟梁だった。碧南市新川地区内松江の人。改革運動に賛同。本業は木綿等を扱う問屋。瓦棟梁を勤めていた際には、佐藤政造（蔵）に本業を任せたと思われる。

佐藤政造《さとうせいぞう》（蔵）（生没年不詳）　碧南市新川地区の名士。改革運動に賛同。本山瓦棟梁の佐藤庄蔵の関係者。後、新川町長となる佐藤政蔵か。

佐藤《さとう》半一郎（生没年不詳）　碧南市新川地区松江の人。両半の屋号で、酒醸造業を営んでいた。

沢柳政太郎《さわやなぎまさたろう》（一八六五～一九二七）　教育家。満之の東京帝国大学時代の友人（後輩）。長野県松本市に生まれる。明治二一（一八八八）年東京帝国大学文科大学哲学科卒業。文部省に入る。明治二六（一八九三）年大谷尋常中学校校長、真宗大谷派教学部顧問などを務め、明治三〇（一八九七）年から第二、第一高等学校長を歴任。明治三一（一八九八）年文部省普通学務局長。明治三九（一九〇六）年文部次官。明治四四（一九一一）年から、東北、京都両帝国大学総長を歴任する。大正五（一九一六）年帝国教育会会長。大正六（一九一七）年成城小学校創設、同校長、成城学園理事長などを務める。昭和元（一九二六）年大正大学初代学長。進歩的な文部官僚として小学校例の改正、義務教育年限延長、高等教育機関の増設などにすぐれた行政手腕を発揮、学校校長として官公私立の幼稚園から大学に及ぶ実際教育の改革、育成に尽力した。

島地雷夢《しまじらいむ》（一八七九～一九一五）　島地黙雷の三男。東京帝国大学の哲学科を卒業。著書に歌集『風のゆくへ』がある。また、兄の清水（旧姓、島地）黙爾『紫風全集』の編集を担当している。

清水良秀《しみずりょうしゅう》（？～一九一〇）　愛知県安城市今本町にある真宗大谷派専超寺第二七代住職。愛知県刈谷市泉田にある真宗大谷派順慶寺に生まれた。明治九（一八七六）年専超寺に入寺。明治一二（一八七九）年住職に就任。大谷光演（東本願寺第二三世）に従って、北海道樺太地方を巡回した。

蜀山人《しょくさんじん》（一七四九～一八二三）　大田南畝《おおたなんぽ》のこと。江戸時代の天明期を代表する文人・狂歌師。漢詩文、狂詩、狂歌など、膨大な量の随筆を残す。狂名は四方赤良。また狂詩には寝惚先生と称す。東京都新宿区牛込に生まれる。唐衣橘洲《からころもきっしゅう》、朱楽菅江《あけらかんこう》と共に狂歌三大家と言われる。寛政の改革により狂歌を止める。蜀山人は享和以降、晩年の狂歌に用いた筆名である。明和四（一七六七）年、平賀源内との出会いを契機に『寝惚先生文集』を出版。平賀源内が序文を寄せる。本書は江戸の狂歌ブームのきっかけを作った。『万載狂歌集』（朱楽菅江との共編）『甲駅新話』『半日閑話』『浮世絵類考』『瓊浦又綴』等がある。

親鸞《しんらん》（一一七三～一二六二）　日野有範《ひのありのり》の長男。幼名、松若丸。九歳の時、青蓮院の慈鎮和尚（慈円）について出家し、範宴《はんねん》と名のった。以後、二〇年間比叡山で修学し、その間には常行三昧堂の堂僧などをつとめた。建仁元（一二〇一）年、比叡山を下りて一〇〇日六角堂に参籠し、九五日目の暁、救世観音菩薩の夢告をうけて、吉水に法然を訪ね、門弟となる。元久元（一二〇四）年法然が提出した「七箇条制誡」に「僧綽空」と署名する。翌年『選択本願念仏集』を付属されてこれを書写し、法然の真影を図画する。建永二（一二〇七）年専修念仏停止によって法然、及び同輩数名と罪せられ、親鸞は越後に流罪となる。建暦元（一二一一）年赦免され、建保二（一二一四）年妻子とともに常陸に移住。六〇歳頃、京都に帰り、著述活動に専念する。建長初年の頃、関東の門弟中に念仏理解についての争いが生じたため、息男慈信坊（善鸞）を遣わすが、さらに混乱を生じ、建長八（一二五六）年慈信坊を義絶。弘長二（一二六二）年一一月二八日、弟尋有の坊舎で九〇年の生涯を終える。著書に『顕浄土真実教行証文類』（『教行信証』）『浄土和讃』『高僧和讃』『正像末和讃』『一念多念文意』『唯信鈔文意』『尊号真像銘文』『愚禿鈔』『入出二門偈』等がある。

高木晃敬《たかぎこうきょう》（一八六九～一九二九）　愛知県碧南市棚尾本町にある真宗大谷派光輪寺の僧。自身の『革新運動日誌』によると、明治三〇（一八九七）年七月二二日、満之から、同盟会本部に入り幹事をたすけて欲しい、と依頼されている。この要望については、自坊の都合で断っているが、満之等から信頼されていたことが窺われる。当時、光輪寺第一〇代住職。

田中善立《たなかぜんりゅう》（一八七四～一九五五）　満之の知人。改革運動に賛同。著書に『台湾と南方支那』等がある。

近角常観《ちかずみじょうかん》（一八七〇～一九四一）　真宗大谷派の学僧。滋賀県東浅井郡湖北町にある真宗大谷派西源寺に生まれる。明治二九（一八九六）年、東本願寺の留学生として東京帝国大学在学中に改革運動に賛同。明治三二（一八九九）年『政教時報』を創刊する。明治三三（一九〇〇）年東本願寺から派遣されて欧米の宗教事情を視察。その間、満之、暁烏敏、佐々木月樵、多田鼎等に共同生活の場として本郷森川町の寓舎を提供。共同生活の場は佐々木月樵の案が採用され浩々洞と名づけられる。明治三五（一九〇二）年求道学舎を設立。雑誌『求道』を創刊し『歎異抄』を中心に浄土真宗の教えを説き、学生や知識人に影響を及ぼした。昭和三（一九二八）年大谷派改正宗憲、大谷家憲に反対の旨の小冊子を配布したために翌年僧籍剥奪。著書に『信仰の余瀝』『信仰問題』『懺悔録』『親鸞聖人の信仰』『人生と信仰』『歎異鈔講義』等がある。当時、真宗東京中学教員として、英語と論理学を担当していた。

月見覚了《つきみかくりょう》（一八六四～一九二三）　真宗大谷派の学僧。満之の友人。諡、直心院。新潟県上越市にある真宗大谷派本誓寺に生まれる。東京帝国大学漢文科卒業。明治二九（一八九六）年満之・稲葉昌丸などと京都白川村に籠居。さらに教界時言社を設立して改革運動を主唱。翌年東本願寺の改革を訴える論説を展開して除名処分となる。明治三一（一八九八）年四月、除名処分を解かれる。明治三三（一九〇〇）年教育商議会議員。多年真宗大学の主幹を務め、大正三（一九一四）年真宗大谷大学の教授に就任。大正四（一九一五）年第一次阿部恵水内局で相続講事務局長を務めた。大正九（一九二〇）年参務を辞任後は高田に帰郷。翌年教学商議会議員となる。大正六（一九一七）年に大僧都に補せられ、大正九（一九二〇）年第二功労章をうける。

鶴田《つるた》銀蔵《ぎんぞう》（生没年不詳）　愛知県安城市赤松町の人。安城市野寺町野寺の真宗大谷派本証寺境内の茶郎に居住し、寺務を恣《ほしいまま》にしたために、同寺荒廃の因となった人物。大正時代に同寺第二二代現誓は銀蔵一門を追放し、茶郎も岡崎市中之郷浄妙寺へ庫裏として移建した。

藤堂《とうどう》融《とおる》（生没年不詳）　福岡県小倉市の寺院に生まれる。姓は応当。後に藤堂家の養子となる。大阪控訴院検事長時代に逝去。訳書に『文明各国宗教法論』（編訳）『国家宗教関係論』がある。当時、検事正。

常盤《ときわ》大定《だいじょう》（一八七〇～一九四五）　真宗大谷派の学僧。中国仏教学者。宮城県にある真宗大谷派順忍寺に生まれる。明治一七（一八八四）年仙台市道仁寺に入る。明治二九（一八九六）年東京帝国大学在学中に改革運動に賛同。明治三一（一八九八）年東京帝国大学哲学科卒業。明治四一（一九〇八）年東京帝国大学印度哲学科の講師となり、昭和元（一九二六）年同大学教授。中国仏教研究に多くの業績を残した。著書に『支那仏教の研究』『仏性の研究』等がある。当時、真宗東京中学の教員として、英語を担当していた。

外山《とやま》正一《まさかず》（一八四八～一九〇〇）　満之の東京帝国大学在学中の教員。東京都文京区小石川に生まれる。父、忠兵衛正義は幕臣で神田講武所歩兵指南役。文久元（一八六二)年蕃書調所に入学。慶応二(一八六六)年幕府第二回留学生として渡英。翌年ロンドンのユニバーシティー・カレッジ・スクールでラテン語、英国史などを学ぶ。明治元(一八六八)年帰国。明治五(一八七二)年ミシガン州アンポールハイスクール、ミシガン大学に入学し、化学、哲学を学ぶ。明治九(一八七六)年化学科を卒業して帰国。東京開成学校五等教授として化学を担当。明治一〇(一八七七)年改組により東京大学文学部教授となり、心理学、英語を担当。明治一四(一八八一)年文学部長となり哲学、史学を担当。明治一九(一八八六)年帝国大学令発布にともない、東京帝国大学文科大学学長。明治二一(一八八八)年、南条文雄等と共に日本最初の文学博士の称号を受けた。明治三〇(一八九七)年東京帝国大学総長。明治三一(一八九八)年第三次伊藤内閣の文部大臣。没後、東京帝国大学最初の名誉教授を贈与された。

中野忠八《なかのちゅうはち》(?〜一九〇四)　京都市東山区大和大路五条で七代続いた薬種問屋大和屋(後に大忠商店と呼称)の店主。ここでは、具体的に第六世篤五郎を指す。篤五郎は大阪府堺に生まれる。姓は赤沢。第五世中野忠八春雨の娘、峰と結婚し、第六世中野忠八となる。市会議員、府会議員を務める。満之は京都に滞在中に、大和屋から乳味糢を自坊西方寺に郵送した。西方寺帰坊時にも、大和屋に乳味糢をしばしば注文している。

南条文雄《なんじょうぶんゆう》(一八四九〜一九二七)　真宗大谷派の学僧。仏教学者。岐阜県大垣市にある真宗大谷派誓運寺に生まれる。慶応四(一八六八)年東本願寺高倉学寮に入寮。翌年帰郷する。明治四(一八七一)年福井県にある真宗大谷派憶念寺の南条神興の養子となり、得度。文雄と改名して護法場に学ぶ。明治九(一八七六)年笠原研寿とイギリスへ留学。英語を学んだ後オックスフォード大学のマックス・ミュラーに師事して梵文・漢訳の仏典研究に従事。特に明治一六(一八八三)年にイギリスで出版した『英訳大明三蔵聖教目録』は名を世界的にしたものとして知られている。明治一七(一八八四)年オックスフォード大学よりマスター・オブ・アーツの名誉学位を贈られ、帰国。明治二一(一八八八)年、外山正一等と共に日本最初の文学博士の称号を受けた。続いて、新法主に随行して各地へ布教。明治三四（一九〇一）年真宗大学創立と同時に教授に就任。明治三六（一九〇三）年に満之のあとをうけて第二代同大学学監、同学長となる。著書に『梵文無量寿経阿弥陀経』等がある。

南浮《なんぶ》智成（生没年不詳）　明治二九（一八九六）年に真宗大学本科在学中、改革運動に賛同。明治三〇（一八九七）年早稲田大学に入学。

西村謙三《にしむらけんぞう》（一八六一〜一九三七）　満之の東京帝国大学文科大学哲学科在学中の一年後輩。同年に沢柳政太郎がいた。佐賀県出身。編著に『古賀穀堂先生小伝』『鍋島直正公一代記』、訳書に『道徳之危機』がある。

野々山照界《ののやましょうかい》（生没年不詳）　愛知県知立市上重原町本郷にある真宗大谷派法信寺の僧。明治二九（一八九六）年真宗大学本科在学中、改革運動に賛同。

乗杉《のりすぎ》教存（一八七六〜一九一七）　真宗大谷派の僧。更生保護に携わる。富山県砺波市出町（当時、石川県）にある真宗大谷派真寿寺に生まれる。第一〇代住職乗杉寿貞の長男。富山県における中核的立場として、寝食を忘れ改革運動に奔走した。その頃から「国府」と号している。明治三五（一九〇二）年八月四日付で満之が乗杉教存に宛てた書簡が残されている（『全集（岩波）』九・二八九）。

秦敏之（生没年不詳）　明治二九（一八九六）年の東京帝国大学在学中、改革運動に賛同。

原子広宣《はらここうせん》（生没年不詳）　満之の侍者。秋田市旭北栄町にある真宗大谷派順応寺の僧。明治四一（一九〇八）年に清沢やすの妹である、かぎ子と結婚。著書に『清沢先生言行録第一集』『清沢先生言行録第二集』がある。臘扇記清沢満之近親系図参照。

東谷智源（生没年不詳）　明治二九（一八九六）年に真宗大学本科在学中、改革運動に賛同。

人見忠次郎《ひとみちゅうじろう》（生没年不詳） 満之の知人。数学者。著書に『小学修身課書字引』『代数学提要』『普通生徒必携』『補習代数学』『理論応用幾何学教科書』等がある。

藤岡勝二《ふじおかかつじ》（一八七二～一九三五） 言語学者。東京帝国大学卒業。京都に生まれる。明治二九（一八九六）年、東本願寺からの留学生として、東京帝国大学在学中に改革運動に賛同。ドイツに留学、帰国し東京帝国大学助教授、教授を務める。文学博士。退官後、同大学名誉教授となる。アジア諸民族の言語、特にアルタイ系言語を研究。上田万年のあとを継いで日本の言語学界に貢献した。著書に『羅馬字手引』『国語研究法』等がある。当時、真宗東京中学の教員として、国語と英語を担当していた。

藤分見慶《ふじわけけんけい》（一八七一～一九五〇） 石川県金沢市本町にある真宗大谷派光善寺に生まれる。明治三一（一八九八）年一一月一〇日に、清国留学生取締申付に任ぜられている。石川県金沢市二日市にある真宗大谷派誓入寺の倉谷文と結婚し、倉谷姓となり、誓入寺第一八代住職となる。満之の義弟である藤分法賢の弟。臘扇記清沢満之近親系図参照。

藤分秀法《ふじわけしゅうほう》（一八六五～一九四八） 石川県金沢市本町にある真宗大谷派光善寺に生まれる。満之の義弟である藤分法賢の兄。光善寺第一二代住職。臘扇記清沢満之近親系図参照。

藤分法賢《ふじわけほうけん》（一八六八～一九四二） 満之の義弟。石川県金沢市本町にある真宗大谷派光善寺に生まれる。明治三〇（一八九七）年六月、今川覚神の仲介で西方寺に入寺。満之の妻やすの妹をきと結婚し、西方寺副住職となる。改革運動に尽力中の満之に代わり、法務を務めた。後に、西方寺第三五代住職となった。臘扇記清沢満之近親系図参照。

前田慧雲《まえだえうん》（一八五七～一九三〇） 浄土真宗本願寺派の学僧。三重県桑名市にある西福寺に生まれる。明治三三（一九〇〇）年高輪仏教大学教員。明治三六（一九〇三）年高輪仏教大学学長。同年、『大乗仏教史論』を著し文学博士となる。その大乗非仏説論により、翌年僧籍剝奪。明治三八(一九〇五)年復籍し本願寺派勧学となる。大正一一(一九二二)年龍谷大学長。『大日本続蔵経』編集長。『真宗全書』編集顧問などを歴任。著書に『本願寺派学事史』『大乗仏教史論』『略述真宗教史』等がある。当時、大学林の副綜理。

松本白華《まつもとはっか》(一八三八～一九二六)　真宗大谷派の僧。諱、厳護。号、厳護法城、白華、西塘、梅隠、林泉、孤松、仙露閣。諡、白華院。石川県白山市にある真宗大谷派本誓寺に生まれる。能登円光寺出身ともいう。書を宮原節庵に、漢文学を海原謙蔵、劉三郎に学び、広瀬旭荘の門下となる。安政三(一八五六)年本誓寺を継職。翌年樋口竜温に師事して宗学を学ぶ。自坊に遥及社を設け師弟を教育する一方、富山藩合寺事件や宗名問題の解決に奔走。明治五(一八七二)年東本願寺法主大谷光瑩に随行して欧州を宗教視察する。明治一〇(一八七七)年上海別院輪番。明治二九(一八九六)年准参務兼教学部長。明治三五(一九〇二)年耆老となり、明治四三(一九一〇)年議制局議長に就任するなど、護法運動及び寺務改革に参画し東本願寺の宗政にも携わった。著書に『松本白華航海録』等がある。

村上専精《むらかみせんしょう》(一八五一～一九二九)　真宗大谷派の学僧。仏教学者。号、不住、舟山。諡、香厳院。兵庫県丹波市にある真宗大谷派教覚寺に生まれる。姓は広崎。武田行忠、樋口竜温、南条神興、雲英晃耀等に師事した。明治八(一八七五)年愛知県三河入覚寺の村上界友の養子となり、村上姓を名のる。翌年継職。明治一四(一八八一)年東本願寺の高倉学寮に学び、曹洞宗大学、哲学館などの講師を務める。明治二二(一八八九)年東京に仏教講話会を創立し、明治二七(一八九四)年鷲尾順教らと雑誌『仏教史林』を創刊。明治三〇(一八九七)年改革運動に賛同。擯講を免職される。明治三四(一九〇一)年大乗非仏説論を主張して僧籍を離れた。明治三九(一九〇六)年東洋女学校を創立し、大正六(一九一七)年東京帝国大学教授に就任。翌年学士院会員。大正一三(一九二四)年大谷派講師に任じられ、昭和元(一九二六)年大谷大学学長となった。著書に『日本仏教一貫論』『仏教統一論』『真宗全史』『日本仏教史綱』『大乗仏説論批判』等がある。当時、東京帝国大学文科大学の印度哲学講師。

元《もと》良《ら》勇《ゆう》次《じ》郎《ろう》(一八五八～一九一二)　心理学者、哲学者、倫理学者。摂津国(兵庫県)三田藩士杉田泰の次男として生まれる。明治四(一八七一)年神戸の川本清次に英学を学び、宣教師デーヴィスの感化を受けキリスト教に入信。明治八(一八七五)年デーヴィスに従って京都同志社英学校で普通学を修める。その間、スマイルズ『自助論』、カーペンター『精神生理学』を読み、心理学にひかれる。明治一二(一八七九)年同志社の友人中島力造の後任として、津田仙の学農社(東京)の教師をしながら学ぶ。明治一四(一八八一)年東京英学校(現在の青山学院大学)設立に奔走。設立と同時に教授就任。この年、元良家に入る。明治一六(一八八三)年渡米。ボストン大学で哲学、明治一八(一八八五)年よりジョンズ・ホプキンズ大学でジョン・スタンレー・ホールに師事し心理学、哲学、社会学を学ぶ。とくにカント『純粋理性批判』を愛読していた。明治二一(一八八八)年Ph. D.の学位を受け帰国。青山学院教授に復帰するとともに、東京帝国大学文科大学の精神物理学の講師。明治二二(一八八九)年正則中学開設に尽力。『哲学雑誌』に「精神物理学」を明治二四(一八九一)年四月まで断続して発表。明治二三(一八九〇)年東京帝国大学教授(心理学倫理学論理学第一講座担当)。元良はこれによって心理学の第一人者として、当時新心理学と呼ばれた実験心理学、比較心理学を我が国に紹介し始めた。明治二四(一八九一)年文学博士号取得。明治二七(一八九四)年東京高等師範学校教授を兼任。明治三〇(一八九七)年木村鷹太郎らと大日本協会設立。明治三一(一八九八)年加藤弘之らと社会学研究会設立。明治三四(一九〇一)年理学文書目録委員、修身教科書調査委員、明治三五(一九〇二)年国語調査委員会臨時委員に就任し教育学術の振興に尽力。明治三八(一九〇五)年ローマの万国心理学会で「東洋哲学における自我の観念」を発表。著書に『心理学綱要』『教育新論』『現今将来倫理及宗教』『英独仏和哲学字彙』等がある。

山辺知春《やまべともはる》（生没年不詳）　著書に『中学修身教授提要』Sidgwick, Henry（1838-1900）著『倫理学説批判』（太田秀穂との共訳）がある。

吉田賢竜《よしだけんりょう》（一八七〇～一九四三）　真宗大谷派の僧。石川県に生まれる。幼名は三次郎。金沢七ツ屋円休寺村井善慶の衆徒として得度し、賢竜と改める。金沢共立中学校から、明治二一（一八八八）年京都府尋常中学校第三年級に編入学。卒業後、京都の第三高等中学校に入学する。真宗大谷派東本願寺の東京留学生となり、東京帝国大学文科大学哲学科に入る。明治二九（一八九六）年東京帝国大学在学中に満之らの改革運動に賛同。明治三〇（一八九七）年七月に東京帝国大学を次席で卒業。卒業後は同大学院に籍をおき、仏教研究の傍ら、真宗東京中学の主幹となる。明治三一（一八九八）年一月に丁酉懇話会に入会。明治三二（一八九九）年頃から大谷光演、瑩亮の兄弟に毎週進講する。明治三三（一九〇〇）年一月真宗大学東京移転建築掛拝命。同年八月～明治三七（一九〇四）年真宗東京中学の校長。明治三四（一九〇一）年の真宗大学東京移転を実現。明治三六（一九〇三）年一一月東京谷中にあった真宗東京中学を東京巣鴨の真宗大学東隣の地に移転開校、中学から大学にいたる一貫教育の体制を整える。真宗東京中学閉校後は真宗大学教授となり、印度仏教史、世界宗教史、ドイツ語を教授。明治四〇（一九〇七）年県立千葉中学校長となり、在任中に還俗する。明治四四（一九一一）年京都の第三高等学校に赴任。大正二（一九一三）年第七高等学校赴任。大正四（一九一五）年同校校長就任。大正九（一九二〇）年広島高等師範校長就任。高等師範学校昇格による広島文理科大学の創設に尽力。昭和三（一九二八）年欧米各国を視察。昭和九（一九三四）年広島文理科大学退任。後、広島の浅野修道中学の総理ならびに校長に就任。昭和一七（一九四二）年までその職にあった。当時、真宗東京中学の教員として、英語と心理学を担当していた。

吉田静致《よしだせいち》（一八七三～一九四五）　倫理学者。長野県に生まれる。第一高等学校を経て、明治三一（一八九八）年東京帝国大学文科大学哲学科を卒業し、翌年、文部省在外研究員としてドイツに留学、明治三五（一九〇二）年帰国。東京高等師範学校教授となり、明治四二（一九〇九）年東京帝国大学講師。大正八（一九一九）年『倫理学の原理に関する研究』により文学博士の学位を受け、東京帝国大学教授となり、倫理学を担当。大正一四（一九二五）年帝国学士院会員となった。昭和八（一九三三）年東京帝国大学を退官し、東京文理科大学講師および日本大学理事となり、昭和一〇（一九三五）年日本大学文学部予科長となった。著書に『倫理学講義』『倫理学要義』『実践倫理学講義』『倫理と人生』『現代と道徳』『道徳の原理』『道徳の倫理と実践』『倫理学原論』『人格の生活と現代の社会』『倫理学上より見たる日本精神』等がある。

渡辺《わたなべ》薫《くん》之介《のすけ》（生没年不詳） 満之の東京帝国大学文科大学哲学科在学中の一年後輩。同年に大西祝がいる。

Epiktētos（55?-135?） ローマ帝政時代のストア派の哲学者。プリュギアのヒエラポリスに生まれる。ローマでネロ側近のエパフロディートスの奴隷であったが、後に解放された。奴隷時代にムソニウス・ルフスについて哲学を学び、解放後は弟子の訓育を始めた。政治家、実業家にして教えを受けた者も少なくない。ドミティアヌス帝（在位 81-96）のとき、九五年哲学者追放の難にあってエペイロスのニコポリスに去り、そこで学校を作る。晩年老婦人の協力を得て、孤児の世話をした。著書はないが、弟子のアリアノスの筆録した『語録』Diatribai と『提要』Enkheiridion がある。満之は『エピクテタスの語録』を「西洋第一の書」と呼んだ。

Hegel, George Wilhelm Friedrich（1770-1831） ドイツの哲学者。南ドイツのシュトゥットガルトに生まれる。一七八八年チュービンゲン大学に入り、哲学、神学を学ぶ。ルソーおよびフランス革命を謳歌し社会改革者を志し、政治クラブに加入した。一七九三年卒業。一八〇一年『フィヒテとシェリングとの哲学体系の相違』を公表。一八〇一年から〇七年までイェーナ大学私講師、員外教授を勧め、この間にシェリングとともに『哲学批評雑誌』を発行。また、政治・社会思想の研究につとめた。

一八〇六年『精神現象学』完成。翌年出版。同年ナポレオンによりイェーナ陥落。大学閉鎖のため辞職。その後『哲学序説』が著され、一八一二年から一六年まで『論理学』を出版。一八一六年ハイデルベルク大学の哲学教授。翌年『哲学的諸科エンチクロペディー』を出す。一八一八年ベルリン大学に招かれフィヒテの後をつぐ。以後、一三年間ヘーゲル哲学は全ドイツを風靡し、ヘーゲル学派が形成される。一八三〇年ベルリン大学総長。満之は東京帝国大学でフェノロサからヘーゲルについて学んだ。満之は「東京大学にてフェノロサ氏はヘーゲル氏を非常に褒めて、此の後はヘーゲル氏の説を開展するの哲学に止まるなりと云へり。」（『全集（岩波）』五・三〇六）と語り、また「大学時代ではフエノロサのヘーゲルの講義が一番面白かつた」（『全集（法蔵館）』Ⅰ・六一四）と稲葉昌丸に常に話したという。しかし満之はヘーゲルの哲学をそのまま受容したのではなく因縁生という立場から批判もしている（『宗教哲学骸骨』第四章参照）。安藤州一は「余、先生に問うて曰く。先生は屡〻ヘーゲルの哲学を談じ、またソクラテスの信念を賞讃す。二人に対する先生の尊敬は、毫厘も軽重あらざるかと。先生曰く。ヘーゲルに対する尊崇の念は近時少しく減退せるを覚ゆ。されどソクラテスを信ずるに至りては、前後更に変ずる所なしと。」（『全集（法蔵館）』Ⅷ・五一五）というエピソードを伝えている。

Kant, Immanuel（1724-1804）　ドイツの哲学者。東プロイセンの首都ケーニヒスベルクで、皮革工親方の三男として生まれた。一七四〇年にケーニヒスベルク大学に入学。当初、神学を志す。しかし、ニュートンの活躍で発展を遂げていた自然学に関心が向かい、哲学教授クヌッツェンの影響のもとライプニッツやニュートンの自然学を研究する。一七五五年ケーニヒスベルク大学私講師となり、一七七〇年にいたって初めて論理学、形而上学の正教授となり、以後この職にとどまった。一七八一年『純粋理性批判』、一七八八年『実践理性批判』、一七九〇年『判断力批判』を出版。カントはこれらの書物の出版を受けて哲学的論争の渦中にいた。しかし、その学者としての人生は順調で、晩年にはケーニヒスベルク大学総長を務めた。一七九三年『単なる理性の限界内における宗教』を出版し、一七九六年引退。

Leibniz, Gottfried Wilhelm（1646-1716）　ドイツの哲学者・数学者・科学者・思想家・政治家であり、外交官でもあった。ライプチヒに生まれる。ライプチヒ大学で哲学・法学を学び、アルトドルフ大学で法律学の学位を得、マインツ候国の国政に参与。物理学の論文によりロンドンの王立科学協会の会員、フランスの科学学士院の外国会員に選ばれる。ベルリンの学士院の創立に尽力し初代院長となる。外交使節団の一員としてパリに赴任し、数学の研究に没頭、微積分学の基礎を形成した。このようにライプニッツは、一七世紀の様々な学問を統一し、体系化しようとした知的巨人である。著書には、『形而上学叙説』『モナドロギー』『弁神論』などがある。満之は「西洋哲学史講義」で、その説を詳しく紹介し、「ラ氏は独乙で初めて哲学を云ひ出した人なり。此れ迄は英仏で盛んなりしに、ラ氏出でて進化説を出し、以て欧州に弥布せり。此より独乙に於いて哲学を最も研究するに至り」（『全集（岩波）』五・一八七）と評価しつつ、批判点としてライプニッツが天帝を立てることを問題としている（同二〇〇）。『臘扇記』で、満之はライプニッツの原説（モナドロギー）に言及している（本書三八〜三九頁）が、それとの関連では、「ラ氏は已に微分子はなきものと云ふことを論ぜり。然れば万物は何から成立つと云ふに、Monad 即ち単体より成立ちて居る。然らば其の単体は物質的のものか、精神的のものかと云ふに、どちらでもない。たゞ各一個の本体なり。〔…〕其の無数の本体は、各々相異なりて同一なるものはない。其の訳は、前の二物不同の原理で分る。併し単体各自に付いては云何と云ふに、各自に付いても亦た前後相異なりて居る。これ又二物不同の原理によるなり。依つて単体は断えず変化或は開発するものなり。前後相異なるが故に変化或は開発するなり。」（『全集（岩波）』五・一九五）という見解が注目される。ただしモナドには窓がないという点については「少しく考究を要する一点なり」という。（本書三八〜三九頁）

Platōn（427-347 B. C.）　ギリシアのアテナイに生まれる。父アリストンはアテナイの王であるコドロス王の末裔。母はペリクティオネ。生涯は大別して四期に区別される。〔第一期　427-398 B. C.〕青少幼年時代にあたり、アテナイ青年として普通の教育を受けていた。文学や科学に特別な関心を持っていたようだが、彼の志望は専ら政治に注がれていた。また、政治否定者であったソクラテスについても家族を通じて早くから親しみをもっていたといわれる。青年期における最大事件は紀元前四〇四年における革命と紀元前三九九年のソクラテスの死である。前者によって政治家としての希望を打ち砕かれ、後者によって政治一般に対する絶望を感じ、また、ソクラテスの生と死の謎を解くことが新しい仕事となった。やがて、哲学、教育を通じて、ソクラテスの精神を伝えていくこととなっていく。〔第二期　399-387 B. C.〕俗に遍歴期と呼ばれ、シケリアと南イタリアへ旅行する。この旅行を通し、諸国の政治に絶望することになる。しかし、シュラクサイにおけるディオンとの出会いは、プラトンの後半生にとって重要な出来事であった。なお、この時期には、ソクラテスの立場を弁明するために、すでに著作活動を始めていたと考えられている。〔第三期　387-367 B. C.〕学校と研究所をかねたアカデメイアを創設して、その指導に専念した時代である。イオニアあるいはイタリアにおいて発達した閉鎖的な研究団体と、ソピステスによってはじめられた開放的な教育運動、あるいはイソクラテスによって創設された弁論術を中心とする教養学校などを、ソクラテスの探求の精神によって総合したこのアカデメイア創設は、画期的な事業であり、プラトンの独創である。ヨーロッパにおける大学の伝統はここからはじまる。〔第四期　367-347 B. C.〕若いころからの友人であったディオンらの懇願を受けて、再びシケリアのシュラクサイへ旅行。シュラクサイの若き王、ディオニュシオス二世を指導して哲人政治の実現をめざす。しかし、到着時にディオンは追放されており実現せずに終わる。紀元前三六一年、ディオニュシオス二世自身の強い希望を受け、三度シュラクサイ旅行を行うが、またしても政争に巻き込まれプラトン自身、軟禁される。友人であるピュタゴラス学派の政治家アルキュタスの助力を得てアテナイに帰る。晩年は、著作とアカデメイアでの教育に力を注いだ。著書に『ソクラテスの弁明』『クリトン』『プロタゴラス』『饗宴』『国家』『パイドロス』『パイドン』『テアテイトス』等がある。

Schopenhauer, Arthur（1788-1860）　ドイツの哲学者。ポーランドのダンチヒに生まれる。一八〇九年ゲッティンゲン大学で自然科学、歴史のほかにシュルツェにつき哲学を学び、その勧めによりプラトンとカントを研究する。次にベルリンでフィヒテの講義に接したが不満であった。イェーナで論文「充足理由律の四根拠について」により、博士の学位を得る。マイヤーについてインド哲学を学ぶ。一八一四年から一八一八年までドレスデンに住んで『視覚と色彩とについて』『意志と表象としての世界』を著す。一八二〇年ベルリン大学私講師の地位を得るが、当時ベルリン大学正教授であったヘーゲルに圧倒され、教授仲間に不満を抱き、まもなく辞任。一八三一年フランクフルト・アム・マインに住み、余生を過ごした。生前はあまり注目されなかった思想が主著『意志と表象としての世界』を敷衍した論文集『付録と補遺』によって広範囲に関心を集め、全思想体系が再評価を受けることとなる。

Sōkratēs（469-399 B. C.）　古代ギリシアの哲学者。父母はともに貴族の系統につながる。前半生についてはほとんど知られていない。著書もないためプラトンとクセノポンの著を通して知るほかはない。晩年は倫理、徳を追求する哲学者として生涯を送った。ソクラテスの最期の顛末は弟子であるプラトンの著作『ソクラテスの弁明』『クリトン』『パイドン』に詳しい。満之は明治三三（一九〇〇）年一月一五日発行『無尽灯』第五巻第一号に「ソクラテスに就きて」を寄稿している（『全集（岩波）』七・二六七参照）。また、後進の指導法にも、ソクラテスの対話を重視する姿勢を重んじた。さらに、『臘扇記』にも記される「グノーシス・サウトウン（汝、自身を知れ）」の語は、デルポイのアポロンの神殿に刻まれた言葉で、この言葉に出会ったソクラテスが真理を求めて歩み続ける求道者となったことは有名である。

Spencer, Herbert（1820-1903）　イギリスの哲学者、社会学者、倫理学者。イングランドのダービーに生まれる。鉄道技師から経済新聞『エコノミスト』誌の記者となる。一八五二年「進化の仮説」を著す。一八五五年に『心理学原理』を出版する。一八六〇年、ベーコン以来のイギリス経験論の集大成とも言うべき『総合哲学体系』を樹立。全一〇巻からなり、内容は星雲の生成から人間社会の道徳的原理までを、すべて進化（evolution）の原理に基づいて組織的に叙述したものである。これはダーウィン『種の起源』の生物進化論を中心とするダーウィニズム運動と結びつき、特に一八七〇年代以降驚くべき普及を見た。

Spinoza, Baruch de（1632-1677）　オランダの哲学者。アムステルダムに生まれる。先祖は宗教上の迫害のためポルトガルからオランダへ移住してきたユダヤ人。はじめユダヤ人学校に入り、ヘブライ語と聖典を学ぶ。幾多のユダヤ教注釈者たちの文献を研究し、教義への疑惑を生じ、聖典への批判的見解を抱く。一六五六年無神論者としてユダヤ人教団から破門される。ラテン語、ギリシア語を学び、数学、自然学、スコラ哲学、近代哲学特にデカルト哲学を研究。デカルトからは決定的影響を受けた。一六六〇年インスブルックに移り、ここで『神、人間および人間の幸福に関する短論文』『知性改善論』『デカルト哲学の諸原理』を公刊。一六六三年『神学政治論』を匿名で公刊。瀆神の書として非難を浴びる。主著『エチカ』は一六七五年に完成したが、前著の悪評の影響で、生前には出版できなかった。『国家論』を最後の著述として、肺患のため病死した。

英文和訳

1（明治三一年九月二七日）

「君、君は本来妨げられも強いられもしない自由意志を持っている。［それがこの臓腑の中に…打ち勝つことができるか］」／「もし人が私に死の恐怖を持って来るならば、彼は私に強いるのです」と或る者がいう。／「いや、持ち来らされたものが強いるのではなくて、死ぬよりもこうする方が善いと君に思われることが強いるのだ。かくてまた、君の考えが君に強制したのだ、すなわち意志が意志に強制したのだ。

（鹿野治助訳『人生談義』上、七四頁―七五頁）

2（明治三一年九月二七日）

「しかし暴君は縛るでしょう。」／なに？足をだろう。／いやちょん切るでしょう。／なに？首をだろう。すると何を彼は縛りもしなければ、ちょん切りもしないだろうか。それは自由意志をだ。だから古人たちも、「汝自身を知れ」と勧告したのである。

（鹿野治助訳『人生談義』上、七八頁）

3（明治三一年一〇月三日）

法官の席も、牢獄も、いずれも場所であって、一方は高く、他方は低いのだ。だが意志はもしいずれの場合でも、等しく保とうという気があれば、等しく保つことができるのである。

（鹿野治助訳『人生談義』上、一四七頁）

4（明治三一年一〇月三日）

概して次のことを記憶して置くがいい、われわれは自分で自分たちを押しあわせ、自分たちを窮屈にしているのだ、つまりわれわれの考えがわれわれを押しあわせ、窮屈にしているのだ。そうすると、罵られるということは何なのか。石の傍に立って、それを罵るがいい。すると君は、何をすることになるだろうか。もし人が石のように聴き流すならば、罵る人にはどんな益があるか。

（鹿野治助訳『人生談義』上、九九頁―一〇〇頁）

5（明治三一年一〇月三日）

「神は人の中に在る」というのは、古来よりの学説です。

〔エウリピデス、オウィディウス、ホラティウス〕

＊この文は "The Discourses of Epictetus" の本文 Why then are you ignorant of your own noble descent? 「〔君は君自身の中に、神の一部分を持っているのだ。〕そうすると、なぜ君は君の親類の者を知らないのか。」（鹿野治助訳『人生談義』上、一五二頁）に付されたG. Long による注の文章。エウリピデス（480-406 B. C.）、オウィディウス（43 B. C.-17）、ホラティウス（65-8 B. C.）。ちなみにこの三人はローマの詩人。

6（明治三一年一〇月三日）

使徒書簡の著者をエピクテタスはしらなかった。

〔「コリント人への第一の手紙」六・一九、「コリント人への第二の手紙」六・一六、「テモテへの第二の手紙」一・一四、「ヨハネの第一の手紙」三・二四、四・一二～一三。〕

＊この文は "The Discourses of Epictetus" の本文 Wretch, you are carrying about a god with you, and you know it not. 「気の毒な、君は神を持ち運んでいる、そしてそれを知らないのだ。」（鹿野治助訳『人生談義』上、一五二頁）に付されたG. Long による注の文章。

7（明治三一年一〇月三日）

他人の悪を清めることはできない、〔アティカの悪を清めるためのテーセウスですらないのだ。〕君自身の悪を清めるがいい。ここから、つまり君の心から、〔プロクルウステースやスキローンの代りに、〕苦痛、恐怖、欲望、嫉妬、毀損心、貪欲、臆病、また不節制を投げ棄てるがいい。だがこれらのものはただ神のみを仰ぎ、それのみに従い、彼の命令によって清められるのでなければ、他の仕方では放棄できない。

（鹿野治助訳『人生談義』上、一九一頁）

8（明治三一年一〇月三日）

激しさにさらわれるな、むしろ「心像よ、ちょっと待ってくれ給え。お前は何なのか、何についての心像なのか見させてくれ給え、君をしらべさせてくれ給え」というがいい。

（鹿野治助訳『人生談義』上、二〇一頁）

9（明治三一年一〇月三日）

死の恐怖を取り去るがいい、そして君の好きなだけの雷鳴と、電光とを持って来るがいい、そうすれば、支配能力の中に、どれほど大きな凪と晴天とがあるかがわかるだろうから。

（鹿野治助訳『人生談義』上、二〇二頁）

10（明治三一年一〇月六日）

宗教は最高の成果を人に―つまり、全ての人に与えるものである。それは、すべての人を諸の王や皇帝などと等しくするのである。

（出典不明）

11（明治三一年一〇月六日）

もし意地悪や、悪口を君が棄ててしまったか、減じてしまったかしたならば、もし軽率や、みっともない言葉や、でたらめや、怠惰を棄ててしまったか、減じてしまったかしたならば、もし君が以前動じたものに動じないならば、少くも以前と同程度に動じないならば、君は毎日お祭することができる、つまり今日は君がこの行為において立派にふるまった理由で、明日は他のことで立派にふるまった理由で。これらのことは犠牲をして祭るのに、執政官や、総督の場合よりも、どれほど大きな原因であるだろうか。

（鹿野治助訳『人生談義』下、一七四頁）

12（明治三一年一〇月二二日）

エピクテトスはソクラテスの例を挙げている。ソクラテスは、もし神がどこかにわれわれを置いたなら、われわれはそこを去るべきではないと言った。［…］エピクテトスの教えを簡潔に言い表わせば、こうなる。すなわち、人間はあらゆる事柄について神に感謝すべきであり、何が起きても常にそれに満足すべきである。というのも、神が選ぶものは、人間が選ぶものよりも善いからである。これはバトラー司教が次のように言うことと同じである。

すなわち、われわれの神の意志への忍従(resignation)、われわれの意志がなくなり、神の意志のなかに溶け込むとき、われわれが、われわれの目的として、それ自体で最も正しく、最も善いものとして神の意志のなかにやすらうとき、完全であると言える。

(今村仁司訳『清沢満之と哲学』一九二頁―一九三頁)

＊訳者 G. Long の文章。

13(明治三一年一〇月二二日)

これは群衆と賢者との違いである。群衆は、事物が最初の衝撃で危険に見えると、事物がそうしたものだと考えてしまう。しかし賢者は、しばらくは心を動かされても、最初の状態と心の活力を取り戻し、[…]そうした事物は恐怖の対象ではなくて、ただまちがった見かけでおどすだけだと知るのだ。

(今村仁司訳『清沢満之と哲学』一九三頁)

＊訳者 G. Long の文章。

14(明治三一年一〇月二三日)

人間はさまざまな能力をもっている。その原因は何か。原因が何であれ、われわれは現在を過去(自己または他人の過去の行為)の産物だとみなすかもしれない。重要なことは未来である。われわれは(将来)何をするのだろうか。どのようにわれわれはふるまうであろうか。行為は二つの要因からできていることを銘記せよ――(1)原因と(2)条件(縁)である。原因はわれわれのなかにある。しかし条件(縁)は他者に属する。われわれの(権能の)なかにあるものについては、われわれは自由である。しかし他者(の権能)に属するものについては自由でない(弱いし、隷属的である)。

(今村仁司訳『清沢満之と哲学』一九三頁)

＊出典不明

15(明治三一年一一月一〇日)

しかし人生には、何か不愉快なことや困難なことが起ります。／うん、しかしオリンピアでは起らないかね、諸君は暑さで弱りはしないか、雑踏はしないか、[風呂の加減が悪くはないか」雨降る時にはずぶ濡れにならないか、喧騒、叫喚、他の困難に悩むことはないか。しかし私の思うに、諸君はそれら［すべて］をあの見る価値あるものと比較して、我慢し辛抱することだろう。さあ、諸君はすべての出来事に堪える能力を授かっていないか、大きな心を授かっていないか、勇気を授かっていないか、忍耐力を授かっていないか。［もし私が大きい心を持っているならば、生起し得るものの何がなおも私の気になるだろうか。何が私を混乱させたり、懊悩させたりするだろうか、或いは何が私に苦痛に見えるだろうか。］能力をその授かった目的のために使用しないで、生起した出来事に対して私は悲しんだり、嘆いたりするのだろうか。

（鹿野治助訳『人生談義』上、三五頁）

16（明治三一年一一月一〇日）

「おおゼウスよ、あなたの好きな困難を今与えて下さい。というのは私にはあなたから授かった素質もあるし、また出来事によって、私自身を飾るための能力もありますから」というがいい。（鹿野治助訳『人生談義』上、三六頁）

17（明治三一年一一月一〇日）

「諸君、諸君は神を期待するがいい。神が合図をしてこの奉仕から解いてくれる時、その時こそ神の処へ立ち去るがいい。だが現在は、諸君は辛抱して神が諸君を配置したその場所に住んでいるがいい。諸君のこの世に滞在する時間は短かいのであるし、またそのような気持でいる人々にとっては、それは容易なことである。というのは、かく肉体やその所有物を何物とも思わぬ人々にとっては、どのような暴君、どのような泥棒、或いはどのような牢獄がまだ恐ろしいものだろうか。とどまるがいい、無理に去らぬがいい。」

（鹿野治助訳『人生談義』上、四六頁）

18（明治三一年一一月一〇日）

諸君は今日満腹すると、どこから食を得ようかと、明日のことを思いわずらって坐っているのだ。ねえ君、得られるなら得るだろうし、得られなければ去るまでだろう。戸は開いているのだ。君は何を悲しんでいるのか。どこにまだ涙する余地があるのか。何かまだへつらうわけがあるか。なぜお互嫉妬し合うのだろうか。なぜ沢山所有してる人々や権力ある人々を驚嘆し、特に彼らが腕力があったり、怒ったりする時にそうなのか。一体彼らは、われわれに対して何をなすだろうか。彼らがなすことのできることは、われわれは意に介しないし、またわれわれが心にかけていることは、彼らは何もできないのだ。そうすると、誰がまだこのような心境の人を支配するだろうか。それらに対して、ソークラテースはどうであったか。神々と親類であるということを、確信している者がとるべき態度以外のどのような態度を取っただろうか。［彼はいう「もし諸君が今わしに、『今までやったこれらの議論をもうやめ、われわれの青年をも老人をも悩まさぬという条件付きで、君を放免しよう』というならば、わしは答えよう」もし諸君の将軍がわしを或る部署に配置したら、わしはそれを守り、看視せねばならなかったし、またそれを棄てる以前に幾度も死を選ばねばならなかったのに、もし神が振り向けて或る場所に配置した場合に、われわれはそれを棄てねばならぬと諸君が主張するならば、諸君は滑稽であると」。［これこそ本当に、神々と親類関係にある人間というものだ。」

（鹿野治助訳『人生談義』上、四六頁―四七頁）

19（明治三一年一一月一〇日）

しかるにわれわれは、自分たちを胃や腸や陰部であるかのように考えている、というのはわれわれは恐れたり、情欲を起したりしているからだ。つまり、それらに協力することのできる人々に、われわれはへつらったり、また同じそれらの人々を恐れたりしているのだ。

（鹿野治助訳『人生談義』上、四七頁）

20（明治三一年一一月一一日）

かえって君は神々に対して、神々が君をして、君の左右し得るようにつくらなかった事物の上には、超然たらしめ、ただ君の左右し得る事物にのみ、責任を明らかにしてくれたことを感謝しないのか。彼らは両親については、君をして責任のないようにした。兄弟についても責任のないようにした、肉体についても、また財産や死や生についても責任がないようにした。それでは彼らは何について君に責任を負わせたか。君の左右し得るものについてだけだ、すなわち心像を使用すべきように使用することについてだけだ。そうすると、君はなぜ君の責任のないものを君自身に引き寄せるのか。それは自分にとって厄介になるものなのである。

（鹿野治助訳『人生談義』上、六三頁—六四頁）

21（明治三一年一一月一一日）

〔これらの言葉は誤解すべきではない。少年が鋭い剣を振り回すことはしばしば危ない。しかし、「匹夫も志を奪うべからず」。私たちを超えた人々や事物は、私たちの権能の内にはないのである。〕そうするとなぜわれわれは立腹するのか。それはわれわれから奪い去られる事物を、われわれが尊重するからである。だから君の着物は尊重せぬがいい、そうすれば君は泥棒に腹を立てないだろう。妻の美しさを尊重せぬがいい、そうすれば姦夫に腹を立てないだろう。知るがいい、泥棒や姦夫は君のものの中に場所を占めるものではなく、異他的な、君の権内にないものの中にあるのだ。もしそれらを君が断念して何でもないと思うならば、更に誰に対して君は腹が立つか。これらを君が尊重している限りは、彼らに対してよりはむしろ君自身に対して腹を立てるがいい。

（鹿野治助訳『人生談義』上、七七頁）

＊〔　〕に括った文に対応する英文「These words should not be misunderstood. The boy’s brandishing of a sharp sword is often dangerous. But 匹夫不可奪其志; persons and things beyond ourselves are not within our power.」は、満之自身の文章か。

22（明治三一年一一月一一日）

家の中が煙っているって？　もしほどよくであるならば、私はとどまろう。余りひどかったら、出て行こう。というのは、戸が開いていることを記憶もしているはずだし、また自制もできてるはずだからである。／「しかし」「ニコポリスに住むな。」／私は住まない。／「アテーナイに住むな。」／私はアテーナイに住まない。／「ローマに住むな。」／私はローマに住まない。「ギュアラに住め。」／私は住む。しかしギュアラに住むことは私には煙が多過ぎるように思われる。私は、住むのに誰も邪魔しない処へ去ろう。というのは、その住家(死)は、何人にも開かれているからだ。そうして最後の下着、すなわち肉体(を脱ごう)、これ以上は誰も私に対して何ら力を持っていない。[だからデーメートリウスは、ネロに対して、「陛下は死を以って私を脅迫するが、自然は陛下を脅迫している」といったのだ。]だがもし小さい肉体を私が驚嘆するならば、私自身を奴隷にしてしまったわけである。わずかの財産の場合でも、奴隷にしてしまったわけだ。なぜかというに、私は早速、私が何によってつかまえられるかを自身で明らかにしているからである。ちょうど蛇が頭を引っ込めるならば、私は「彼が守るその頭を打て」というように。そして君も、君の主人は君の守りたがっているもので、君をつかむだろうということを知って置くがいい。それらのことを記憶して置くならば、更に君は誰にへつらい、誰を恐れるだろうか。

(鹿野治助訳『人生談義』上、九八頁―九九頁)

23(明治三一年一一月一一日)

するとあなた方哲学者たちは、王様たちを軽蔑するように教えるのですか。/そんなことはない。われわれの中の誰が、王様たちの権力下にあるものを、自分たちのものだといって要求するように教えるだろうか。

(鹿野治助訳『人生談義』上、一一三頁)

24(明治三一年一一月一一日)

自分が納得するだけで満足ではないのか。子供らがやって来て拍手をして「今日は農神祭おめでとうございます」という時、その子供らに対して、われわれは「そりゃめでたくない」というだろうか。決していわない。むしろ自分たちも一緒に拍手をするのだ。そこで君も、誰かに得心させて考えを変えさせることができぬ場合は、彼を子供だと思って彼と一緒に手をたたくがいい。だがもしそれを好まないならば、結局黙ってい給え。

(鹿野治助訳『人生談義』上、一一七頁)

25（明治三一年一一月一二日）

ただこのこと、つまりいかに君が得そこなわず、避けそこなわないかだけを知っているということを、見せるがいい。或る者は正義を練習し、或る者は問題を、或る者は推論を練習する、君は死ぬことを、君は縛られることを、君は拷問にかけられることを、君は追放されることを練習する。

（鹿野治助訳『人生談義』上、一三一頁）

26（明治三一年一一月一二日）

プラトンにならってキケロが言うように、哲学者の全人生は死についての省察である。

（今村仁司訳『清沢満之と哲学』一九八頁）

＊「do you labour at thinking about death」(Epict. p. 102 (18-19)) に対して G. Long が注に引用した文章。

27（明治三一年一一月一二日）

本当に哲学にたずさわっている限りの人々は、ただひたすらに死ぬこと、そして死んだ状態にあること、以外のなにごとをも実践しない「のだが、このことに恐らくは他の人々は気づいていてはいないのだ。」

（岩田靖夫訳『パイドン』二九頁）

28（明治三一年一一月一二日）

かくては前者がもう足でないように、君はもう人間でなくなるということがわからないのか。一体人間とは何なのか。それは国家の一部分である、第一に神々と人々とからなる国家の、次にまたいわゆる全体の小さい模倣で、われわれと最も近い関係にある国家の部分である。／「それでは僕は、今審かれねばならないのですか。」／そうすると今他の者は熱病にかかり、他の者は航海し、他の者は死に、他の者は宣告されねばならないのか。というのはこのような肉体、このような環境、このような仲間の中にいて、違った人々に違ったこのようなことが起らぬということは、不可能だからである。

（鹿野治助訳『人生談義』上、一四二頁）

29（明治三一年一一月一二日）

哲学の始めを見るがいい、それは人間相互における矛盾の認識であり、矛盾の出て来る根源の探求であり、単に思われるということに対する非難と不信とであり、また思われるということについて、それが正しいかどうかの何か研究であり、また例えば重量の場合に、秤を発見［し、曲直の場合に定規を発見するように何か基準を発見］することだ。

（鹿野治助訳『人生談義』上、一六四頁—一六五頁）

30（明治三一年一一月一二日）

とはいえ、私は君に対してどんな悪いことをしたのか。もし鏡が醜い人に対して、その人のあるがままをその人に示すことが何も悪いことをしたのでないならば、また医者が病人に対して「君、君は何でもないと思っているが、君は熱がある、今日は断食して水を飲み給え」［という時、彼が病人を侮辱したのでないならば。そして「おおひどい侮辱だ」などとは誰もいわない。］

（鹿野治助訳『人生談義』上、一八〇頁）

31（明治三一年一一月一二日）

馬鹿の一徹馬鹿力　（鹿野治助訳『人生談義』上、一八三頁）

＊英文の「(one who stubbornly persist in saying, I am determined)」「［僕は決めてしまった」と言って、頑固に固執する人］」の部分は満之の補記。また英文の「You can neither persuade nor break a fool.」は直訳すれば「馬鹿は説得もされないし、折れもしない」（鹿野治助訳『人生談義』上、二五八頁）である。

32（明治三一年一一月一二日）

「しかしもし私が去れば、彼らを苦しませることになるでしょう。」／君が彼らを苦しませるのか。決してそうではないので、君をも悲しませるもの、つまり考えがなのだ。それならば君はどうすればいいのか。君の考えを棄てるがいい、彼らが賢明なら、彼らも自分たちの考えを棄てるだろう。もし棄てないならば、自業自得で悲しむことになるだろう。（鹿野治助訳『人生談義』上、一九〇頁）

33(明治三一年一一月一二日)
ねえ君、ゆとりのあることや、自由や、大度のために、いわゆる計いを棄てよ。奴隷から離脱した者のように、ひとつ、頭を挙げるがいい、そして敢然として神を仰ぎ見て、「これから、あなたの好きなように私を使って下さい。[私はあなたと同じ考えで、私はあなたのものです。私はあなたにいいと思われるものは、何も避けるようなことは致しません。あなたの好きな処へ、連れて行って下さい。あなたの好きな着物を着せて下さい。あなたの欲するのは、私が官職につくことですか、私人たることですか、とどまることですか、追放されることですか、貧乏することですか、金持になることですか。私はこれらすべてのために、あなたを人々に対して弁護致しましょう。私はそれら各々の本性が、どのようであるかを示しましょう]」というがいい。
(鹿野治助訳『人生談義』上、一九〇頁―一九一頁)

34(明治三一年一一月一二日)
君自身の悪を清めるがいい。ここから、つまり君の心から、[プロクルウステースやスキローンの代りに、]苦痛、恐怖、欲望、嫉妬、毀損心、貪欲、臆病、また不節制を投げ棄てるがいい。だがこれらのものはただ神のみを仰ぎ、それのみに従い、彼の命令によって清められるのでなければ、他の仕方では放棄できない。だがもし君が何か他のものを欲するならば、君は悲しんだり、嘆いたりしながら、君よりもっと強いものに従うことになるだろう、そしていつも幸福を外部に求め、しかも決して幸福を得ることができないだろう。というのは、君はそれをない処にさがし、ある処にさがすのを逸しているからだ。
(鹿野治助訳『人生談義』上、一九一頁―一九二頁)

35(明治三一年一一月一三日)
病気でも幸福であり、危険に瀕しても幸福であり、死んでも幸福であり、追放されても幸福であり、不名誉を受けてもなお幸福であるような、誰かをどうか示してくれ給え。示してくれ給え、神々に誓って、私は誰かストア学徒を見たいのだ。(鹿野治助訳『人生談義』上、二〇七頁)

36（明治三一年一一月一三日）

諸君の中の誰でもいいから、神と同心になろうとし、そしてもはや神や人を非難したり、或るものを得そこなったり、［或るものを避けそこなったり、］また怒ったり、嫉妬したり、羨んだりしようとしない（どうしてこうまわりくどくいわねばならないのか）人間の魂、つまり人間からして神になろうとし、そしてこの死せる肉体の中にありながら、ゼウスとの交通を欲している者を、示してくれ給え。

（鹿野治助訳『人生談義』上、二〇七頁）

37（明治三一年一一月一三日）

ではどうだ、君は「これ以上仲のいいものはない」というほど、尾を振ったり、戯れ合っている仔犬を見たことがないか。しかし友情が何であるかを見るために、真中に肉を投げてみるがいい、そうすればわかるだろう。また君と君の子供の間に一片の地所を投げてみるがいい、そうすれば君は、子供が君をいかに早く葬りたがっているか、そして君は子供を死ねかしと祈るかがわかるだろう。

（鹿野治助訳『人生談義』上、二二二頁）

38（明治三一年一一月一三日）

他の人々がするように同じ親から生れたかどうかとか、一緒に養育されたかどうかとか、同じ先生についたかどうかということを吟味すべきではなく、ただ彼ら自身の利益をどこに置くか、外界に置くか、意志に置くか、どっちかということだけを吟味するがいい。もし彼らが外界に置くならば、彼らを誠実であるとか、危なげがないとか、勇敢であるとか、自由であるとかいうべきでないと同様、友人ともいうべきではない。むしろ君に分別があるならば、彼らを人間とさえいうべきではない。［というのは互に咬み合わせたり、……ただこの一つの考えだけに基くのである。］だがもし君が、これらの人々が本当に善を意志のある処、心像の正しい使用のある処、そこだけにあるのだと思ってるのを聴くならば、君はもはや彼が息子や父であるかとか、兄弟であるかどうかとか、長い間学校へ一緒に通った者で仲間であるかどうかということに、心を煩わすことはないだろう。むしろただそれさえわかれば、彼らを誠実で正しいと公言するように、彼らを友人であると堂々公言するがいい。

（鹿野治助訳『人生談義』上、二二五頁）

39（明治三一年一一月一三日）

ところで起っていることは何であろうか。それはちょうど人が自分の郷里へ帰ろうとして、綺麗な旅宿に泊った時、その旅宿が自分に気に入ったので、その旅宿にとどまるようなものである。〔（彼の本来の目的を忘れて）〕

（鹿野治助訳『人生談義』上、二三二頁）

＊英文の「(forgetful of his true purpose).」（彼の本来の目的を忘れて）の部分は、満之の補記である。

40（明治三一年一一月一三日）

だが石や乾草のように、側に坐っているんでは、どうして人の〔（話そうとする）〕欲望をそそることができるだろうか。

（鹿野治助訳『人生談義』上、二三七頁）

＊英文の「(to speak)」「（話そうとする）」の部分は、G. Long による補記である。

41（明治三一年一一月一三日）

一般に各〻のものは、自分の自然本性に従って最もすぐれている時こそ、それぞれ美しいのであると公言しても奇怪ではあるまい。各〻のものの自然本性が違っている限り、それらの美もそれぞれ違っているように思われる。〔それともそうじゃないか。／彼は同意した。〕／そうするとももし彼らの自然本性が違っているのであるならば、犬をして美しくするものは馬を醜くし、〔逆もまた同様である。〕〔馬をして美しくするものは犬をして醜くするのではないか。〕

（鹿野治助訳『人生談義』下、八頁）

＊英文の「& vice versa.」は、満之の補記で、「逆もまた同様」の意。

42（明治三一年一一月一四日）

君は徹夜をせねばならない、骨折らねばならない、欲望に打ち勝ち、一族の者から離れ、奴隷からは軽蔑され、逢う人からは笑われねばならない、公職においても、名誉においても、法廷においても、万事において人に劣らねばならない。これらのことを考えめぐらして、もし君に好かったら、つまりもし君がそれらのものと不動心や自由や平静やとを取り替えようとするならば、（哲学に）近づくがいい。

（鹿野治助訳『人生談義』下、五七頁）

43（明治三一年一一月一四日）

［話すために、或いは饗宴のために、或いは総じて共同生活のために、たびたび誰か人々と同席する人は、］必然自分が彼らに似るか、或いは彼らを自分の流儀に変えることとならざるを得ないというのは消えた炭でも、もし燃えている炭の側に置けば、自分が彼らを消すことになるか、或いはそれがこっちを燃やすことになるかであろうから。

（鹿野治助訳『人生談義』下、五八頁）

44（明治三一年一一月一五日）

［神々に誓って諸君にいうが、物に驚歎するのはやめ給え、］諸君自身をまず事物の奴隷とするのはやめ給え、次にそれら事物のために、それらを与えたり、奪ったりすることのできる人々の奴隷となるのもやめ給え。

（鹿野治助訳『人生談義』下、六六頁）

45（明治三一年一一月一五日）

あなたは死をどうするでしょうか。／それは君を飾るため以外の何か、或いは自然の意志に従う人間は、どういう人間であるかを実際の行動で示すため以外の何か。／病気をあなたはどうするでしょうか。／私はその病気の本性を示すだろう、病気して私は有名になるだろう、私はしっかりしていることだろう、私はゆとりを持っていることだろう、私は医者にへつらわないだろう、死ぬことを祈らないだろう。

（鹿野治助訳『人生談義』下、六七頁）

46（明治三一年一一月一五日）

全く平和である。意志には盗賊もいなければ、また暴君もいない。

（鹿野治助訳『人生談義』下、八九頁）

47（明治三一年一一月一五日）

それでは神が食を与えてくれない時はどうでしょうか。それはいわば、良将が呼び戻しの合図をしたのでなくて何かね。私は指導者を褒め、その業《わざ》をたたえて、彼に服し、そして従うのだ。

（鹿野治助訳『人生談義』下、一二五頁）

48（明治三一年一一月一五日）

それでは子供らはどうするでしょうか。／「もし私がテッサリヤに行くならば、諸君が彼らの世話をするだろう。だが私がかの世へ旅立つならば、世話する者は誰もいないのだろうか。」

（鹿野治助訳『人生談義』下、一六〇頁―一六一頁）

49（明治三一年一一月一五日）

そして今ソークラテースは死んではいるが、まだ彼が生きてる時に行なったり、言ったりしたことの記憶は、以前に劣らず、いやそれ以上に人々に対して益をなしているのだ。

（鹿野治助訳『人生談義』下、一六一頁）

50（明治三一年一一月一五日）

この世間でいう自由のために、或る人たちは首を縊り、或る人たちは高い処から飛び下り自殺をし、或る時には全市が滅亡することもあるのだ。本ものの裏切らない安全な自由のために、神がその貸し与えたものを要求した時に、君はそれを神に返却しないだろうか。プラトーンのいってるように、君はただに死ぬということだけでなくして、拷問にかけられたり、追放されたり、鞭打たれたり、また一般的にいえば、自分のものでない一切のものを返却したりすることを勉強しないだろうか。

（鹿野治助訳『人生談義』下、一六一頁―一六二頁）

51（明治三一年一一月一六日）

それでどちらでも君の好きな方を選ぶがいい、君は旧態依然たる前の君として、以前の人々から同じように愛されたいか、それともよりすぐれた者となって、前と同じようなことは受けないか。

（鹿野治助訳『人生談義』下、一六三頁）

52（明治三一年一一月一六日）

人を卑しくし、他に隷属するようにするものは、ただ官職や富の欲望だけでなく、平静や閑暇や旅行や学識の欲望もそうであるということを記憶しておくがいい。

（鹿野治助訳『人生談義』下、一六六頁）

53（明治三一年一一月一六日）

不正をする者にとっては、不正自身が大きな害悪である〔。〕

（鹿野治助訳『人生談義』下、一七七頁）

54（明治三一年一一月一六日）

人は斧で切ることの下手な人を見る時、「大工の本領は何か、御覧、この大工どもは何と下手くそなんだろう」といわないで、全く反対に「この人は大工じゃない、斧で切るのが下手だから」というのだ。

（鹿野治助訳『人生談義』下、一九九頁）

55（明治三一年一一月一七日）

私を導いて下さい、おおゼウスよ、そして汝、運命の女神よ、／私の場所とあなたが定めた処へ、／私は従いましょう、ちゅうちょせず。たとい欲しなくとも、／私は臆病者として、従わざるを得ないでしょう。／〔クレアンテースのゼウス讃歌〕

（鹿野治助訳『人生談義』下、二八三頁―二八四頁）

56（明治三一年一一月一七日）

「必然に善く従う者は／われら彼を賢者とし、神的なものを知れるとなさん。」／〔エウリピデースの断片〕

（鹿野治助訳『人生談義』下、二八四頁）

57（明治三一年一一月一七日）

しかしおおクリトーンよ、もしそれが神々の御気に召すなら、そうなるがいい。アニュトスもメレートスもわたしを殺すことはできても、だがわたしを傷つけることはできない。〔プラトーン『クリトーン』『ソークラテースの弁明』〕

（鹿野治助訳『人生談義』下、二八四頁）

58（明治三一年一一月二三日）

したがってもし、かかる快楽〔（飲食の楽しみや、その他これに似た快さはいかにも望ましい快楽である）〕をさして人間最大の幸福であるとする人があれば、その人は朝から晩まで飢えたり、渇いたり、痒がったり、食ったり、飲んだり、掻いたり、摩《さ》すったりし通しの生活こそ人生無上の幸福と認めざるをえなくなるであろう。

（平井正穂訳『ユートピア』一二二頁）

＊英文の「(the pleasures of eating, drinking, & the other delights of sense)」「(飲食の楽しみや、その他これに似た快さはいかにも望ましい快楽である)」の部分は、"Utopia" 本文における数行前の文章を満之が挿入・補記したものである。

清沢満之訳出『エピクテタス語録』原文

1(明治三一年一〇月一二日)

Of things some are in our power, and others are not. In our power are opinion, movement towards a thing, desire, aversion (turning from a thing); and in a word, whatever are our own acts: not in our power are the body, property, reputation, offices (magisterial), and in a word, whatever are not our own acts. And the things in our power are by nature free, not subject to restraint nor hindrance: but the things not in our power are weak, slavish, subject to restraint, in the power of others. Remember then that if you think the things which are by nature slavish to be free, and the things which are in the power of others to be your own, you will be hindered, you will lament, you will be disturbed, you will blame both gods and men: but if you think that only which is your own to be your own, and if you think that what is another's, as it really is, belongs to another, no man will ever compel you, no man will hinder you, you will never blame any man, you will accuse no man, you will do nothing involuntarily (against your will), no man will harm you, you will have no enemy, for you will not suffer any harm.　　Epict. p. 379.

2(明治三一年一〇月一二日)

If you attempt to avoid disease or death or poverty, you will be unhappy. Take away then aversion from all things which are not in our power.　　Epict. p. 380.

3(明治三一年一〇月一二日)

If you love an earthen vessel, say it is an earthen vessel which you love; for when it has been broken, you will not be disturbed. If you are kissing your child or wife, say that it is a human being whom you are kissing, for when the wife or child dies, you will not be disturbed. Epict. p. 381.

4（明治三一年一〇月一二日）

If you intend to improve, throw away such thoughts as these: if I neglect my affairs, I shall not have the means of living.　Epict. p. 383.

5（明治三一年一〇月一二日）

It is better to die of hunger and so to be released from grief and fear than to live in abundance with perturbation.　Epict. p. 383.

6（明治三一年一〇月一二日）

If you would improve, submit to be considered without sense and foolish with respect to externals. Wish to be considered to know nothing.　Epict. p. 384.

7（明治三一年一〇月一二日）

Whoever then wishes to be free, let him neither wish for any thing nor avoid anything which depends on others. Epict. p. 384.

8（明治三一年一〇月一二日）

For this is your duty, to act well the part that is given to you.　Epict. p. 386.

9（明治三一年一〇月一二日）

When a raven has croaked inauspiciously, let not the appearance hurry you away with it〔…〕To me all significations are auspicious if I choose. For whatever of these things results, it is in my power to derive benefit from it. Epict. p. 386.

10（明治三一年一〇月一二日）

You can be invincible, if you enter into no contest in which it is not in your power to conquer.　Epict. p. 386.

11（明治三一年一〇月一二日）

Remember that it is not he who reviles you or strikes you, who insults you, but it is your opinion about these things as being insulting.　Epict. p. 386.

12（明治三一年一〇月一二日）

If you desire philosophy, prepare yourself from the beginning to be ridiculed, to expect that many will sneer at you.　Epict. p. 387.

13（明治三一年一〇月一二日）

If it should ever happen to you to be turned to externals in order to please some person, you must know that you have lost your purpose in life. Be satisfied then in every thing with being a philosopher; and if you wish to seem also to any person to be a philosopher, appear so to yourself, and you will be able to do this.　Epict. p. 387.

付録

清沢満之略年譜（明治三〇年〜明治三一年）
碧南地方地図（明治三〇年頃）
臘扇記清沢満之近親系図
「大谷派事務革新全国委員及び有志者撮影」写真・名簿
臘扇記関係主要文献

清沢満之略年譜（明治三〇年～明治三二年）

・清沢満之の行実は、『清沢満之全集』第九巻「年譜」などによって作成した。
・大谷派事項・一般事項は『真宗大谷派近代史年表』『碧南市史料』などによって作成した。

清沢満之　三五歳　明治三〇年（一八九七年）

月	清沢満之の行実	大谷派事項・〈一般事項〉
一	八日、有志とともに、京都の立花軒に大谷派宗務革新請願事務所を開設。二〇～二二日、有志二〇〇余名とともに、二八、〇〇〇余名の請願書をもって東本願寺に改革を迫る。 一五日、「信の成立」を『無尽灯』第三編第一五号に発表〔～六月〕。 二八日、「師命論」を『教界時言』第四号に発表。	一九日、宗務革新請願捧呈打合せ会を開く。（教界時言） 一九日、大谷勝珍、執事を免ぜられ、大谷勝縁がなる。（本事報） 〈三一日、西周没。〉 〈この月、正岡子規『ほととぎす』創刊。尾崎紅葉『金色夜叉』発表。〉
二	一三日、有志の僧俗三〇〇名とともに、京都の共楽館で大谷派革新全国同盟会を結成。 一四日、東本願寺より、一派の寺務を非議し派内の静謐を妨げたとして除名	一日、宗制寺法改定に伴い、「執事」を「総務」と改める。（本事報） 五日、寺務所職制改定。（本事報） 一四日、清沢満之・今川覚神・稲葉昌丸・清川円誠、学師の名籍を除かれる。村上専精・清沢満之・今川覚神・稲葉昌丸・井上豊忠、教導職を免ぜられる。（本事報） 一四日、皇太后喪中の恩赦により、真宗大学生・真宗京都中学生の退学処分、解除

月	清沢満之の行実	大谷派事項・〈一般事項〉
	処分をうける。同日、東本願寺賛衆・教導職〔大助教〕を免じられる。	される。 一四日、宗務革新運動に関する一連の処分につき、法主現如から、議制局拡張・教学諮詢会開設・教学拡張など寺務改革をおこなうとの親言ある。（本事報） 一八日、松本白華・後藤祐護を総代とする寺務改革派、法主現如に請願書を提出する。（教界時言） 二二日、石川舜台、参務に命ぜられる。（本事報）
三	一五日、革新首唱者として請願者および旧大学・中学学生とともに本山に招集される。議制局組織を拡張し、財務の明朗化と門徒会議設立の二項を宗制寺法上に記載するとの発表を聞く。（教界時言） 二八日、「言路の壅塞」「連枝をして宗務の衝に当らしむるの不可を論す」を『教界時言』第五号に発表。	〈二日、足尾銅山鉱毒被害民、上京陳情する。〉 一二日、寺務所職制を改定。また、議制局は門末の建言・請願書の受理を可能とする。（本事報） この月、大谷派関係衆議院議員三五名、法主現如に立法機関の独立〔末寺会議の設置〕、財務機関の分立〔門徒会議の設置〕、勧学布教の振興の三事を建議。（教界時言）
四	一日、次男即往誕生。 二九日、「大谷派宗政の革新」「立憲的宗政実施に対する当路者の用意如何」を『教界時言』第六号に発表。	五日、南条文雄、真宗京都中学校校長を解かれ、小栗憲一がなる。（本事報） 六日、占部観順、真宗大学学監になる。（本事報） 九日、本山事務各地取扱所を廃し、本山財務部出張所を各地におき、本山諸志納を取扱うと達する。（本事報） 〈二七日、帝国図書館開設。〉
五	二九日、「財務部各地出張所を論す」	一三日、石川舜台、改革掛長になる。（本事報）

	「自称実務家」を『教界時言』第七号に発表。	〈この月、高山樗牛ら『日本主義』創刊。〉
六	二九日、「革新の前途」「議制局に関する宗制寺法の改定」を『教界時言』第八号に発表。	五日、布教拡張のため、伝道使をおき等級を定める。(本事報) 五日、教師堂班席冥加金を定める。(本事報) 一二日、講者の著述で宗義に関する書籍発刊は教学部の検閲を必要と達する。(本事報) 〈二二日、京都帝国大学設置。〉 二五日、台湾台北に寺務出張所をおく。(本事報) 〈二五日、神田青年会館で日本最初の労働問題演説会開催される。〉 〈二六日、河口慧海、チベット探検に出発。〉
七	二九日、「真宗大学新築の位置に就きて」を『教界時言』第九号に発表。	六日、占部観順、異義のため取調べをうける。(異安心) 二九日、占部観順、真宗大学学監を免ぜられ、嗣講休職となる。また著述『御垂示頂戴録』『二種深信略述』『破塵問対』の三部取消を令達。(本事報) 三〇日、条約改正に伴う内地雑居に備え、小栗憲一首唱による雑居準備護法大同団組織計画に派内僧侶は便宜を与えるよう達する。(本事報) 三一日、雲英晃耀・調雲集、講師になる。(本事報) この月、保守派酬恩会・貫練会・表正会おこる。(本事報)
八	二九日、「布教の方針」「門徒会議開設の議に対する当路者の意向」を『教界時言』第一〇号に発表。	一七日、諸国に視察をおき、職制章程を定める。(本事報) 二五日、真宗中学条例改定。(本事報)
九	一五日、「正信と迷信」を『無尽灯』第二巻第八号に発表。	一日、秋安居〔~一〇月六日〕。本多祐護『改邪鈔』。(学寮講義) 三〇日、『本山事務報告』を廃し、常葉社発行の『常葉』を以って、本山達令など

月	清沢満之の行実	大谷派事項・〈一般事項〉
	二九日、「大谷派宗務革新の方針如何」「財政之前途」を『教界時言』第一一号に発表。	の公式とする。（常　葉） 〈この月、富山・新潟・長野など各地で米騒動おこる。〉
一〇	一三日、「六花翩々」を起筆〔～二三日〕。 二九日、「貫練会を論す」を『教界時言』第一二号に発表。	一日、事務統一のため、財務部出張所・北米臨時事務所・教務取締所・教導取締所・説教取締所を廃し、二五教区を設け三三教務所の設置を定める。（常　葉） 〈一日、明治用水開鑿事業に尽した岡本八右衛門の分家岡本兵松が死ぬ。〔七七歳〕（碧南市史料） 〈一日、三原暁照編『教学報知』創刊。明治三四年一月に『中外日報』と改題。〉
一一	二九日、「宗制寺法補則の発布」を『教界時言』第一三号に発表。	一日、議制局会議通常会〔～一七日〕。明治三一年度教学費予算四〇〇、〇〇〇円。（常　葉） 一〇日、大谷派革新全国同盟会、解散。 二五日、細川千厳没。（常　葉） 二六日、久留米学館を真宗久留米中学と改める。（常　葉）
一二	二九日、「本誌の将来」「其外は則ち綿繍其内は則ち敗絮」を『教界時言』第一四号に発表。 この頃より、四阿含〔『阿含経』〕等を読誦。 この年、「改革運動覚書㈡」を執筆。	一〇日、大谷派事務革新同盟会解散。（教界時言） 一八日、台湾に布教掛をおき、台湾寺務出張所職制を定める。（常　葉） 〈二二日、中江兆民ら、国民党を結成。〉 〈この年、姉崎正治『印度宗教史』刊行。〉 一日、本山負債現在額七三〇、〇〇〇余円。（常葉年） 〈一二日、第三次伊藤内閣成立。〉

清沢満之　三六歳　明治三一年(一八九八年)

月	清沢満之の行実	大谷派事項・〈一般事項〉
一	一日、『病床雑誌〔第一号〕』を起筆〔~三一日〕。 二二日、『阿含経』等の書写を開始。 二九日、「仏教者盍自重乎」を『教界時言』第一五号に発表。	この月、山田賢竜、ハワイ開教のため渡米。(開教年)
二	一日、『病床雑誌 第弐号』を起筆〔~一四日〕。 一五日、『病床雑誌 第参号』を起筆〔~翌月一五日〕。 二八日、「教界回転の枢軸」を『教界時言』第一六号に発表。	〈二一日、内務省、教派神道と仏教に属する教師の、神社における布教禁止を通牒。〉 〈二三日、同志社、徴兵猶予その他の特権を得るため、キリスト教的綱領を改定、これに対する反対がおこり紛糾。〉
三	一六日、『徒然雑誌 第一号』を起筆〔~八月一四日〕。 二九日、京都の教界時言社に赴く〔~五月六日〕。 二九日、「吾教界の教育家に警告す」を『教界時言』第一七号に発表。	三〇日、占部観順の代理人石川馨に尋問を伝達。(学事史)
四	三日、『教界時言』廃刊を議決。 一八日、蓮如四〇〇回忌法要に伴い、	一八日、蓮如四〇〇回忌法要〔~二五日〕。(常　葉) 一八日、蓮如四〇〇回忌法要に伴い、寺法違犯者の赦免おこなわれ、清沢満之・稲

月	清沢満之の行実	大谷派事項・〈一般事項〉
	稲葉昌丸らとともに除名処分を解かれる。 二〇日、『教界時言』廃刊届出。購読者等へ廃刊を通知。	葉昌丸らの処分も解除される。(常　葉) 二〇日、河崎顕成・竜川賢随ら、「大日本仏教青年興徳会」を創立。(常　葉) 〈二五日、朝鮮独立を承認し、内政不干渉に関する日露議定書に調印。〉 この月、真宗高倉大学寮内貫練会より雑誌『貫練会報』創刊。
五	六日、大浜西方寺に転居〔二七日、父永則、大浜西方寺に転居〕。	一二日、奥村五百子、朝鮮光州で実業学校を創立。(開教年)
六		この月、陸前涌谷町大谷派説教場内に「仏教青年講和会」を設立。(常　葉) 〈三〇日、第一次大隈重信内閣(隈板内閣)成立。〉 〈二五日、保安条例廃止。〉
七	一三日、愛知県常滑町における大日本仏教青年会の夏期講習会に参加〔〜一九日〕。	二日、仏教各宗協会大会を東本願寺で開く〔〜八日〕。 〈この月、赤痢が流行し、西端で多くの患者が出る。〉(碧南市史料)
八	一五日、『臘扇記 第一号』を起筆〔〜一一月一八日〕。 二三日、愛知県小山村の敬専寺で開催の三為会夏期大会に出席。「三為の説」と題して講演〔『法話新誌』第七八号に収録〕。また、「一念」と題して講演〔〜二四日〕。 二九日、『二諦教報』の原稿「宗義の	九日、占部観順、答書を提出。(学事史) 二三日、石川舜台、法嗣大谷光演・連枝大谷瑩亮・大谷勝信・大谷瑩誠の本山脱出を密かに計画し、上記四名大津坂本楼に集まる。大谷光演・瑩亮は東京へ、勝信・瑩誠は上海へ出発する。(上海史) 二七日、臨時相続講事務局を開設。(常　葉)

	研究」を草し発送。	
九	一〇日、名古屋へ移動。 一一日、名古屋から京都へ移動し、一七日まで滞在。 一五日、「仏教の効果は消極的なるか」を『無尽灯』第三巻第九号に発表〔～一二月〕。 一八日、新法主大谷光演のことに関し東京に赴く〔～二九日〕。 この頃、沢柳政太郎から“The Discourses of Epictetus”を借覧し、これに親しみ始める。 二二日、新法主大谷光演及び浄暁院に拝謁。 二三日、上野公園三宜亭、仏教青年会に出席。 二七日、“The Discourses of Epictetus”の書写を始める。	一日、秋安居〔～一〇月六日〕。清井湛霊『浄土論』。(学寮講義) 五日、法嗣・三連枝の本山脱出について親示がある。(常　葉) 五日、東京巣鴨監獄で、仏教教誨師を免職しキリスト教牧師を採用。仏教側の反対により、明治三二年に議会で教誨師問題建議案が成立し仏教教誨師が復帰。 一二日、広陵了栄、講師になる。(学事史) 一七日、沼僧淳、清国布教監督になる。(宗　報) 一七日、『常葉』を三四号で終刊とし、一〇月より『宗報』を発行。(宗　報) この月、石川舜台ら、東京巣鴨監獄の典獄が大谷派教誨師を辞任させ、キリスト教宣教使にかえたことについて政府に抗議する。(宗　報) 〈この月、棚尾橋架橋記念碑が橋近に建てられる。〉(碧南市史料)
一〇		一日、議制局会議条例発布。(宗　報) 二七日、南条文雄、宗務法に関する委員に任ぜられる。(宗　報) 〈二九日、大日本仏教徒国民同盟会結成。〉 三一日、一柳知成ら、清国留学を命ぜられる。(学事史)
一一	一九日、『臘扇記 第二号』を起筆〔～	一日、中国杭州に日文学堂を開設。(上海史)

月	清沢満之の行実	大谷派事項・〈一般事項〉
	翌年一月二五日」。	〈八日、第二次山県内閣成立。〉 一〇日、織田得能、東京巣鴨監獄事件に関わったことで除名される。（宗　報） 〈一一日、能海寛、西蔵探検へ清国上海を出発。〉 〈二三日、仏教各宗派、内務大臣に宗教法確定以前に仏教各宗の意向を求めるよう「開申書」を提出。〉 この月、豊満春洞・広陵了賢ら、京都に東洋教学院を設置。（宗　報）
一二	二日、岡崎に行き、新法主大谷光演と拝謁〔～三日〕。 一一日、本願寺寺務所より学師教師辞令書及び達書が届く。	〈八日、神有で花火大会が行われる。〉（碧南市史料） 〈一〇日、大日本仏教青年会が東京で結成される。〉 〈一一日、関西仏徒同盟会が大阪で結成される。〉 一五日、教誨師、教誨師補の名称を制定。（宗　報）

清沢満之　三七歳　明治三二年（一八九九年）

月	清沢満之の行実	大谷派事項・〈一般事項〉
一	二九日、「生死巌頭」を『二諦教報』第一五号に発表。	一日、本山負債八九四、〇〇〇余円。（常葉年） 六日、伝道使を廃し、特派布教使をおく。（宗　報） 〈二一日、勝海舟没。〉 三一日、教導講習院を東京浅草別院に移す。（宗　報） この月、近角常観、『政教時報』を発刊。 〈この月、東京で全国仏教徒大会を開き、宗教法案反対の表明をする。〉
二	二〇日、新法主大谷光演から東上要請	二日、如信六〇〇回忌法要。（宗　報）

	の書簡を受ける。 二五日、『臘扇記 第二号』に「偶坐案定」として思索を記す。	一一日、宗制寺法および同補則改定〔従来の教師を廃し、僧綱僧位を補す〕。（宗　報） 一四日、現如の仏教公認教運動拠金〔一一日〕の主意にのっとり、門末に浄財の献納を促す。（宗　報） この月、当派信徒丹羽憲顕、京華養育院を設立。仏教主義に立脚し、孤貧児を救済せんため独立自営する。（京百年）
三	一五日、「信仰の進歩」を『無尽灯』第四巻第三号に発表。	一日、南京金陵東文学堂を開堂。（宗　報） 一日、京都亦成講社内に教導練習場を開設。（宗　報） 一九日、特別教務費会計法発布〔宗教制度確立を期して運動費二〇〇、〇〇〇円を準備募財〕。（宗　報） 二七日、村上専精・佐藤誠実、文学博士の学位をうける。（宗　報） 〈この月、境野黄洋・高島米峯・加藤玄智・加藤咄堂・渡辺海旭ら、仏教清徒同志会を結成。〉
四	五日、『臘扇記 第二号』に「四月五日記」として思索を記す。	この月、政教関係の分際を明確にする旨の書立を各地で披露する。（宗　報）
五		一日、政府の宗教法制定に先んじ、石川舜台が『宗教法私見』を発表。（宗　報） 四日、真宗中学条例制定〔全国の真宗中学を京都および東京真宗中学に統合〕。（宗　報） 一五日、奥村円心、千島・色丹開教のため渡航する。（開教年） 一七日、真宗大学条例発布〔明二九年条例廃止〕。（宗　報） 二〇日、中国蘇州に東文学堂を開校。（宗　報）
六	一五日、新法主大谷光演の招きにより東京に転居。本郷区森川町の近角常観	一三日、真宗大学学制を改め、研究科を研究院とし、本科四年制を予科二年・本科三年の五年制に改め、本科の学科を宗乗・華厳・天台・性相の四科とする。（宗

月	清沢満之の行実	大谷派事項・〈一般事項〉
	〔宗教視察のため渡欧中〕の宅に仮寓。これ以後、新法主大谷光演の補導の任に就く〔～明治三五年秋〕。 一五日、「他力信仰の発得」を『仏教』第一五一号に発表。 一五日、「因果の必然と意志の自由」を『無尽灯』第四巻第六号に発表〔～七月〕。 この月、「有限無限録」を執筆。	報） この月、杭州日文学堂に人材養成のため、開導学堂を添設する。（宗　報） この月、夏安居。広陵了栄『観経定善義』、吉谷覚寿『大無量寿経』。（学寮講義）
七	福井県敦賀における関西仏教青年会夏期講習会で「破邪顕正談」を講演〔翌年六月刊『仏教講話集』に収録〕。	〈一七日、外国人の内地雑居を実施する。〉 二〇日、財務整理のため、北浜銀行を取引き銀行とし、本山所有財産を抵当に八〇〇、〇〇〇円を借りる。（宗　報） 二三日、石川舜台、公認教制度確立のため「政教小議」を論説する。（宗　報） 二五日、占部観順、擯斥される。（学事史） 〈一九日、万国平和会議条約に調印。〉 この月、軍隊布教を開始。（宗　報）
八	「仏教興起」が『名家仏教演説集』に掲載される。	〈三日、私立学校令公布。公認学校にて、宗教上の儀式・教育を行うことを禁ずる。〉
九	一九日、「転迷開悟録」を執筆〔～明治三三年二月〕。	この月、真宗大学学生竹島将法が洛東慈善学院を設立する。（京百年） この月、宗乗専攻院にて宗乗講纂編輯をはじめる。（本黌沿革）

		この月、真宗大学主幹に草間〔関根〕仁応が就任。
一〇		〈二日、河野広中・幸徳秋水ら、普通選挙期成同盟会を結成。〉 一三日、土屋観山、「信教の自由」を『宗報』一三号に論説する。（宗　報） 一六日、議制局会議〔～一一月二日〕。真宗大学東京移転を議決する。（宗　報） 二六日、真宗大学認可される。（宗　報） 三〇日、僧綱僧位補授者依用五条袈裟ならびに輪袈裟規定発布。（宗　報） 三一日、真宗京都中学認可される。（宗　報）
一一	一五日、「宗教と道徳との相関」を『無尽灯』第四巻第一一号に発表〔～一二月〕。	二日、真宗加賀中学認可される。（宗　報） 一二日、朝鮮仁川支院の上棟遷座式をおこなう。（宗　報） 一六日、教導講習院認可される。（宗　報） 一六日、真宗東京中学認可される。（宗　報） 〈この月、能海寛・寺本婉雅、打箭炉より入蔵。〉
一二	この年、「信界」「御進講覚書」を執筆か。	〈九日、帝国議会に宗教法案が提出される。〉 二八日、大谷派本願寺会計規則発布。（宗　報） 二八日、寺務所職制・真宗大学条例・真宗高倉大学寮条例〔春安居廃止、夏安居七五日間、秋安居五〇日間とする〕・真宗中学条例を改定。（宗　報） 二八日、大谷派私立真宗中学設立認可および取締規則・布教取締条例を発布。（宗報） この月、東京大谷派総末寺会、宗教法案反対意見一〇ヶ条を全末寺に配布。（宗報） この月、東本願寺、東京府北豊島郡巣鴨村宮仲に、真宗大学の校地六、八三〇坪を取得。

碧南地方地図（明治三〇年頃）

・本地図は、『臘扇記』を読むための最低限の地域情報を記載する。
・清沢満之は明治三一（一八九八）年九月中旬から下旬にかけて相次いで上洛・上京する。そのときの大浜―名古屋間の足取りを地図内に示す。

〈上洛〉・九月一〇日「午後発、名古屋に行く」。・九月一一日「四時名古屋発列車にて京都に出て」。・九月一七日「前八時五四分発列車にて、七条停車場を立ち、米原にて月見氏に別れ、夕刻、帰寺」。
〈上京〉・九月一八日「後四時発、半田に渡り、八時十三分発列車にて大府に出て、月見氏の東行列車に在るに会し、東上の途に就く」。・九月一九日「前十一時、新橋着。（途中鉄道新修の箇所除行の為、延着）」。・九月二八日「後九時、樅山氏を辞し、新橋停車場に向ふ」。・九月二九日「大府、亀崎、松江を経て、午後四時頃、帰寺」。

満之は上洛・上京にあたって大浜から半田までは船で衣浦湾を渡ったと思われる。当時、渡船が大浜渡船場から出ていた。ちなみに大浜渡船場は、明治八（一八七五）年に大浜―半田間の渡船運行を開始し、昭和四四（一九六九）年に閉鎖された。また明治二〇（一八八七）年には、同路線に小型蒸気船「知多丸」が竣功した。（満之が使用したと思われる航路は波線で示した。）

また満之が使用した路線は、武豊線と東海道本線である。武豊線は、知多半島の東側、大府を起点に、武豊（知多郡武豊町）までの一九・三キロメートルを結ぶ。武豊線は明治一九（一八八六）年三月に武豊港から名古屋までの線路が建設され、明治二二（一八八九）年七月に東海道本線が開通したときに、大府―武豊間は支線となり、明治二五（一八九二）年に武豊線という路線名が付けられた。（満之が使用したと思われる路線を破線で示す。）

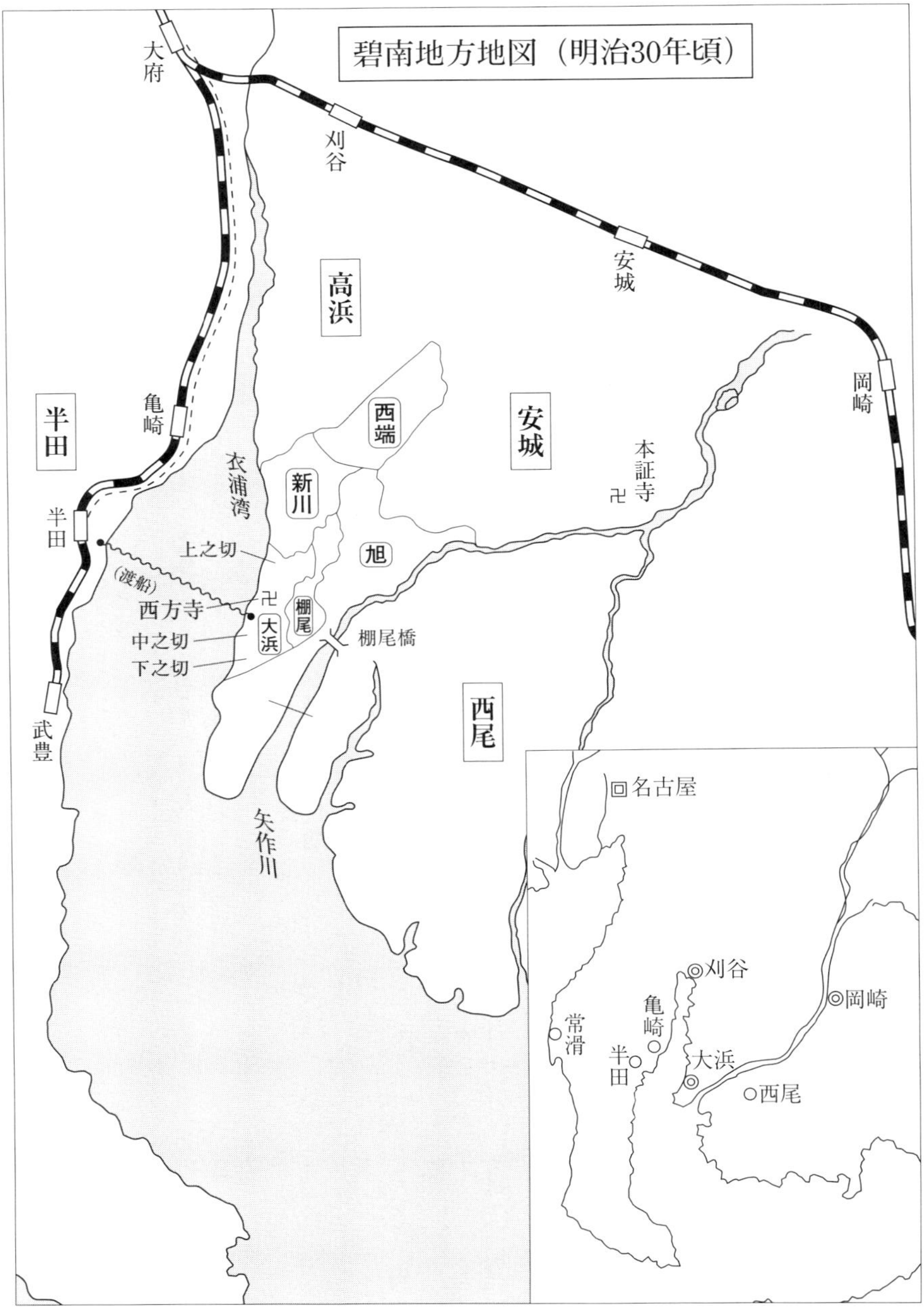
碧南地方地図（明治30年頃）
大府
刈谷
安城
岡崎
高浜
半田
亀崎
西端
安城
本証寺
衣浦湾
新川
半田
上之切
旭
（渡船）
西方寺
棚尾
大浜
中之切
下之切
棚尾橋
武豊
西尾
矢作川
名古屋
刈谷
岡崎
亀崎
常滑
半田
大浜
西尾

臘扇記清沢満之近親系図

・清沢満之『臘扇記』関係の近親者の一覧、『臘扇記』に名前の出る人物は太字で示し、『臘扇記』内の呼称が異なる場合、その呼称を〔　〕内に示した。

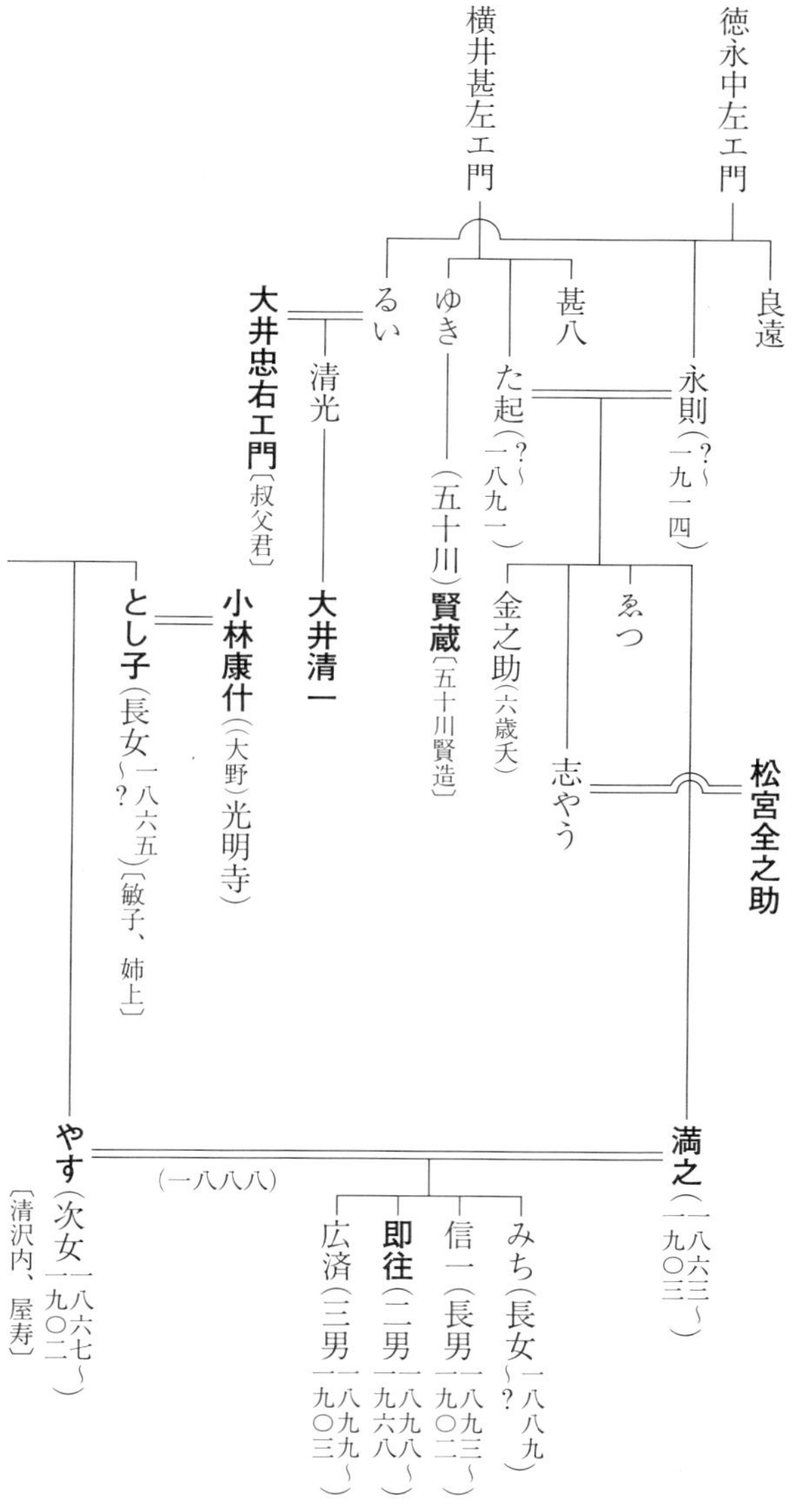

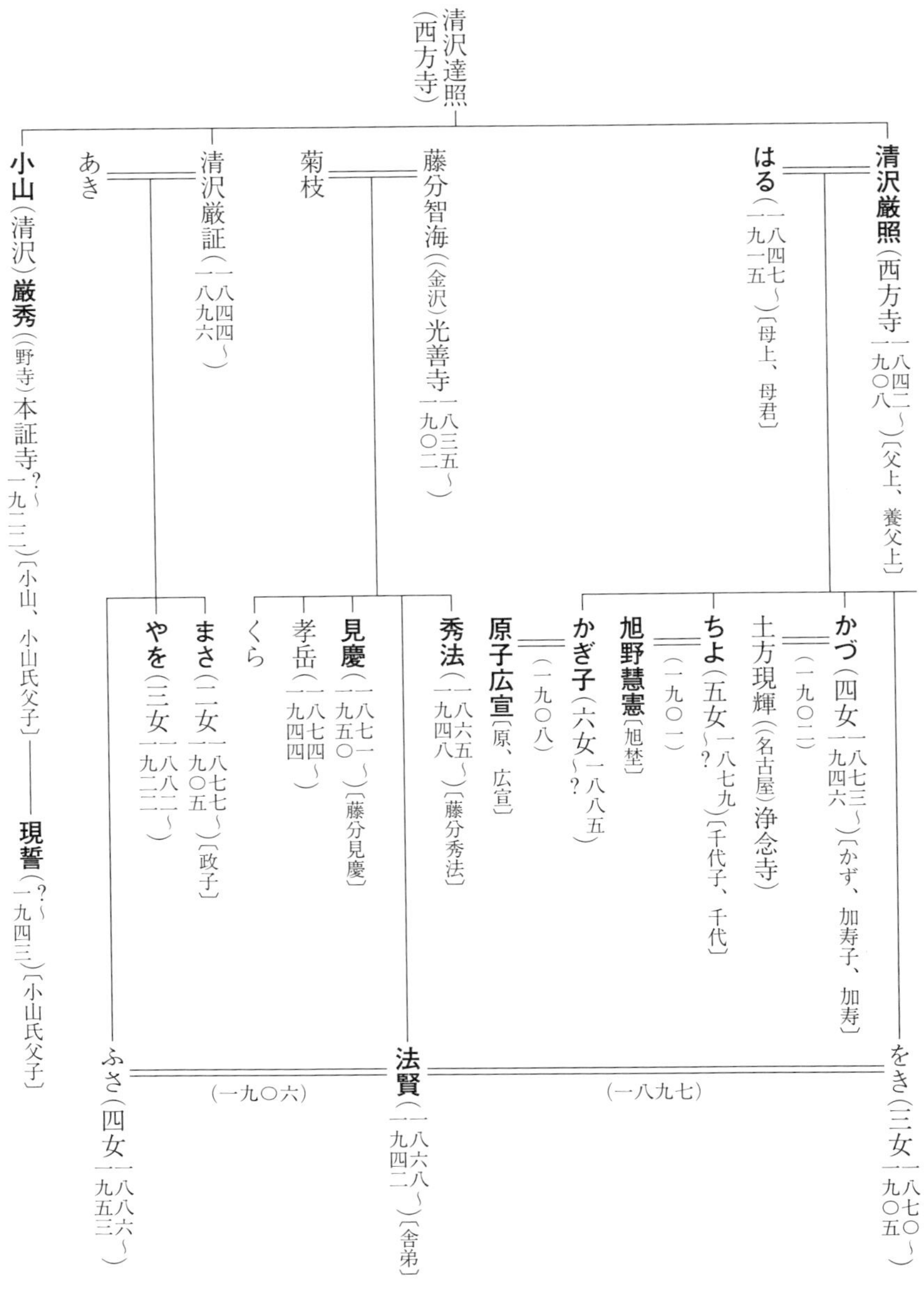
清沢達照（西方寺）
清沢巌照（西方寺一八四二〜一九〇八）〔父上、養父上〕
はる（一八四七〜一九一五）〔母上、母君〕
藤分智海（金沢）光善寺一八三五〜一九〇二）
菊枝
清沢巌証（一八四四〜一八九六）
あき
小山（清沢）巌秀（野寺）本証寺?〜一九二二）〔小山、小山氏父子〕
現誓（?〜一九四三）〔小山氏父子〕
かづ（四女一八七三〜一九四六）〔かず、加寿子、加寿〕
（一九〇二）
土方現輝（名古屋）浄念寺
ちよ（五女一八七九〜?）〔千代子、千代〕
（一九〇一）
旭野慧憲〔旭埜〕
かぎ子（六女一八八五〜?）
（一九〇八）
原子広宣〔原、広宣〕
秀法（一八六五〜一九四八）〔藤分秀法〕
見慶（一八七一〜一九五〇）〔藤分見慶〕
孝岳（一八七四〜一九四四）
くら
まさ（二女一八七七〜一九〇五）〔政子〕
やを（三女一八八二〜一九二二）
をき（三女一八七〇〜一九〇五）
（一八九七）
法賢（一八六八〜一九四二）〔舎弟〕
（一九〇六）
ふさ（四女一八八六〜一九五三）

大谷派事務革新全国委員及び有志者（京都・知恩院の前で撮影）（東本願寺出版部蔵）

「大谷派事務革新全国委員及び有志者撮影」写真・名簿

（明治三〇年二月一九日　於　知恩院門前）

・『臘扇記』に名前の出る人物は太字で示した。

前列右より

衣笠　愛次郎
諸岡　道太郎
杉浦　筆輔
久本　鈴吉
林　与右衛門
富士沢　信誠
井上　豊忠
月見　覚了
清川　円誠
清沢　満之
村上　専精
後藤　祐護
松本　白華
松木　琢宗
泉　源祐
稲葉　了証
藤谷　還由
南木　大憲
二階堂　退省
千原　円空
山県　良温

二列右より

藤　九郎
春愛　義誠
武田　恵宏
国友　智眼
曽根　法雲
近角　常観
大柳　栄環
藤　賢令
楓　順意
豊原　大正
五坪　嬰仁
雨森　慶運
河原　恵竜
神阪　空全
長　顕成
堀沢　景詮
安藤　正純
本多　清安
大塚　襄
八重山　宗恵
那須　信英
青柳　大慶
神島　教誓
河采　大悟
藤原　正尭
西山　覚流
波佐場　厳誠

三列右より

小倉　実丸
広瀬　善岸
日比　願教
稲葉　現淵
瀬尾　順正
横萩　慶予
石田　法樹
平野　恵粋
桑谷　観成
高阪　静円
竹島　教令
志麻　義淳
畠山　義秀
乗杉　教存
杉野　恵学
立野　尚翁
浅井　秀玄
高屋　覚順
右近　了教
森　法忍
千羽　秀学

四列右より

武田 智蔵
島 天善
館 寿一
石森 教一
磯崎 恵海
田村 大灯
金 正解
鷲岳 敬一
常盤 大定
佐藤 静嘉
園村 義制
飯田 教善
竹中 善丸
中村 実道
阪梨 素雄
綽 最止
藤代 竜浄
蓮井 善昇
木下 徳集
清水 昌盛
春田 神靖

五列右より

末広 聞慶
菊地 憲
草野 道源
大賀 賢海
梅田 暁雲
太田 鳳洲
見岳 浩然
栗田 竜照
橋川 誠順
室殿 恵澄
跡見 法城
松尾 千代丸
清水 了円
松下 法山
松岡 秀雄
丸宝 了海
田宮 宗城
上野 祐信
宮本 秀円
岩崎 現祐
沼川 鳥涯
清原 公成

六列右より

銀田 鳳静
岡田 諦賢
山岸 慈純
池永 恵実
松林 ○○
平田 憲章
中村 堅
高木 晃敬
牧 敏麻呂
星川 制意
伊勢 祖住
三村 ○○
安藤 静円
清水 良秀
村上 流情
織田 顕霊
藤谷 貫一
本多 暢円
大渓 了義
谷田 盈米丸
大塚 保円

七列右より

青山 湛慧
藤本 恵忍
平山 卓也
渋谷 義淳
原水 止順
赤松 福応
伴 澄道
赤松 祐秀
梶井 研丸
水谷 可定
田中 善立
尾中 泰
長尾 如雲
住田 智見
佐竹 法津
柴田 海雲
三岳 融賢
奥村 勇円
河合 大爾

八列右より

川橋与三右衛門
森川 彦四郎
船見 伝吾
星 長蔵
森林 作蔵
中川 久平
北村理右衛門
小島 清次
阪田 庄次郎
吉森仕右衛門
境野喜三右衛門
中村 一平
中西 与三郎
瀬戸半右衛門
山田 ○○
桜井 他三郎
渡辺 金次郎

九列右より

山本 甚平
梅原 弥平
織田三右衛門
小笠原 習成
鈴木与右衛門
斎藤 甚六
簗瀬 治三郎
古居 七兵衛
杉山 岩吉
足立 茂助
片山 荘造
都築 寅之助
加藤 稲吉
木村 嘉市
亀山 竹四郎
鈴木 喜三郎
服部 林吉
野々山 藤十
谷沢 紋次郎
中根 浅次郎
阪田 定助
鈴木 文蔵
鈴木 文助

十列右より

小寺 謙二
永富 新三郎
川島勝右衛門
竹内 孫次郎
小西 喜太郎
岩崎 清次郎
大西 七平
木村 橘太郎
藤原 久次郎
内海清右衛門
福永 伊八郎
山本 喜作
久永 伊助
山口 勇次
中川 瀬兵衛
伊賀 週次郎
土井 喜平
金川 平蔵
関 栄助
伊東 作太夫
蕪城 賢順
草間 仁応

十一列右より

呼野 諫
伏見 研明
村上 恵諦
波来谷 純意
松岡 廓然
沢 教観
荒尾 保丸
吉原 純悟
鳳気至 福祐
九頭竜 教護
島田 了意
一柳 智成
暁烏 敏
佐々木 月樵
藤波 観竜
曽我 量深
蓮 琢了
武村 恵信
土井 恵鎧
江上 大成
清原 峰鷲
能村 恵

金剛 猶平
南浮 智成
出雲路 善祐

十二列右より

井口 成恵
小原 一朧
山本 一成
崇谷 四柱
水野 斉入
藤永 利剣
阿野 了温
岩越 智導
竹島 将法
葦原 林元
中島 順道
与地 観円
清水 智誠
永井 濤江
穴水 義鎧
岫 徳竜
楠 竜造
宝達 城澄
東谷 智源
緒方 活竜
馬場 賢清

藤波 玄成
永崎 智順

十三列右より

堀江 法航
保倉 智保
繁原 養堂
平塚 竜馴
豊岡 実
島 大然
渡辺 賢治
訓覇 是宗
大友 志勇
中島 正道
石原 宜賢
円山 芳諦
石塚 維巌
唐橋 淳心
佐々木 義山
竹原 嶺音
荒木 智了
栂尾 承証
田村 徳栄
奥村 善什
佐藤 恵水

十四列右より

坊城 堅了
雨森 一意
小原 諦教
内田 民部
大谷 竜瑞
石田 三省
百目木 智璉
紀地 智学
木下 智雄
上野 智幢
湯口 温雅
今井 良正
松田 慶祥
池田 貫道
毛利 宏玄
石原 善友
大橋 勇
日野 円乗
大滝 霊超
草野 善能

臘扇記関係主要文献

・清沢満之『臘扇記』に関係する主要文献を発行年順に示した。
・表記の方法は次の通りとする。
　著者名「論文等名」『書名』発行者名　発行年
・論文等の下に書名が示されている場合は、所収であることを意味する。

【著書】
暁烏　敏『清沢先生の信仰』無我山房　一九〇九
西村見暁『清沢満之先生』法蔵館　一九五一
吉田久一『人物叢書　清沢満之』吉川弘文館　一九六一
堀　浩良『清沢満之の信仰と思想』永田文昌堂　一九六四
寺川俊昭『清沢満之論』文栄堂　一九七三
曽我量深『他力の救済』文明堂　一九七三
寺川俊昭『清沢満之に学ぶ―自己とは何ぞや　これ人生の根本問題なり―』日豊教区教化委員会　一九七五
出雲路暁寂『親鸞聖人と清沢先生―悲喜共同体―』安部書店　一九七五
寺川俊昭・大河内了悟『我、他力の救済を念ずるとき―清沢満之に学ぶ―』東本願寺出版部　一九八〇
児玉暁洋『念仏者清沢満之―精神主義とは何か―』難波別院　一九八一

脇本平也『評伝清沢満之』法藏館　一九八二
加藤智見『いかにして〈信〉を得るか　内村鑑三と清沢満之』法藏館　一九九〇
福嶋寛隆・赤松徹真編『資料清沢満之』全三巻　同朋舎　一九九一
久木幸男『検証　清沢満之批判』法藏館　一九九五
安冨信哉『清沢満之と個の思想』法藏館　一九九九
今村仁司編訳『現代語訳清沢満之語録』岩波書店　二〇〇一
延塚知道『「他力」を生きる　清沢満之の求道と福沢諭吉の実学精神』筑摩書房　二〇〇一
亀井　鉱『父と娘の清沢満之』大法輪閣　二〇〇一
児玉暁洋『清沢満之に学ぶ　現代を真宗に生きる』樹心社　二〇〇二
福島栄寿『思想史としての「精神主義」』法藏館　二〇〇三
教学研究所編『清沢満之　生涯と思想』東本願寺　二〇〇四
今村仁司『清沢満之と哲学』岩波書店　二〇〇四
延塚知道『求道とは何か』文栄堂　二〇〇四
延塚知道『清沢満之と歎異抄』文栄堂　二〇〇四
神戸和麿『清沢満之　その思想の軌跡』法藏館　二〇〇五

【論文等】

暁烏　敏「開会の辞」『精神界』第九巻第六号（清沢先生七周忌記念）無我山房　一九〇六
金子大栄「釈迦魂（清沢先生の霊に捧ぐ）」『精神界』第一五巻第五号（一三回忌記念）浩々洞　一九一五

金子大栄「独立自由の大義」『精神界』第一五巻第一一号　浩々洞　一九一五
赤沼智善「明治教学界に於ける先生の地位」『清沢満之』観照社　一九二八
山辺習学「清沢先生の追憶」(目次では「清沢先生の思ひ出」)『清沢満之』観照社　一九二八
安藤州一「先生の思想と修養」『清沢満之』観照社　一九二八
安藤州一「先生の思想と修養」『清沢満之全集』六(六巻本:感想・講演)　有光社　一九三五
暁烏　敏「『我信念』講話」『清沢満之全集』六(六巻本:感想・講演)　有光社　一九三五
清沢哲夫「臘扇記の世界—阿含賛歌(六)—自覚—」『広大会』(清沢満之先生特集号)　香草舎　一九五二
近藤純悟「私をして私たらしむる力」『絶対他力道』大谷出版社　一九五二
谷内正順「本領と分限」『絶対他力道』大谷出版社　一九五二
金子大栄「絶対無限の妙用」『絶対他力道』大谷出版社　一九五二
清沢哲夫「自覚」『絶対他力道』大谷出版社　一九五二
宮本正尊「自由人清沢満之先生」『教化』第一四号(清沢満之先生五〇回忌記念特輯)　大谷出版社　一九五二
西谷啓治「清沢満之先生と哲学」『教化』第一四号(清沢満之先生五〇回忌記念特輯)　大谷出版社　一九五二
田村円澄「「精神主義」の限界」『仏教文化研究』仏教文化研究所　一九五六
田村円澄「清沢満之」『日本仏教思想の展開—人とその思想』平楽寺書店　一九五六
佐々木蓮麿「清沢満之の信仰」『清沢満之の研究』教化研究所　一九五七
松原祐善「清沢満之の精神主義」『清沢満之の研究』教化研究所　一九五七
西村見暁「清沢満之の俗諦的意義」『清沢満之の研究』教化研究所　一九五七
広瀬　杲「真宗大学」『清沢満之の研究』教化研究所　一九五七

寺川俊昭「教団再興」『清沢満之の研究』教化研究所　一九五七
吉田久一「精神主義運動の社会的意義」『日本近代仏教史研究』吉田久一著作集四　吉川弘文館　一九五九
松原祐善「清沢満之の朋友論」『文化と伝統』四、『真人』一一一号　大谷大学時報社　一九五九
田村円澄「清沢満之と「精神主義」」『日本仏教五』浄土思想　法蔵館　一九五九
和田昌太郎「清沢満之の研究」『印度学仏教学研究』第八巻第一号　日本印度学仏教学会　一九六〇
松原祐善「浩々洞の歩み」『講座近代仏教』四　法蔵館　一九六一
西谷啓治「清沢満之とその宗教哲学」『現代しんらん講座』三　普通社　一九六三
千輪　慧「清沢満之の思想とその背景—百年後に生き得た宗教家—」『大法輪』第三〇巻第七号　大法輪閣　一九六三
谷川徹三「浩々洞における清沢先生」『清沢満之の思想とその展開』清沢満之師生誕百年記念会　一九六三
広瀬　杲「透徹した人間凝視—精神主義について　清沢満之師生誕百年を迎えて(3)」『真宗』第七一七号　真宗大谷派宗務所　一九六三
宮本正尊「清沢先生の思想」『信道』第一九巻第一二号　信道会館　一九六三
松本晧一「宗教的人間の比較的考察—梁川・樗牛・満之」『宗教研究』第一八〇、一八一、一八二号　宗教研究会　一九六五
清沢哲夫「自覚」『無常断章』法蔵館　一九六六
松原祐善「歎異鈔と満之と鑑三」『親鸞教学』第九号　大谷大学真宗学会　一九六六
脇本平也「清沢満之の真髄」『中道』第五一号　中道社　一九六七
加藤智見「清沢満之に関する一考察」『フィロソフィア』第五三号　早稲田大学文学部　一九六八
脇本平也「清沢満之と大谷派教団」『親鸞教学』第一三号　大谷大学真宗学会　一九六八

松原祐善「清沢先生と同朋会運動」『中道』第八〇号（清沢満之臘扇忌記念号）中道社　一九六八
清沢哲夫「回想」『中道』第八〇号（清沢満之臘扇忌記念号）中道社　一九六八
柏原祐泉「「精神主義」の構造」『日本近世近代仏教史の研究』平楽寺書店　一九六九
寺川俊昭「清沢満之の「精神」について」『大谷大学研究年報』大谷学会　一九七〇
橋本峰雄「精神と霊性―仏教近代化の二典型」『清沢満之・鈴木大拙』日本の名著四三　中央公論社　一九七〇
児玉暁洋「独立者の共同体―真宗大谷派教団の体質変革の原点を求めて」『本願寺教団』学芸書林　一九七一
脇本平也「冬の扇―清沢満之のこと―」『信道』第二八巻六号　信道会館　一九七二
寺川俊昭「迷悶者の安慰」『信道』第二九巻第九号　信道会館　一九七三
寺川俊昭「清閑なる一道　上、中、下―親鸞・蓮如・満之」『真宗』第八四〇、八四一、八四三号　真宗大谷派宗務所　一九七四
出雲路暢良「清沢満之の主題と方法」『金沢大学教育学部紀要』第二三～二六号　金沢大学教育学部　一九七四
暁烏哲夫「「現前一念」の自覚」『信道』第三二巻第八号　信道会館　一九七五
出雲路暁寂「清沢先生と母上―近代教学の課題」『信道』第三三号第九、一〇号　信道会館　一九七六
池田英俊「清沢満之と精神主義運動」『明治の新仏教運動』吉川弘文館　一九七六
出雲路暢良「現代の課題と仏教―清沢満之を中心に―」『印度学仏教学研究』第二五巻第一号　日本印度学仏教学会　一九七六
赤松徹真「近代日本思想史における精神主義の位相―清沢満之の信仰とその陥穽―」『仏教史学論集』永田文昌堂　一九七七
福嶋寛隆「帝国主義成立期の仏教―「精神主義」と「新仏教」と―」『仏教史学論集』永田文昌堂　一九七七

出雲路暢良「清沢満之の主題と方法」『金沢大学教育学部紀要』二五号　金沢大学教育学部　一九七七
渡辺和靖「清沢満之と非合理の発見」『明治思想史』ペリカン社　一九七八
神戸和麿「清沢満之の精神主義―進化論的人間観への批判―」『真宗研究』第二三輯　真宗連合学会　一九七九
福島寛隆「「精神主義」の歴史的性格」『日本仏教』第五〇、五一合併号　日本仏教研究会　一九八〇
松原祐善「清沢満之に導かれて」『信道』第三七巻第六号　信道会館　一九八一
児玉暁洋「精神としてのいのち―清沢満之の生命観―」『信道』第四〇巻第六号　信道会館　一九八四
児玉暁洋「清沢満之の念仏―近代日本に発現した念仏―」『念仏の思想』毎日新聞社　一九八五
寺川俊昭「清沢満之と『精神界』」『近代の宗教運動―『精神界』の試み』法蔵館　一九八六
川本義昭「清沢満之の教学的陥穽―「精神主義」における二諦的問題―」『近代真宗思想史研究』法蔵館　一九八八
寺川俊昭「親鸞・蓮如・満之における時代性について」真宗大谷派仏教青年会連盟　一九八九
神戸和麿「精神主義の提唱」『親鸞に出遇った人々』一　同朋舎　一九八九
瀧　弘信「清沢満之の分限の自覚について―親鸞の宿業観の歴史的一展開として―」『真宗教学研究』第一三号　真宗同学会　一九八九
神戸和麿「真宗の僧伽を求めて」『親鸞教学』第五七号　大谷大学真宗学会　一九九一
寺川俊昭「真宗の学場への祈願」『親鸞教学』第五七号　大谷大学真宗学会　一九九一
安冨信哉「清沢満之の万物一体論」『親鸞教学』第五八号　大谷大学真宗学会　一九九一
脇本平也「清沢満之―精神主義の仏教革新―」『浄土仏教の思想』第一四巻清沢満之、山崎弁栄　講談社　一九九二
安冨信哉「明治中期の真俗二諦論と清沢満之」『親鸞教学』第六二号　大谷大学真宗学会　一九九三
寺川俊昭「願生の人・清沢満之―乗托妙用の自覚から避悪就善の意欲へ―」『親鸞教学』第六三号　大谷大学真宗学会

一九九四
加来雄之「『宗教哲学骸骨』（The Skeleton of Philosophy of Religion）の意義—選択と実験に基づく思索—」『真宗総合研究所研究紀要』大谷大学　一九九四
安冨信哉「能動的自己」『親鸞教学』第六五号　大谷大学真宗学会　一九九五
木越　康「現代的宗教と真宗—「浄土真宗」の課題—」『親鸞教学』第六六号　大谷大学真宗学会　一九九五
林　信康「清沢満之の倫理思想」『研究紀要』第九号　京都女子大学宗教・文化研究所　一九九六
松岡雅則「清沢満之の教育観」『日本仏教教育学研究』第四号　日本仏教教育学会　一九九六
児玉暁洋「未来を開く人・清沢満之—福沢諭吉の啓蒙思想を参照しつつ—」『親鸞教学』第六九号　大谷大学真宗学会
一九九七
安冨信哉「宗教的「個」の論理—清沢満之と精神主義—」『大谷大学研究年報』大谷学会　一九九七
松岡雅則「清沢満之における青年教育—『心霊の諸徳』『心霊の修養』を中心として—」『日本仏教教育学研究』第五号　日本仏教教育学会　一九九七
松岡雅則「清沢満之における信念の確立—真に自己なるものへの目覚め—」『大谷大学大学院研究紀要』大谷大学大学院　一九九七
安冨信哉「清沢満之と精神主義—その「個」の位相—」『親鸞教学』第七一号　大谷大学真宗学会　一九九八
名畑直日児「清沢満之と『エピクテタス語録』—「不如意」の智慧—」『大谷大学大学院研究紀要』大谷大学大学院　一九九八
三浦　統「清沢満之の関係論」『大谷大学大学院研究紀要』大谷大学大学院　一九九八
橋田尊光「清沢満之の宗教的信念—万物一体—」『大谷大学大学院研究紀要』大谷大学大学院　二〇〇〇

安富信哉「清沢満之と「精神主義」」『真宗教学研究』第二二号　真宗教学学会　二〇〇一
名畑直日児「精神主義―世紀を開く」『真宗教学研究』第二二号　真宗教学学会　二〇〇一
山口知丈「求道の課題としての万物一体」『真宗教学研究』第二二号　真宗教学学会　二〇〇一
脇本平也「清沢満之の生涯とその時代」『清沢満之―その人と思想―』法蔵館　二〇〇二
加藤智見「内村鑑三と清沢満之　―いかにして信仰を得るか」『清沢満之―その人と思想―』法蔵館　二〇〇二
田代俊孝「清沢満之の生と死」『清沢満之―その人と思想―』法蔵館　二〇〇二
藤田正勝「清沢満之と西田幾多郎」『清沢満之―その人と思想―』法蔵館　二〇〇二
竹内整一「清沢満之の想念と超越」『清沢満之―その人と思想―』法蔵館　二〇〇二
寺川俊昭「近代教学の確立者・清沢満之の歴史的意義」『清沢満之―その人と思想―』法蔵館　二〇〇二
神戸和麿「清沢満之の精神主義―処世の立脚地」『清沢満之―その人と思想―』法蔵館　二〇〇二
安富信哉「内観主義―精神主義の方法」『清沢満之―その人と思想―』法蔵館　二〇〇二
西本祐摂「清沢満之の「現在安住」」『大谷大学大学院研究紀要』大谷大学大学院　二〇〇三
神戸和麿「清沢満之の名号論―如実修行相応―」『親鸞教学』第八〇・八一号　清沢満之没後一〇〇年特集一　大谷大
学真宗学会　二〇〇三
橋田尊光「清沢満之と真宗大谷派教団―白川党宗門改革運動をめぐって―」『親鸞教学』第八〇・八一号　清沢満之没
後一〇〇年特集　大谷大学真宗学会　二〇〇三
竹村牧男「清沢満之と寸心・大拙」『近代仏教』第一〇号　日本近代仏教史研究会　二〇〇三
西本祐摂「「現在安住」についての一考察」『真宗教学研究』第二四号　真宗教学学会　二〇〇三
小野蓮明「清沢満之の「信念」―その源泉と内実―」『親鸞教学』第八二・八三号　清沢満之没後一〇〇年特集二　大

谷大学真宗学会　二〇〇四
加来雄之「清沢満之における宗教言説の問い直し」『親鸞教学』第八二・八三号　清沢満之没後一〇〇年特集二　大谷大学真宗学会　二〇〇四
水島見一「近代親鸞教学の基本的視座」『親鸞教学』第八二・八三号　清沢満之没後一〇〇年特集二　大谷大学真宗学会　二〇〇四
延塚知道「無量寿を生きん―死もまた我らなり―」『人間に生まれて』清沢満之先生百周年会記念(記念講演を書籍化)崇信学舎　二〇〇四
田村晃徳「霊存としての自己―吾人の価値は如何―」『現代と親鸞』第六号　清沢満之特集　親鸞仏教センター　二〇〇四
藤原正寿「内観の仏道―精神主義の現代的意義―」『現代と親鸞』第六号　清沢満之特集　親鸞仏教センター　二〇〇四
寺川俊昭「道理心と宗教的信念―清沢における哲学と宗教―」『現代と親鸞』第六号　清沢満之特集　親鸞仏教センター　二〇〇四
藤嶽明信「根本的問題としての自己―清沢満之に学ぶ―」『親鸞教学』第八四号　清沢満之没後一〇〇年特集三　大谷大学真宗学会　二〇〇五
神戸和麿「乗托妙用の自己―「予の三部経」―」『親鸞教学』第八四号　清沢満之没後一〇〇年特集三　大谷大学真宗学会　二〇〇五
加来雄之「清沢満之と多田鼎の宗教言説観」『親鸞教学』第八五号　大谷大学真宗学会　二〇〇五
伊東恵深「近代真宗教学の課題―清沢満之と曽我量深の応答を手がかりとして―」『現代と親鸞』第九号　親鸞仏教セ

ンター　二〇〇五
西本祐摂「清沢満之における『歎異抄』の受容とその背景」『真宗研究』第五〇輯　真宗連合学会　二〇〇六
保呂篤彦「後期清沢満之における宗教と道徳」『仏教文化研究所紀要』第六号　岐阜聖徳学園大学仏教文化研究所　二〇〇六
西本祐摂「現在の信念における無限大悲の実現─清沢満之における「現在安住」の時間的側面に関する考察─」『親鸞教学』第八七号　大谷大学真宗学会　二〇〇六
小野蓮明「清沢満之の「信念」─その源泉と内実」『親鸞の信仰と思想　真宗・われらの大地』法蔵館　二〇〇七
竹内整一「清沢満之における内在と超越」『現代と親鸞』第一二号　親鸞仏教センター　二〇〇七

臘扇記といういとなみ

加来雄之

日記といういとなみ

清沢満之にとって日記とはどのようないとなみだったのだろうか。日記とは、「できごとや感想を一日ごとにまとめ、日づけをつけて、その当日または接近した時点で記録すること。また、その記録。」（『日本国語大辞典』小学館）といわれる。二一歳の満之は「〔予備門日記〕」（明治一六年四月一二日〜同年九月八日）の「日記序」において次のように述べている。

〔…〕然らば則ち、其の他は如何の事を為し、其の結果は如何にして出来きたるやと尋ぬれば、一も知ること無し。細事は忘却するも可なれども、稍ゝ重大なる事、又他日参考にしたき事抔は、随分覚えて居るが善きなり。否、記憶して置かなくては不都合なり。〔…〕然らば如何したら最も善きやと云ふに、他無し。小冊子を費し、筆を取つて、毎日の行蹟を記録する最も良し。〔…〕

（『全集（岩波）』八・二）

満之にとっては「日記」とは日々の「覚え置くべき」ことの記録であり、具体的には生きる上での「稍ゝ重大なる事、又他日参考にしたき事」を「小冊子を費し、筆を取つて、毎日の行蹟を記録する」ことである。また満之は、『病床日誌』の結びに次のように記している。

本日病床二録を製す／右録は日誌也／左録は随筆也

（『全集（岩波）』八・七九）

満之は日記を日誌と随筆という二つの範疇で考えていた。これらの性格は、『臘扇記』にも引き継がれている。つまり『臘扇記』は、覚え置くべき日誌と随筆という二つの絲によって織られた人生記録（ヒューマン　ドキュメント）なのである。とすれば『臘扇記』に出るあの感銘深い思索・感興・慨嘆の言句は、一つの閉じられ完結した作品ではなく、人世にあって格闘する魂のプロセスとして読まれなくてはならない。「人情の煩累」「逆境の人士」と嘆息せざるをえなかった日常生活こそがその精華たる言句の土壌なのである。大地から摘み取られた花はいつしか枯れなければならない。『臘扇記』という土壌がそれらの言句に生命の瑞々しさを保証する。『臘扇記』の言句を、抜粋として読むのではなく、生活の記録として読むということの意義がここにある。

三つの日記―『臘扇記』の位置

『全集（岩波）』第八巻には、満之の明治一六（一八八三）年から人生を終える三日前までの日記の類が収められている。原本が散逸し抜粋や書写しか残っていないものも多いが、明治三一年一月一日から三二年一月二五日までの約一年一ヶ月のあいだは一日も欠けることなく、満之の自筆として残されている。それは『病床雑誌』『徒然雑誌』『臘扇記』という三つの名の日記であるが、この三つの日記で分量として現存する日記の実に六割を占める。先学たちが指摘するように、この一年一ヶ月は、満之の獲信にとって、またその信仰と思想において特別の意味をもった年月であった。それは満之が明治三五（一九〇二）年五月に記した「回想」に次のように書き付けた期間にほぼ重なる。

> 而して卅年末より、卅一年始に亘りて、四阿含等を読誦し卅一年四月、教界時言の廃刊と共に此運動を一結し、自坊に投じて休養の機会を得るに至りては大に反観自省の幸を得たりと雖ども、修養の不足は尚ほ人情の煩累に対して平然たる能はざるものあり。
>
> 卅一年秋冬の交、エピクテタス氏教訓書を披展するに及びて、頗る得る所あるを覚え卅二年、東上の勧誘に応じて已来は、更に断へざる機会に接して、修養の道途に進就するを得たるを感ず。

（『全集（岩波）』八・四四一〜四四二）

ここで満之の生涯について簡単に振り返っておきたい。満之は、文久三（一八六三）年、名古屋に下級武士の子として生まれた。維新後、家が困窮し、覚音寺の世話によって真宗大谷派の僧侶となり、その奨学制度で東京帝国大学・同大学院まで進学する。明治二一年、二六歳で宗門当局の要請に応え大学院をやめ京都尋常中学校長となる。その職も一年ほどで譲り、僧風刷新を願い生活を極端に切りつめる実験をし、ついに結核となる。明治二七・八年の療養生活では遺書を認めるほどに立ちいたる。明治二九年（三四歳）、有志とともに宗門改革運動に立ちあがるが、仏教者としてのあり方に思いをいたすようになり、三〇年末より阿含経を読誦、三一年より『病床雑誌』『徒然雑誌』『臘扇記』という三つの日録を記す。三二年六月、病身をおして東上、新法主大谷光演の補導、浩々洞からの『精神界』発行、また真宗大学学監をつとめる。三五年一一月、学生ストライキの責をとって学監辞任、自坊西方寺に帰る。東上以後、長男、妻、三男を相次いで喪い、自身も三六年六月、四一歳で歿す。

『病床雑誌』『徒然雑誌』『臘扇記』という三つの日記は、連続しつつ独立している。連続しているとは、それらの体裁がきわめて酷似していることもあるが、一貫した情況（大浜西方寺において）と課題（信念の確立）とのもとに記されていることである。独立しているとは、それぞれの日記が他に解消できない主題をもっているということである。満之の命名は、生涯の号によく示されるように、みずからの生の様態と深くかかわっている。これらの日記の名称、つまり「病床」「徒然」「臘扇」も満之が引受けようとした生存在の様態を象徴している。

日記の形式については、はじめの二つは「雑誌」であり、最後の一つは「記」である。満之には「雑記」と称する日記が残っているが、「雑誌」という名称はいかにも奇異である。「雑誌」は、明治初期に英語 magazine の訳として用いられた語で、その基本的意味は「①雑多なことを記載した書物。雑志。襍志（ざつし）。②号を追って定期的に刊行する出版物。」（『広辞苑』）である。雑誌としては、明治六（一八七三）年刊の『明六雑誌』や明治一三（一八八〇）年刊の『六合雑誌』などが有名で社会に大きな影響力をもった。満之はどのようなことを念頭においてみずからの日記に雑誌と名づけたのだろうか。この形式については今後の課題としたい。

満之のこれらの日記はある課題をかたちづくり、その課題の克服を担って生きようとする宗教的な魂の壮絶な記録である。この記録を通して、今日、私たちは満之の「信念の確立」の歩み、すなわち「修養」のいとなみを、満之自身のことばによって、生き生きと知ることができる。満之は実験を重んじたが、この三つの日記もまた大いなる実験ノートであり、『臘扇記』はその実験の最終段階に位置する。

『病床雑誌』の製作

明治三一(一八九八)年の年頭、満之は、小冊子を作成し、それに『病床雑誌』と題し、第一日目の行事を記した。

明治三十一年一月／一日　(中略)／小山厳秀氏長息ト共ニ来訪／稲葉昌丸氏来訪／赤堀医師来診即往

信心開発ハ絶対ヲ認識覚知スルノ一段ニシテ禅家ノ所謂大悟一番ナルモノト等シ　信後ノ称名ハ憶念心(理論的ニハ常恒存在セルモノ)ヲ顕赫ナラシムルノ方便ニシテ禅家ノ所謂悟後ノ修行ト同シ(或ハ公案ノ畳究ナリ)　只真禅ノ相異ハ彼ハ悟ノ終極ヲ望ンテ徹底放下セサランコトヲ主トシ此ハ悟ノ始極ヲ重ンシテ専ラ其ノ摂取不捨ノ広カランコトヲ主トスルナリ

(『全集(岩波)』八・一六三～一六四)

ここには元旦の行蹟と信念についての思索とが記されている。この生活の日誌と信念についての随筆、これが今後の日記の基本的性格を決定する。寺川俊昭は「満之畢生の課題であった信念とは、一面では自己を無限大悲に乗託して生きる者であると目覚ましめる根源的なはたらきであり、また他面では、その我の実践を内面から促し、支え、業縁の中で至誠を尽くして行為せしめる根源的な力であった、と解する」(『清沢満之論』一三六～一三七頁)が、その二面がここにすでに「信心開発」と「信後ノ称名」として現われている。この二つは浄土真宗の宗学の主題であるが、はやく満之が『宗教哲学骸骨』のなかで「安心(信心)」「修徳(修行)」(『全集(岩波)』一・二八〜二九)として注目しているように、無限と有限にかかわる生存在の必然的な二方面である。これがまた三つの日記を一貫する課題を明示している。やがて、この二つの課題が『臘扇記』において「信心開発」が「真諦―信他力―不怨天」(本書六九頁)、「信後称名」が「俗諦―尽自力―不尤人」(本書六九頁)として応答えられてゆくであろう。

「病床」という名称は、満之の最後の日記の言葉が「血をはいた病の床にほと、ぎす。」(明治三六年六月三日『全集(岩波)』八・四五三)であることを知る私たちにとっては象徴的な言葉である。満之には「病床」「保養」といった闘病生活に因んだ命名の日記がいくつか残されているが、ここに付された「病床」とは単なる修辞ではない。『病床雑誌』を記す期間(一月一日から三月一五日まで)、満之はただの一歩も西方寺を出ていない。もちろんそれは一月三日に喀血して以降、いよいよ悪化していた結核のせいもあったであろうが、私には満之があえて病床にわが身を据え、釈尊の教言の前に身を投げ出すことをみずからの課題としたように思える。明治三〇年末から始めた「阿含読誦」は、明治三一年一月二二日(旧暦元旦)を機会に「読誦中感応之要領」の書写という壮絶な聖教(四阿含)学習へと移行する。わが身を病の床に据え、換言すれば「生死巌頭ノ観ニ住」(「転迷開悟録」)した阿含経の読誦を通して、仏教者としてのあり方を問い直す。そこに『病床雑誌』の本質がある。

この『阿含経』読誦は、どのような課題のもとになされたのか。満之みずからが回想の文に「阿含の読誦は、教界時言を廃刊する前にあり。」(『全集(岩波)』八・四四一)と記すように、満之は阿含の読誦によって『教界時言』廃刊を決心した。想像をたくましくすれば『阿含経』読誦は、教界時言社の今後を協議する「四月会合」に向けてのいとなみでもあったのかもしれない。満之は『阿含経』の読誦を通して仏教者としての確信をえた。そのことが「病床」から「徒然」へと名称を変更した理由ではなかったか。

『徒然雑誌』へ

『徒然雑誌』は「病床雑誌第三号続」とあるように、「雑誌」という形式を継続している。『病床雑誌』を終結した満之はすでに改革運動を切り上げ大浜西方寺に入ることを決意していたのであろう。「徒然」とは「つれづれ」ということで、なにも特別にすることがないという意味である。「病床」から「徒然」へは、結核の病態が「全く治定致し居り」（『全集（岩波）』九・一六二）と友人たちに報せるように小康状態になり、また危急な課題のもとに身を置いていないことを示しているのだろう。三月一五日からはじまる『徒然雑誌』は、三月一七日をもって四阿含等の読誦書写という行為を終えている。その後、少し体調を崩した満之は、予定より遅れて三月二九日に京都の教界時言社に向かい、四月一日より社員と協議を始め、三日午後二時に「時言廃刊」（同八・三〇六）など八つの議決を結論する。おそらくはこの時であろうと思われるが、満之は京都下京の旅館経長に訪ねてきた河野法雲に対して「それでこれからは一切改革のことを放棄して、信念の確立に尽力しようと思ふ」（『全集（法蔵館）』Ｖ・六二二）と語ったという。

そののち後始末などのため京都にしばらく滞在し、五月六日には西方寺に帰り、五月二七日には実父永則も引き取る。回想にいう「断然家族を挙げて、大浜町西方寺に投ず」（『全集（岩波）』八・四四一）である。また七月一三日から一九日までは常滑市で開催された大日本仏教青年会夏期講習会に参会し講師をつとめている。しかし「先生にとつて西方寺は決して住み心地のよいところではない。」（西村見暁『清沢満之先生』二一三頁）というように、寺での立場、門徒の評判、実父の問題等、西方寺という場は、満之を「人情の煩累に対して平然たる能はざるものあり」（回想）という苦境に追い込めていくことになる。そのようななかで満之は、「如来トハ何物何在ナルヤ」（明治三一年八月一四日『全集（岩波）』八・三一三）と記して『徒然雑誌　第一号』を閉じ『臘扇記　第一号』を製作する。「徒然」から「黙忍堂臘扇」へ、そこには満之の生の課題の先鋭化を見ることができる。

『黙忍堂臘扇記』の名の由来

「黙忍堂」とは、『臘扇記 第一号』にしかあらわれない名称である。「堂」とは建物をあらわし、雅号に添える語である。「堂」は、住む場所に因む号である。つまり西方寺という場に身を置く満之の生の課題をよく示している。「黙忍」とは「黙して忍ぶ」の意であろう。この時期の西方寺は満之にとって「黙して忍ぶ」場であった。しかし「黙忍」の語は悲観的消極的言明ではない。この言葉が『臘扇記 第一号』裏表紙に記される「百戦百勝不如一忍 万言万当不如一黙」（本書七一頁）に基づいているとすれば、「黙忍」とは「百戦百勝」「万言万当」よりも勝れた態度なのである。つまり「黙忍堂」とは西方寺という場における「人情の煩累に対して平然たる能はざる」日々を受けとめて生きようとする満之の覚悟の表明である。「黙忍堂」という号は、身体の住居だけでなく魂の住所をも象徴している。

また「臘扇」とは、「臘月（一二月）の扇子」の意で、時期に合わない無用の事物の譬えである。この日記を作成する満之の身を表現している。満之は晩年の日記で生涯に使用した号について次のように記している。すなわち「臘扇の号は在大浜時に作製せりと雖ども当時未だ大浜に安住するの意なかりし也。其此意を確立したるは、実に昨秋帰郷の時にあり」（『全集（岩波）』八・四五〇）という。場も時も満之を必要としていなかった。満之はそのただ中で「黙忍堂臘扇」の名乗りのもとみずからの日々の行実と思索を記すであろう。

そして、その「黙忍堂臘扇」という問題意識に対して確かな方向をあたえたのは、満之が「西洋第一の書」（『全集（法蔵館）』Ⅷ・一七九）とよんだエピクテタスの言葉であった。

「エピクテタス氏教訓書を披展」

私たちが『臘扇記』を読むとき、エピクテタスの言葉がそれに占める多さと重要さに気づかないわけにはいかない。「修養の不足は尚ほ人情の煩累に対して平然たる能はざるものあり。／卅一年秋冬の交、エピクテタス氏教訓書を披展するに及びて、頗る得る所あるを覚え」（回想）と述懐した満之は「エピクテタス氏教訓書」の傍に強調の圏点を付している。「人情の煩累」に対する「修養の不足」において「頗る得る所」を与えたエピクテタスの言葉こそ『臘扇記』といういとなみにとって不可欠の素材である。満之は東京の沢柳政太郎宅に寄宿したおり"The Descourses of Epictetus"に出遇う。補注にも記したように、満之はエピクテタスについて以前から知りもし、注目もしていたが、みずからの人生の指針とし、「予の三部経」の一として選び取ったのはこのときである。満之は墨と筆を用いて刻み込むように"The Descourses of Epictetus"の言葉を書き写していく。安冨信哉が指摘しているようにエピクテタスの書き抜きは二回の時期にわたってなされている（『清沢満之と個の思想』一一九頁）が、それぞれに独自の課題を見出すことができる。

まず第一回目（九月二七日、一〇月三・六・二二・二三日）の書き抜きは、補注「英文和訳」の1から14に当たる。そこには、「君、君は本来妨げられも強いられもしない自由意志を持っている。」（英文和訳1）「何を彼〔暴君〕は縛りもしなければ、ちょん切りもしないだろうか。それは自由意志をだ。だから古人たちも、「汝自身を知れ」と勧告したのである。」（英文和訳2）「われわれの（権能の）なかにあるもののついては、われわれは自由である。しかし他者（の権能）に属するものについては自由でない。」（英文和訳14）とあるように、満之は、奴隷として生きたエピクテタスの人生にみずからの苦境を重ねて、真の意味でその境界を受け止めうる自己とはなにかについて、エピクテタスの言葉に聞きとろうとしている。満之は「羅馬第一、唯一の聖哲エピクテト」（一八九八年一〇月一〇日付、草間仁応宛書簡、『全集（岩波）』九・一七五〜一七六）が「身奴隷の苦境にありて、能くストア哲学を実践、躬行」（同上）する生き方に魂を揺さぶられた。その内容を「此の如く、万事を如意と不如意の二者に区分し、已自ら為し得る善悪是非に対する判定や、願望や厭棄やの外は、一切不如意のもの（仮令自己が幾分の力を之に加へ与ふとも、他人他物等の之を妨害左右し得るものは尽く不如意のもの）と観念し、官爵名誉財産は勿論、身体すらも（故に生死も亦）不如意のものと観却し去るを以て安心場裏に逍遙せんとするが、右エ氏哲学の大要に有之候。」（同上）と要約している。満之が第一回目の書き抜きで獲得した知見とは、

「自由意志」と、その意志による「分限の自覚」ということに集約できるであろう。（ちなみに満之はwillを「意念」と訳すが、「念」という語を加えているところに満之の独創性があるように思う。）また満之は、「死生命アリ富貴天ニアリ是レエ氏哲学ノ要領ニ有之様被思候」（稲葉宛手紙『全集（岩波）』九・一七八）とエピクテタス哲学の要を「死生命あり富貴天にあり」という論語の言葉で把握する。思えば、生涯に多くの論文を著した満之は「「死生命あり、富貴天にあり」と云ふことがある。私の信する如来は、此天と命との根本本体である。」（「我が信念」『全集（岩波）』六・一六四）の句でその筆を永遠に置くことになるであろう。

『徒然雑誌』を製作したころから小康状態であった結核の病状が転機をむかえる。『臘扇記』においてはじめて喀血の記録が現れるのは一一月一〇日である。再び死に直面した満之は、その日から第二回目（一一月一〇～一七日）の"The Descourses of Epictetus"の読誦・書写を改めて開始する（英文和訳15～57）。その内容は、「戸は開いているのだ〔Door is Open.〕」（英文和訳18）、「哲学者の全人生は死についての省察である。」（英文和訳26）や「おおゼウスよ、あなたの好きな困難を今与えてください。」（英文和訳16）「もしそれが神々の御気に召すなら、そうなるがいい。」（英文和訳57）など、エピクテタスによる死の受け止め方であり、死に代表される不如意なることがらへの態度である。書写開始の一週間後、満之はいう、「余や昨今、咯血不停なれとも、〔…〕蓋し、エピクテート氏の所謂病に在ても喜ぶ者に達せさるべしと雖とも、幾分之に接近するを得たるもの乎。読書の恵亦大なる哉」（一一月一六日、本書六五頁）と。このようにして第二回の書き抜きを終えた満之は、一一月一九日に『臘扇記　第二号』を製作し、その冒頭に「死」という一字を置き、「生のみが吾人にあらす、死も亦吾人なり〔…〕吾人は生死以外に霊存するものなり」（本書七三頁）「吾人は寧ろ宇宙万化の内に於て彼の無限他力妙用を嘆賞せんのみ。」（本書七四頁）を含む近代日本における死生観の白眉ともいうべき文を記すのである。

エピクテタスの言説が満之の信念にもった意味とは何か。寺川の次の理解がもっとも適切に示しているだろう。「これらのエピクテタス的言辞によりつつも、彼はもはやエピクテタスの思想を語ろうとしているのではなく、他力の信仰という純粋な宗教的自覚を表明しようとしているのである。」(『清沢満之論』一六三頁)このようにしてエピクテタスの言説は、満之が他力の信念を確立するための導きとなり、真宗の教えを主体的に生きるときの新しい表現を与えることになったのである。

「偶坐案定」と「四月五日記」

『臘扇記』の最後には一月二五日と四月五日という日付をもつ二つの随筆が置かれている。これらは日記ではあっても、明治三二(一八九九)年一月二五日までの日誌とは明らかに性格を異にする。これらは思索の記録であって、行実を記録する意味での日誌ではない。おそらく一月二五日以降の日記の場は『教誨日記』に譲られた(本書一〇六頁)。にもかかわらず、それからほぼ四〇日を経た思索と、さらにもう四〇日を経た思索とを日記の役割をおえた『臘扇記』に綴じ込んだ意味は何だったのだろう。その理由は、これらの思索が『臘扇記』といういとなみに属するものであること、さらには『病床雑誌』以来の課題であった信念の修養が結実した思索であると理解することで明らかとなる。

まず「偶坐案定」とは、「偶坐」とは「向かいあってすわる。また、向かいあってすわる相手の人。」(諸橋轍次『大漢和辞典』)であり、「案定」とは「思案して決定する」という意味であろう。この随筆を満之は、「善悪の標準は有限無限の一致にあり。」(本書一〇七頁)と、善悪の概念を、有限と無限との関係を通して存在論的に確かめることから始める。この方法は満之の定石である。とすればこの随筆の主題はむしろその後におかれた「諂諛する勿れ、追従する勿れ。然れども人問ふことあらは、之に答ふべし。人命することあらば、之に順ふべし。〔…〕汝が修養は正に恭順と礼義の為にあらずや。而して、今却て之を欠失して得たりとするか。思之々々。」(本書一〇九頁)の文に見出すべきである。

また満之はこの思索のなかで人の問いに答え人の命に順うことを「天道」「天命」に照らして確かめようとしている。

この「偶坐」する人、その「人問」「人命」として満之の念頭にあった人とは誰だろうか。実は、満之は「偶坐案定」を記す五日前(二月二〇日)、新法主(大谷光演)から東上の要請をうけていた。満之は、その要請について病気を理由に辞退しているが、この思索の機縁となったのは、新法主光演による東上の勧誘ではなかったと思う。つまり「人問」「人命」の「人」とは、具体的には大谷光演を指すのかもしれない。満之はその勧誘を受けるべきかどうかを、信念の修養という一点から、独立者としての自己として、独立自由の意義を問い直しているのである。

さらに四〇日を経て記された随筆「四月五日記」は大きく三つの部分に分かれる。第一には、「独立者は常に生死巌頭に立在すべきなり。殺戮餓死固より覚悟の事たるべきなり。」(本書一一七頁)といい、「只我死せは彼等〔妻子眷属〕如何にして被養を得んと苦慮すること勿れ。」(同上)という。『臘扇記』で確かめた独立者(独尊子)の態度を改めて問い直している。二月二五日から四月五日までの約四〇日間になにがあったか分からないが、少なくとも一八九九年「某殿、および近角氏等、東上勧誘」(回想)とあるようにさまざまな方面から東上の勧誘は続いていた。満之の身体の状態、家族(妻子と実父)の境遇などを考えると、満之が東上を躊躇したのは当然であろう。「今、我若し遠き邦に行かんに、天豈に彼等を被養せさらんやと。」(本書一一七頁)という『エピクテタス語録』からのソクラテスの語(本書六四頁)の引用などは、満之の境遇に読み替えると満之の悲壮な覚悟をそこに読み取ることもできるであろう。結びにおいて、独立を妨げる三つの要件(従件)、忘念・他人・外物に対する態度を確かめ、そのなかで「他人の命に順応するは自由の行為なり。順応は煩悩なき従順なり。」(本書一一九頁)とすることは、「人」の命にどのように応じるかが、一貫した課題であったことを示すといえよう。

満之は、六月に、新法主に対して「重大なる御垂命に就きては、駑愚の固より万当る能はざる所に候へ共、只だ御恩旨の恭きに感泣するの余り、敢て奉承趨命之事に決着罷在候。」(大谷光演宛、明治三二年六月一一日付、『全集(岩波)』九・一八五頁)と、「大いなる難事」を予感しながらも東上の決意を報じている。

もちろんこれは推測に過ぎず、満之は特殊な状況を縁として如来に生きる信念を普遍的に語ろうとしているのであり、特殊な状況に引きつけて解釈することは満之の意に適うことではないだろう。しかしまた日記という人生の決断にかかわる場に置くとき、この二つの随筆のもつ緊迫した迫力が一層増すように思われる。

満之は、みずからの特殊な状況における格率を普遍的な法則によって確かめる傾向をもっている。この二つの随筆によって『臘扇記』という日記のいとなみが完結しなければならなかった理由がここにある。

「自己とは何ぞや。是れ人世の根本的問題なり。」

『病床雑誌』の「信心開発」「信後ノ称名」という課題から始まった日記といういとなみは『徒然雑誌』の結びに置かれた「如来ト八何物何在ナルヤ」という問いになって『臘扇記』へと引き継がれた。その問いは、如来を信じる自己の探究となってゆく。

「黙忍堂臘扇」として生きようとする満之は、『臘扇記』の最初部に貝原益軒『続和漢名数大全』の「養生」の項目からの引用である「養生三寡」(八月二一日、本書五頁)と「殺身四忌」(八月二一日、本書五～六頁)、そしてみずから作製した「演説序銘」(八月二二日、本書七頁)「平生心事」(八月二二日、本書八頁)「苦楽」(八月二三日、本書九頁)を標語として大きな字で書き付けている。ここでは修養はまだ一般的な意味に留まっている。

しかし“The Discourses of Epictetus”との出遇いによって、その修養の意味が大きく転じ、修養に対する思索の質が劇的に深まっていく。満之は、“The Discourses of Epictetus”から一三文(もしくは一〇文)を訳出するが、そこに原語にはない「修養」という語を三度もちいている(本書一八～一九頁)。満之は、エピクテタスの教える如意なるものと不如意なるものとの区分に「修養の精神」(本書一八頁)の実践を見出した。これを承けた満之は「嗚呼、吾人は果して霊智を具へ、妙用を備うるものなりや如何。果して還滅の素因を懐有するものなりや如何。／人世の目的は何物なりや、吾人の心性は何物なりや。／吾人は流転を弁識し得たるや、吾人は還滅を認識し得たるや。吾人は茲に人世に在り、佇立して反観顧望すべきにあらずや。／…吾人は絶対無限を追求せずして満足し得るものなるや。」（本書三〇頁）と、「吾人は」「吾人は」とたたみ掛けるように問いを重ねていく。「如来トハ何物何在ナルヤ」の問いはエピクテタスを通してここまで具体的にかつ主体的になった。

『臘扇記』は内観の書といわれる。しかしそれは世の中から切り離した私的生き方を意味しない。むしろ私たちが『臘扇記』を通読して出会う満之は、さまざまな「人世」問題に真摯に対処せんとする一つの「信仰的実存」（安田理深）である。「人情の煩累」が、『臘扇記』には、自身の家庭問題のみならず、野寺本証寺問題（補注）、占部観順異安心問題（補注）、新法主三連枝問題（補注）、巣鴨監獄事件（補注）などなど立て続けに問題が起こっている。満之の関心は、むしろその「人世」問題に真に仏教者として対応する自己の確立にこそあるのではないかと、思える。

満之の宗教的な自覚として有名な表明が「如何に推考を費すと雖とも」（一〇月二四日、本書三五頁）から始まる文であるが、そこには前出の問いがさらに凝縮されて次のように掲げられている。

自己とは何そや。是れ人世の根本的問題なり。（本書三五頁）

「人世の根本的問題」であって「人生の根本的問題」ではない。そこに思索される自己は決して世捨人のように主観に閉じこもった自我ではなく、「人世に在り、佇立」する自己である。前述したように「信念の確立」は「信心開発」「信後称名」というふたつの契機をもつ。ここに展開するのは「絶対無限者に触れることにおいて完全な立脚地を得た精神が、処世の大道を新しく展開する」（寺川俊昭『清沢満之論』一八七頁）という光景である。それゆえにこの「自己とは何そや」の問いも二つの側面から答えられる。「信心開発」の面が、「自己とは他なし。絶対無限の妙用に乗托して、任運に法爾に此境遇に落在せるもの、即ち是なり。」（本書三六頁）として、第二に「信後称名」の面が「絶対吾人に賦与するに善悪の観念を以てし、避悪就善の意志を以てす。」として表明されるのである。

とくに「避悪就善」という課題は、引き続き「悟後修行の風光なり。」（本書四一頁）という欄外の標題のもと、「如かず、自力を捨て、他力に帰し、其信仰の結果として、自ら避悪就善の為し得らる丶を期せんには。」（本書四一頁）とあり、さらに「人世に活動する効用は、修練に従ふて光輝を発するなり。故に性来の智愚に関せす、信後の修養を務むへきなり。是れ即ち報謝なり。」（本書四二頁）という。また満之は、「自信教人信」という善導、親鸞を貫く他力浄土教の伝統的な概念に注目し、それを「自信」「教人信」「修善」の「連鎖的循環行事」（本書四二頁）として捉えている。そのことによって「自信教人信」という伝統的言辞に近代人の血肉が賦与される。このようにして「信心開発」「信後称名」という課題は一応の解決をえた。

前述したように、『臘扇記』の思索に起こったもう一つの事件は、一一月一〇日にはじまる喀血である。ここからもう一つの『臘扇記』の主題が始まる。死を契機として死の虚無に飲み込まれないような自己の信念が探求されるのである。満之はふたたびエピクテタスをはじめから読み書写してゆく。その結果、一一月一九日『臘扇記 第二号』の冒頭に死の一語を掲げたあの格調高い文章（本書七二～七四頁）が書かれるのである。

満之は死の恐怖から眼を背けようとしたり、死の恐怖を克服しようとしているのでない。むしろ「吾人は絶対的に他力の掌中にある」（本書七三頁）ことを忘れさせる根本撞着なる迷倒を自覚し、信を起こす最大契機（最大撞着・最大怨敵）として死生問題を止揚する。そのことによって「生死以外に霊存する」（同上）自己に出会うのである。

やがて満之はそのような自己を、一一月二八日（親鸞祥月命日）に、「自家の仏陀真人を忘失する」（本書八五頁）ことのない「他力摂取の光明に浴しつ丶ある」（同上）「独尊子」（同上）として語るのである。

『臘扇記』の公開

『臘扇記』には満之の信念・思想の原石ともいうべき言句が鏤められている。もしそのような言句にだけ触れたいのであれば、それらを抜粋したものを提示すればよい。『臘扇記』を日記として公開するという意義は一体なにか。そこには満之の言句・思索だけではなく、それらを生み出す生き様への関心がなければならない。『臘扇記』がどのように公開されてきたかについて紹介しておきたい。

（1）『精神界』掲載「絶対他力の大道」一九〇二

『臘扇記』の記事がはじめて公開されたのは『精神界』（第二巻第六号、明治三五年六月発行）の「精神界」欄に掲載された「絶対他力の大道」である。ただし、この文は無記名であり、満之の日記の一節であることが示されたわけではなかった。またこの文は、当時、長男信一の病死にともなう多忙のため執筆できない満之に代って多田鼎が『臘扇記』から抜粋成文したとされる。

この『臘扇記』を手渡し抜粋させた事実は、満之が『臘扇記』を秘匿すべきものではなく、公開とまではいえなくても、他者（門下生など）によって読まれるものとして予想していたと考えてよいのではないか。

（2）『精神界』連載「臘扇日乗」一九〇三～一九〇四

『精神界』誌は、満之が人生を終えた翌月号（第三巻第七号、明治三六年七月刊）から雑纂欄に満之の日記抜粋を掲載を開始する。第一回は、「清沢先生（一）如来の奴隷となれ（『臘扇日乗』の一）」として明治三六年の「当用日記」の一文が掲載された。以降、一八回にわたって順不同で日記の抜粋を連載していく。『臘扇記』の記事があらわれるのは第三巻第八号の第二回からであり、この回から「臘扇日乗」という題が見出しになった。全四七節まで続けられ『臘扇記』からは三二節が順不同で紹介されている。ちなみに「日乗」とは、「乗」は記録の意で　日記を意味する。

（3）清沢満之著『懺悔録』梁江堂　一九〇六

明治三九（一九〇六）年、満之の遺文を集めた『懺悔録』が発刊される。本書は「臘扇日乗」「随感録」「在床懺悔録」「有限無限録」で構成されているが、このなかの「臘扇日乗」に満之の日記の文章を収録している。「臘扇日乗」は六〇節からなり、明治二七(一八九四)年から明治三六(一九〇三)年までの日記の記事が順不同で収録されている。第一節から四七節までは、前述した『精神界』連載の「臘扇日乗」からの転載で、配列の順序も『精神界』に準じている。

本書の出版目的については「はしがき」に「明治三十九年五月下旬／浩々洞に於ける遺弟」の記名で「先生世を去られて已来、茲に三年の年月を重ぬと雖、〔…〕／今回先生の人格を慕ひ、教訓を求むる道友の希望に従ひ、先生の遺筆『臘扇日乗』『随感録』『在床懺悔録』『有限無限録』の四篇を輯め、『懺悔録』と題して書肆をして之を出版せしむ。聊か先生第四回の霊日の紀念として、知恩報徳の志を表せんと欲す。〔…〕」と述べている。

また「臘扇日乗」部の「引」には、「先生の手記せられたる日記数十冊あり、その内の所々に折々の霊感を記し置かれぬ。我等遺弟先生の没後、この日乗を繙ひて殆ど先生と膝を交うるの感あり、仍て其内の一節づゝを録して臘扇日乗の題下に『精神界』上に掲げぬ、今回本書を印刷するに臨み、新たに十三節を加ふること、しぬ。先生の日記中の霊感は尚之にて尽きず。折を得て又道友に公にせんと欲す。臘扇とは清沢先生の号也。」(二頁)と解説されてある。「引」にあるように、『精神界』掲載の「臘扇日乗」の転載である。しかしここに清沢満之の日記が数十冊残されていること、そのなかに「霊感」が記し置かれており、ここに紹介するものはその一部であることを伝えた。このように『臘扇記』の文も「臘扇日乗」という名称のもとで他の日記の記事とともに収録されているが、それは日記を公開するという意図ではなく、満之の思索、言葉を紹介するという意図であったといえよう。

(4)無我山房『清沢全集』全三巻　一九一三〜一九一五

浩々洞の編集した『全集』の第三巻「日記及語録」には『保養雑記』『病床雑誌』『臘扇記』『当用日記』が収められ、それぞれの日記には「引」が置かれている。ちなみに『臘扇記』の「引」には「徒然雑誌に続いて、明治三十一年八月十五日より、翌三十二年四月五日に至る、半紙綴二冊の日記が、即ち斯篇臘扇記なり。この日記中に、最も多く見るは、エピクテートの鈔録なりとす。先には阿含経を読み、今は又エ氏の語録に親しみて、死生の間に処する、先生の修養はこの間に益々自得の境に入り給ひしならん。こゝに編入せるものは、二冊の中より、特に感想に亘るものを悉く鈔録せるものなり。」（四〇頁）とある。

日記については「第一篇　日記」として、「第一　保養雑記（明治廿七年七月―廿八年一月）」「第二　病床雑記（明治卅一年一月―同年八月）」「第三　臘扇記（明治卅一年八月―三十二年春）」「第四　当用日記抜粋／一　明治三十三年日記／二　明治三十五年日記／三　明治三十六年日記」が収録され、「臘扇記」からは四七文が抜粋されている。

満之の日記という関心のもとにまとめられるのは、この無我山房編集の三巻『全集』である。『臘扇記』の記事は、小見出しの名称などから『懺悔録』掲載のものをもととしていることが推測できる。ともかくもここに満之の日記が抜粋にしても聚集され、はじめて日付順に配列されることになるのである。

（5）『清沢満之全集』全六巻　有光社　一九三四～一九三五

本『全集』では、「第五巻　日記　語録」に『臘扇記』の名で収録される。日記部の目次・構成は、『全集（無我山房）』を踏襲している。ただしそれぞれの日記の冒頭におかれていた「引」は省略する。

（6）『清沢満之全集』全八巻　法蔵館　一九五三～一九五七

本格的な日記としての蒐集は西村見暁による『全集（法蔵館）』によって達成された。この『全集』は満之が生涯にもちいた五つの号によって時期を分け、それぞれに日記を配当している。『臘扇記』は「第七巻臘扇時代（中）」に収められている。西村は日記の原本を詳細に調査し収録することにつとめた。しかし『当用日記』などはすでに原本が失われていたのか、『精神界』『懺悔録』『全集（無我山房）』に掲載された文がそのまま踏襲されている。

西村は『清沢満之先生』の後記に「伝記をかくには全集の仕事が先行しなければならんと感じて、」（『清沢満之先生』三六七頁）「それは清沢先生の直接おかきになつたもの、外、伝記的な資料や参考文献等も織り交ぜて年代順に配列したものです。全集がそのまゝ伝記でもあつて、この書物〔『清沢満之先生』〕はその全集を要約したものになりました。」（同三六八頁）という。このような関心のもと、満之の日記の全文を収録することが意図された。ここには「霊感」の記事を蒐集するという関心から一つの飛躍が必要であった。それは語録という関心から伝記という関心への飛躍である。

この『全集（法蔵館）』は、『臘扇記』の記事についても、原本のままではなく『全集（無我山房）』の表記を踏襲する部分がある。その理由は示されていないが、満之の友人や門弟たちによる解釈を尊重したのかもしれない。この相異のもつ問題性については次節で検討してみたい。

（7）『影印本　臘扇記』方丈堂　二〇〇八

清沢満之記念館より『臘扇記』の影印が出版される。これによって誰もが満之の肉筆に触れることができるようになり、『臘扇記』の公開が完遂されることになる。

『全集（岩波）』と『全集（法蔵館）』との相異について

本書は、『全集（岩波）』に所収の『臘扇記』を依拠本としている。そのため発刊されて以来、絶大な信頼を得ていた『全集（法蔵館）』所収の『臘扇記』とは、表記の方針に基づくだけでなく、翻刻における相異が若干ある。その主要な点を指摘し考察しておきたい。

（1）「エピクテタス氏語」（本書四一頁）が『全集（法蔵館）』では「エピクテタス談」となっていること。これは漢字を翻刻するときの解釈の違いによる。

（2）「閉さゝるものなり。」（本書三五頁）が『全集（法蔵館）』で、「閉ざさるゝものなり。」となっていること。これは『全集（無我山房）』第三巻の「閉さる、ものなり。」（五一頁）によっていると思われる。

（3）「一円の自由境あり。」（本書三五頁）が『全集（法蔵館）』では「一団の自由境あり。」となっていること。『全集（法蔵館)』は『全集(無我山房)』第三巻(五二頁)を踏襲している。これも翻刻における文字解釈の差異である。原本では、「團」と「圓」とが重ねて書かれているように見受けられる。『全集(岩波)』では「圓」を採用した。

(4)「Existence?」(本書三五頁)が『全集(法蔵館)』では「Existence」となっていること。『全集(法蔵館)』は『全集(無我山房)』第三巻(五二頁)を踏襲している。原本にははっきりと「?」が付されているが、英語として不自然であることから省いたと思われる。ただ満之が「?」と記したとき、そこにこの文にある種の「であろうか」という「問い」のニュアンスを付す気持ち、もしくはこの英文に対していまだ十分でないという保留の意があったかもしれない。

(5)「人世の根本的問題」(本書三五頁)が『全集(法蔵館)』では「人生の根本的問題」となっていること。『全集(法蔵館)』は『全集(無我山房)』第三巻(五二頁)を踏襲している。これについては少し検討してみたい。満之は「人生」と「人世」とを区別しているように思う。『広辞苑』によれば、「人世」は「人の世の中。世間。うきよ。」という意味であり、「人生」は「①人がこの世で生きること。人間の生存・生活。「—論」②人がこの世で生きている間。人の一生。」である。『臘扇記』の用例で見ても、満之が使う「人生」は「人の一生」「人間の生き方」という意味、「人世」とは「人の世」もしくは「人が世に処する」「人間と社会とのかかわり」で理解すべきではないかと思う。つまり「吾人の世に処する」(「精神主義」『全集(岩波)』六・三)という意味で理解するのが適切と思う。

(6)「忘念」(本書一一八頁以後)が『全集(法蔵館)』では「妄念」となっていること。『全集(法蔵館)』は、『全集(無我山房)』第三巻(九四~九六頁)の「四七　妄念の根源」の表記を踏襲か。

もちろん「忘念」という語は一般的な語法には見出せないし、『日本国語大辞典』には「妄念」の項に「忘念」と表記した事例が紹介されている。また直前の文には「妄念」と出てくることから、意味としては「妄念」の方が通じ易い。「忘」は「妄」の誤記かもしれない。

『臘扇記』の全文が公開されて半世紀を過ぎた。その間、『臘扇記』は、重要な伝記資料として、また貴重な言句を提供する資源として大事な役割を果たしてきた。私たちは、それに加えて、満之が日記といういとなみによって信念の確立という課題を遂行し表現しようとした意味深さに思いを致してもよい。

編集後記

清沢満之先生の信念の確立において決定的な意味をもつのが『臘扇記』です。その『臘扇記』の影印が清沢満之記念館から刊行されます。今まで一部の人しか見ることができなかった清沢先生の肉筆の息吹に誰もがふれることができるようになります。あわせて『臘扇記』を記す清沢先生のいとなみを一世紀以上の時を隔てた私たちが具体的なイメージをもって読むことができるような注釈を作製すること、それが私たちに与えられた課題でした。そのために信念の確立を目指す清沢先生も、教団問題に関わる清沢先生も、家族問題や、寺の法務に関わる清沢先生も、同じ重さで取り扱うようにしました。本書の注釈によって、読者の方々が『臘扇記』を記す清沢満之先生のすがたを生き生きと思い浮かべることができるならば、それに勝るよろこびはありません。

本書の注釈の内容については、西方寺住職・清沢聡之氏、神戸和麿先生をはじめとする清沢満之記念館を支える方々、青木馨、小山正文両先生、また関係寺院・関係者の方々のご協力ご指導なくしてはとてもつくれませんでした。儀式については菅生考純氏のご協力を得ました。また編集方針については初期の段階に本学の沙加戸弘教授・天野勝重教授に懇切な指導と忠告をいただきました。しかしながら、限られた時間の中での作業のため充分な調査・検討・確認ができなかったものもあります。従って誤記や不十分な点等の責は編集した我々にあります。

本書の編集・注釈につきましては、本研究班の加来雄之研究員と西本祐摂嘱託研究員とが中心となって担当しました。本書は、若い研究者の献身的な努力によって完成にこぎつけることができました。注記については西本祐摂氏の精力的な調査に、振り仮名・資料等については研究補助員の小野賢明・日野圭悟、大谷大学博士課程の後藤智道の三君の力によるところが大です。また校正については、佐野陽子、百武涼子の両氏の協力を得ました。

最後に大谷大学真宗総合研究所および法蔵館編集部の上別府茂・戸城三千代氏、和田企画の和田真雄氏には出版までのご尽力とさまざまな配慮をいただきましたことについてお礼を申し上げげます。

二〇〇八年三月三一日

二〇〇七年度大学史研究　チーフ　織　田　顕　祐

索　引

『臘扇記』人物索引

- ＊は人物解説の項目を示す。
- 〔　〕内は推定した人物名を示す。

か

き

く

け

こ

さ

し

す

そ

た

ち

つ

て

と

な

の

は

ひ

ふ

L ———

M ———

P ———

S ———

読みが確定できない人物

編集・注釈担当者

2007年度大学史研究（チーフ・織田顕祐）
研究員　加来雄之
嘱託研究員　西本祐攝

臘扇記《ろうせんき》　注釈《ちゅうしゃく》

二〇〇八年六月六日　初版第一刷発行

著　者　清沢満之
編集・注釈　大谷大学真宗総合研究所
発行者　西村明高
発行所　株式会社　法藏館

京都市下京区正面通烏丸東入
郵便番号　六〇〇-八一五三
電話　〇七五-三四三-〇〇三〇（編集）
〇七五-三四三-五六五六（営業）

装　丁　井上二三夫
印刷・製本　中村印刷株式会社

ISBN 978-4-8318-7668-3 C3015